U0470176

中国农业科学院
农业经济与发展研究所
研究论丛
第 6 辑

● 本书为中央级公益性科研院所基本科研业务费专项资金资助项目

IAED

Securing Corn Supply in China:
An In-depth Study

中国玉米供给安全保障研究

杨艳涛 王国刚 丁琪 张诗靓 刘靖文 ◎ 著

中国财经出版传媒集团
经济科学出版社
·北京·

前言 Preface

玉米是中国生产面积最大的粮食作物，产量接近全年粮食总产量的40%。玉米供给稳定关系到饲料粮安全问题，在保障国家粮食安全中的地位举足轻重。2015年以来，随着玉米收储制度的改革和种植结构调整的持续推进，国内玉米供需形势发生了较大的变化。供给方面，2015~2020年国内玉米播种面积持续减少，生产量也一改以往的增长态势，五年间除2019年略微上涨，其余四年均为下降。统计数据显示，2021年中国玉米产量为27255万吨，较2015年仅增长2.85%。国家提出稳定玉米供给的要求，但是受到土地资源等限制，玉米播种面积的增长空间有限，只能力求做到"稳"。需求方面，在养殖业以及玉米加工业快速发展的双轮驱动下，国内玉米消费呈增加趋势，据国家粮油信息中心的数据，2021/22年度国内玉米消费量27913万吨，比2015年增长33.2%，其中饲用消费增长34.8%，工业消费增长40%。从未来趋势看，一方面，由于人们对动物性食物需求不断增长，玉米作为饲料中的能量原料，饲用消费量刚性增长的总趋势不会改变，玉米总消费受饲用消费影响增长态势明显；另一方面，玉米工业需求的产能扩张态势不变，未来玉米工业需求量将继续增长。综上所述，由于玉米需求量的增长快于产量的增长，未来国内玉米产需缺口存在扩大趋势，国内玉米供需紧平衡格局短期内很难改变。从国际形势方面看，受全球新冠疫情叠加俄乌冲突的影响，全球玉米价格创历史新高，加大了玉米进口风险。因此，当前我国玉米供给压力较大，为此国家多次出台相关政策，要求精准调控，确保国内玉米稳定供给，保障粮食安全。

在上述背景下，本书围绕中国玉米供给安全保障，汇集整理了近几年来的研究成果，在选取各自主题突出而又相互关联的课题研究论文及三篇硕士学位论文基础上修订而成，全书从中国玉米供给的影响因素、玉米生产技术效率、世界主要玉米生产国资源可利用性以及中国玉米供应链体系四个主题展开研究，并提出保障中国玉米安全供给的相关政策建议。全书主要内容包括四个方面：第一，分别从宏观和微观的角度，讨论中国玉米供给、农户种植玉米行为的影响因素以及东北玉米主产区种植结构调整对农户收入的影响（第1~3章，主要完成人：杨艳涛、张诗靓、丁琪）；第二，从生产技术效率的角度，探讨提高主产区玉米全要素生产率以及粮食生产技术效率的影响因素（第4、5章，主要完成人：杨艳涛、丁琪、王国刚）；第三，从"两个市场、两种资源"的角度，研究世界玉米主要生产国生产与出口潜力（第6章，主要完成人：杨艳涛、刘靖文、王国刚）；第四，从完善我国玉米供应链的角度，在全球疫情背景下对我国玉米供应链体系的风险问题与对策进行研究（第7章，主要完成人：杨艳涛、丁琪、王国刚）。

全书从影响中国玉米稳定供给的宏观及微观因素、提高玉米等粮食生产技术效率、把握世界玉米市场的可利用潜力，以及我国玉米供应链体系的完善等方面进行探索研究，试图从国内及国际两个方面对保障中国玉米稳定供给提出政策建议，以期为相关学者的进一步研究提供参考，为政府制定玉米安全保障宏观调控政策略尽绵薄之力。不足之处，敬请广大读者批评指正。

2022年10月

目录 Contents

第1章 新形势下稳定中国玉米供给的影响因素实证研究 …………………… **001**

1.1 引言 / 001

1.2 文献综述 / 002

1.3 模型设定与数据说明 / 003

1.4 实证结果及讨论 / 006

1.5 研究结论与政策建议 / 008

第2章 收储制度改革背景下农户玉米种植行为研究 ……… **011**

2.1 引言 / 011

2.2 文献综述 / 013

2.3 理论基础与相关概念界定 / 017

2.4 中国玉米生产发展形势分析 / 020

2.5 农户玉米种植行为影响因素描述性统计分析 / 028

2.6 农户玉米种植调整行为影响因素实证分析 / 042

2.7 研究结论、政策建议与案例分析 / 051

第 3 章 农户玉米种植结构调整对家庭收入的异质性影响分析 ·············· **065**

3.1 引言 / 065

3.2 模型设定与数据说明 / 067

3.3 实证结果及讨论 / 071

3.4 研究结论与政策建议 / 077

第 4 章 玉米主产省生产效率测算及影响因素分析 ············ **081**

4.1 引言 / 081

4.2 文献回顾 / 081

4.3 研究方法与数据说明 / 082

4.4 实证结果及讨论 / 086

4.5 研究结论与政策建议 / 092

第 5 章 农户借贷对粮食生产技术效率的影响研究 ············ **096**

5.1 引言 / 096

5.2 文献回顾 / 097

5.3 相关概念界定与理论基础 / 102

5.4 我国农户借贷供需现状及问题分析 / 112

5.5 模型设定与数据说明 / 119

5.6 实证结果及讨论 / 122

5.7 研究结论与政策建议 / 129

第 6 章 世界主要玉米生产国生产与出口潜力研究 ············ **138**

6.1 引言 / 138

6.2 文献回顾 / 139

6.3 研究理论基础及主要研究方法 / 143

6.4 中国及世界玉米供需与贸易现状分析 / 150

6.5 中国玉米生产潜力分析 / 158

  6.6 世界主要玉米生产国玉米生产潜力分析 / 166

  6.7 世界主要玉米生产国玉米出口潜力分析 / 177

  6.8 研究结论及政策建议 / 186

第 7 章　全球疫情下我国玉米供应链体系的风险问题与对策 ………… **194**

  7.1 引言 / 194

  7.2 全球疫情对我国玉米供应链的影响 / 195

  7.3 我国玉米供应链体系面临的风险及问题 / 200

  7.4 政策建议 / 204

附录 1 农户玉米种植行为调查问卷 ………………………………… 209

附录 2 中国农村微观经济数据农户调查表（2020 年度）…………… 217

第1章

新形势下稳定中国玉米供给的影响因素实证研究

1.1 引言

玉米是我国当前最大的粮食品种,是重要的粮食作物、饲料作物和工业原料,具有需求弹性大、产业链条长、国内外市场关联程度高的特点(陈印军等,2019)。近年来随着玉米收储制度的改革,种植结构调整的持续推进,国内玉米供需形势发生了较大的变化。玉米播种面积持续减少,已降至2013~2014年的水平。如图1-1所示,中国玉米总产量持续下降,由2015年的2.65亿吨下降到2018年的2.57亿吨。由于畜禽养殖和深加工行业需求体量巨大且刚性增长基础牢固,玉米产需缺口逐年扩大。伴随临储拍卖速度加快,玉米库存消费比已经降至19%左右,逼近安全红线,国内玉米供求形势趋紧。据国家粮油信息中心预计,2018/19年度国内玉米产需缺口为2560万吨。为了防止玉米产需缺口的进一步拉大,2019年《中共中央 国务院关于坚持农业农村优先发展做好"三农"工作的若干意见》指出要稳定国内玉米生产,保障国内玉米供给。

东北地区是我国最大的玉米商品粮基地、传统的玉米调出省份,也是

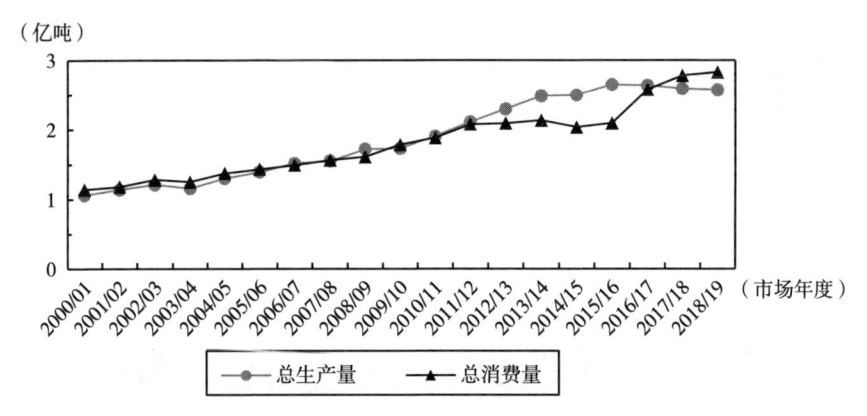

图 1-1 2000/01~2018/19 市场年度中国玉米总生产量与总消费量
资料来源：国家粮油信息中心。

临时收储制度改革的执行区域。临储制度取消后东北地区玉米总产量由 2015 年的 1.18 亿吨下降到 2018 年的 1.13 亿吨，总产量下降比例占全国下降比例的 70%。东北地区玉米供给稳定与否直接关系到国内玉米供给安全，临储政策取消后农户种植意愿存在不确定性（李丽和朱璐璐，2018；郭天宝等，2017；刘慧等，2018），因此从宏观层面探究影响玉米安全供给的因素，研究玉米供给反应的动态过程，对新形势下保障国内玉米供给安全具有重要的现实意义。

1.2 文献综述

农产品供给反应是播种面积或产出对价格及其他相关因素的反应。纳洛夫（Nerlove，1956）基于适应性预期理论对一年生农产品供给反应作出研究，最先将动态分析方法应用于农产品供给的研究中。纳洛夫的适应性预期模型对蛛网模型的预期假设进行了修正，它假设农户在生产中存在学习过程，认为农户对预期价格的形成不仅依赖上一期的市场价格，而且会综合考虑以往各期的价格进行生产决策。目前纳洛夫适应性预期模型在估计农产品供给反应中应用比较广泛。在过去的几十年中，学者们不断对供给反应模型进行补充完善，将其他影响因素引入模型。

国内学者在借鉴改进纳洛夫供给反应模型的基础上，对不同农产品的供给反应展开了大量的研究，研究对象从粮食作物（范垄基等，2012）、经济作物到畜牧产品均有涉及。针对玉米供给反应的研究，王宏和张岳恒（2010）依据1988~2006年中国玉米播种面积和市场价格的时间序列数据，测算出中国玉米播种面积对价格的反应程度短期较小、长期较大，玉米供给对价格的反应存在滞后性。张明杨等（2014）通过建立12个玉米主产省省际面板数据，发现在土地资源相对有限的情况下，农户对玉米未来相对净收益的预期及以往的播种决策是决定农户玉米播种面积的重要因素。钱文荣和王大哲（2015）将12个玉米主产省作为研究整体，发现短期内玉米单产价格弹性高于种植面积价格弹性。邵飞和陆迁（2011）将全国玉米分为三个生产区域，从面积和单产两个维度计算玉米供给的弹性，发现面积价格弹性优于单产价格弹性。方燕和杨茂青（2016）将玉米主产区分为东北产区、黄淮海产区、南方丘陵山区，以2008年为时间分界对比临储政策实施前后玉米供给反应的变化，发现东北产区受政策托底影响，增强了玉米价格对玉米种植面积和产量的影响。

根据已有文献研究发现，大多数研究都是在国内玉米供给充足时期，但国内玉米已经由阶段性供过于求转变为阶段性供给紧缺，在当前国内玉米供给紧缺的新形势下，如何提高农户种植积极性，保障国内玉米供给尤为重要。因此，本章在借鉴前人研究成果的基础上，选取玉米临时收储政策改革省份（辽宁、吉林、黑龙江、内蒙古），综合考虑竞争作物价格、生产成本、自然风险及政策等因素，利用纳洛夫模型对玉米供给反应进行实证分析，从宏观层面探究当前新形势下影响玉米供给的因素，为稳定国内玉米生产提供有针对性的政策参考。

1.3 模型设定与数据说明

1.3.1 模型设定

纳洛夫农产品动态供给反应模型（以下简称纳洛夫供给反应模型）是

播种面积（或产量）对价格及其他相关因素的反应。模型假定生产者会根据预期价格调整生产决策，认为农户对预期价格的形成不仅依赖上一期的市场价格，而且会综合考虑以往各期的价格进行生产决策。纳洛夫供给反应模型的三个核心方程如下：

$$A_t - A_{t-1} = \lambda(A_t^D - A_{t-1}) \tag{1.1}$$

$$A_t^D = \alpha_0 + \alpha_1 P_t^e + \alpha_2 Z_t + \mu_t \tag{1.2}$$

$$P_t^e - P_{t-1}^e = \beta(P_{t-1} - P_{t-1}^e) \tag{1.3}$$

其中，A_t 是 t 时期的实际播种面积（或产量），A_t^D 是长期均衡的播种面积（或产量），Z_t 是 t 时期影响播种面积（或产量）的其他外生变量，P_t 是 t 时期的实际价格，P_t^e 是 t 时期预测价格，μ_t 是随机误差项，λ 和 β 分别表示预期价格和预期播种面积（或产量）的调整系数，且 $0 < \lambda \leq 1$、$0 < \beta \leq 1$。

为了消除方程中的不可观测变量，将式（1.3）反复迭代，可得到 P_t^e 的表达式：

$$P_t^e = \beta \sum_{i=1}^{t} (1-\beta)^{i-1} P_{t-i} \tag{1.4}$$

由式（1.1）、式（1.2）、式（1.4）整理得到简化的纳洛夫供给反应方程：

$$A_t = \pi_0 + \pi_1 P_{t-1} + \pi_2 A_{t-1} + \pi_3 Z_t + v_t \tag{1.5}$$

其中，$\pi_0 = \lambda \alpha_0$，$\pi_1 = \lambda \alpha_1$，$\pi_2 = -\lambda + 1$，$\pi_3 = \lambda \alpha_2$，$v_t = \lambda \mu_t$。

由于粮食产量受到诸多客观因素的影响，为避免不可控因素的影响，本章选取玉米播种面积作为因变量，更能反映农户自身种植行为的选择。根据东北主产区玉米生产特点，供给反应模型中其他外生变量具体变量确定如下。

（1）大豆价格。由于地区资源条件等限制，在东北地区大豆与玉米互为竞争性作物，近年来农业供给侧调整鼓励农户增加大豆种植面积，大豆的价格高低对农户种植决策产生影响，因此本章将滞后一期大豆市场价格纳入模型。

（2）玉米生产成本。指物质与服务费用及人工成本的总和，不包含土地成本。

（3）自然风险。由于农业生产的弱质性，农户在生产时会选择调整播种面积来规避风险，本章用滞后一期受灾率来代表当期玉米种植的自然风险，受灾率为当地受灾面积与当地总播种面积的比值。

（4）临时收储政策虚拟变量。根据玉米临时收储政策实施时间为2008~2016年，因此本章将2008~2016年 D 值设为1，其余年份均为0。

此外，本章根据适应性预期理论将滞后二期玉米市场价格引入模型。

由于纳洛夫模型中解释变量包含因变量和价格的滞后项，为了避免序列自相关和多重共线性。将变量进行对数化处理确保残差项同方差且服从正态分布，并且可以直接根据系数得出供给弹性。本章借鉴扩展的纳洛夫供给反应模型，构建的研究玉米供给反应模型表示如下：

$$\ln A_t = \pi_0 + \pi_1 \ln P_{t-1} + \pi_2 \ln P_{t-2} + \pi_3 \ln A_{t-1} + \pi_4 \ln SP_{t-1} + \\ \pi_5 \ln C + \pi_6 NR + \pi_7 D + v_t \tag{1.6}$$

其中，被解释变量 A_t 为 t 期玉米的播种面积，解释变量 A_{t-1} 为玉米滞后一期的播种面积，P_{t-1} 为滞后一期玉米市场价格，P_{t-2} 为滞后二期玉米市场价格，SP_{t-1} 为滞后一期大豆价格，C 为玉米生产成本，NR 为自然风险，D 为代表临时收储政策的虚拟变量。

1.3.2 数据说明

本章采用1999~2017年东北地区（包括辽宁、吉林、黑龙江、内蒙古）玉米生产的面板数据。其中，作物播种面积、受灾面积及总播种面积相关数据来源于《中国统计年鉴》，玉米市场价格、生产成本及大豆市场价格相关数据来源于《全国农产品成本收益年鉴汇编》。由于2018年《中国统计年鉴》中对2007~2017年的玉米播种面积进行修订，但除2017年对各省份进行修订外，其他年份（2007~2016年）的各省份玉米播种面积均为未修订数值，本章根据相应年份全国修订幅度对各省玉米种植面积进行修订。

1.4 实证结果及讨论

1.4.1 实证结果

由于供给反应模型是动态面板数据模型，模型中包含因变量的滞后项作为自变量，导致自变量与误差项相关，造成模型内生性问题。若采用标准面板数据的固定效应或随机效应进行估计，会得到有偏的、非一致的参数估计值。为解决模型自身内生性问题，阿雷拉诺（Arellano）和邦德（Bond）提出广义矩估计，即差分 GMM（difference generalized method of moments）估计方法，对估计方程进行一阶差分去掉固定效应的影响，然后用一组滞后解释变量作为工具变量。但由于差分 GMM 存在弱工具变量的问题，阿雷拉诺和布伦德尔等（Blundell et al.）提出系统 GMM 估计方法，该方法同时结合了差分方程和水平方程对模型进行估计，除了设置差分方程相应变量的工具变量之外，还增加了一组滞后差分变量作为水平方程相应变量的工具变量。因此本章采用系统 GMM 方法，利用 Stata 14.0 对模型进行估计，回归结果如表 1-1 所示。

表 1-1　　　玉米播种面积动态供给反应模型估计结果

变量名称		回归系数	Z 值
常数项	C	0.543	1.53
滞后一期玉米播种面积	$\ln A_{t-1}$	0.855***	13.24
滞后一期玉米市场价格	$\ln P_{t-1}$	0.599***	6.62
滞后二期玉米市场价格	$\ln P_{t-2}$	-0.243**	-2.16
滞后一期大豆价格	$\ln SP_{t-1}$	-0.051**	-2.20
生产成本	$\ln C$	-0.084	-0.96
自然风险	NR	-0.089*	1.69
政策虚拟变量	D	-0.115***	3.62

注：*、**、***分别表示回归系数的显著水平为10%、5%、1%。

根据回归结果，玉米供给反应模型为

$$\ln A_t = 0.54 + 0.6\ln P_{t-1} - 0.24\ln P_{t-2} + 0.86\ln A_{t-1} - 0.05\ln SP_{t-1} - 0.08\ln C - 0.09NR - 0.12D + v_t$$

1.4.2 模拟结果的分析

（1）滞后一期的玉米市场价格对玉米播种面积有显著的正向促进作用，滞后期价格对种植决策的影响依次递减。前一期玉米市场价格越高，生产者会倾向于增加当期玉米播种面积。滞后二期的玉米市场价格估计系数在5%的水平上显著为负，绝对值小于滞后一期市场价格的估计系数，说明滞后二期的价格对农户当期种植决策会产生影响但是影响小于滞后一期的价格，且由于农产品市场价格存在大小年，市场价格对农户决策的影响存在周期性。

根据方程（1.6）模型系数结合农作物价格弹性的计算方法，得出供给的短期价格弹性：$\varepsilon_s = \pi_1$，供给的长期价格弹性：$\varepsilon_l = \dfrac{\pi_1}{1-\pi_3}$。计算得出玉米短期供给弹性0.6，玉米长期供给弹性4.28。短期内玉米价格每变动1%，会引起玉米面积0.6%的变动，短期内玉米供给缺乏弹性。长期来看，玉米价格每变动1%，就会引起玉米面积4.28%的变动，长期内富有弹性。由于资源条件和市场信息等多种因素限制，短期内农户对市场价格反应并不敏感，农户在调整玉米播种面积时，会考虑以往多年的市场价格，因此玉米短期价格弹性不高。

（2）滞后一期的玉米播种面积对本期玉米种植决策具有显著的正向影响。前期播种面积的回归系数为0.855。由于农业生产容易受到资源条件限制，因此前期的播种面积是影响生产决策最重要的影响因素。东北地区是传统玉米种植基地，玉米播种面积大、生产地集中，农户调整播种面积和种植结构的难度较大，农户种植习惯不容易发生改变，农户生产存在惯性。

（3）滞后一期大豆价格、自然风险及临时收储制度都对玉米播种面积具有显著的负向影响。大豆价格每上涨1%玉米播种面积就会下降0.05%，随着农业供给侧结构性调整,当大豆市场价格升高农户会倾向减少玉米种植。自然风险降低了农户玉米种植意愿,自然风险每上升1%玉米播种面积就会下降0.09%,农户在种植选择时会通过减少播种面积规避自然风险。临时收储制度的虚拟变量回归系数为-0.115,这与预期不相符。在实际实施过程中,一方面,由于临时收储政策存在一定弊端,收储细则不完善,收购企业在玉米定价上有较大的操作空间,收购标准设置较高,扣水扣杂由收购企业单方面决定,临时收储过程中因水分等问题存在限收拒收、压级压价的现象,农户直接从政策中获得收益有限。另一方面,临储政策的实施间接抬高了土地租金,对农户生产积极性产生一定影响。

(4) 生产成本的变化对农户玉米种植决策的影响并不显著。由于东北地区资源条件限制,玉米易于管理且产量相对稳定,适应当地种植。课题组在对农户实地调研中也发现,生产成本的变化对农户种植决策的影响并不是非常明显,即使生产资料成本上涨,农户也会保持一定的玉米种植面积。

1.5 研究结论与政策建议

1.5.1 研究结论

本章利用1999~2017年东北三省一区省级面板数据,基于纳洛夫模型构建玉米动态供给反应模型,通过实证研究得到以下结论:

(1) 玉米种植面积受到滞后期价格的影响,但农户在短期内不能及时对市场价格变动作出生产决策调整,玉米恢复正常供给还需要一段时期的调整;

(2) 过去几年玉米临时收储制度在实施过程中对农户生产积极性的影响有限;

(3) 由于农业生产的弱质性,玉米生产者倾向于减少种植面积来规避自然风险。

1.5.2 政策建议

基于以上研究结论,结合课题组在东北地区实地调研情况,为稳定我国玉米生产,保障国家粮食安全,提出如下政策建议。

1. 积极搭建玉米产销协作平台,加强市场价格信息平台建设

构建玉米生产者与加工企业利益联结机制,鼓励加工企业与农户、合作社直接对接,减少流通环节。建立健全产区内部玉米价格收集、分析及发布渠道,加强玉米生产者及时获取市场信息的能力。加快玉米全产业链大数据建设,使生产者能够准确了解市场供求情况,合理引导农户对市场做出预期。鼓励加工企业与农户合作共建仓储设施,实现"藏粮于民",同时规避新玉米集中上市导致玉米价格降低对农户利益造成的损害。

2. 保持"价补分离"政策的稳定性,进一步完善生产者补贴机制

政府要制定长期有效的政策,坚持玉米市场定价加补贴的方向,保持政策的连续性和稳定性。生产者补贴应向玉米优势产区倾斜,明确补贴对象、补贴标准和补贴方式,确保生产者补贴发放到玉米种植户手中,保障玉米种植者收益的稳定。

3. 加大农业科技创新投入,建立健全农业保险制度

加强田间基础设施完善与改造,通过农业配套设施建设、科技创新投入,提高农业生产效率。完善农业保险机制,合理制定农业重大灾害保险认定标准,推动成本保险和收入保险试点,增强玉米生产者抗灾防灾的能力。

参考文献

[1] 陈印军、王琦琪、向雁:《我国玉米生产地位、优势与自给率分析》,载于《中国农业资源与区划》2019年第1期。

［2］范垄基、穆月英、付文革等：《基于 Nerlove 模型的我国不同粮食作物的供给反应》，载于《农业技术经济》2012 年第 12 期。

［3］方燕、杨茂青：《我国不同区域玉米供给对价格的反应研究》，载于《价格理论与实践》2016 年第 5 期。

［4］郭天宝、董毓玲、周亚成：《玉米临储制度取消带给农民的究竟是什么？——以东北玉米主产区为例》，载于《经济研究参考》2017 年第 14 期。

［5］李丽、朱璐璐：《粮食最低收购价和临时收储政策对农民生产积极性的影响研究——基于 Nerlove 模型的实证分析》，载于《中国物价》2018 年第 6 期。

［6］刘慧、秦富、赵一夫：《玉米收储制度改革背景下北方旱作区农户杂粮种植影响因素分析——基于内蒙古自治区、辽宁省 411 个农户的调查数据》，载于《中国农业资源与区划》2018 年第 4 期。

［7］钱文荣、王大哲：《如何稳定我国玉米供给——基于省际动态面板数据的实证分析》，载于《农业技术经济》2015 年第 1 期。

［8］邵飞、陆迁：《基于 Nerlove 模型的中国不同区域玉米供给反应研究》，载于《经济问题》2011 年第 7 期。

［9］王宏、张岳恒：《中国玉米供给反应：基于 Nerlove 模型的实证研究》，载于《农村经济》2010 年第 6 期。

［10］张明杨、陈超、谭涛等：《中国农户玉米播种面积决策的影响因素分析》，载于《南京农业大学学报（社会科学版）》2014 年第 3 期。

［11］Marc Nerlove, "Estimates of the Elasticities of Supply of Selected Agricultural Commodities", *Journal of Farm Economics*, 1956, 38（2）: 496－509.

第2章

收储制度改革背景下农户玉米种植行为研究

2.1 引言

玉米临时收储政策实施初期一定程度上缓解了农民"卖粮难"问题，但后期随着临储收购量价齐涨，"托市"收购导致"政策价"替代"市场价"，造成国内玉米供过于求、库存积压严重、进口量大幅增加等一系列问题。2015年《农业部关于"镰刀弯"地区玉米结构调整的指导意见》出台，其重点是适当调整东北冷凉区、北方农牧交错区、西北风沙干旱区、太行山沿线区、西南石漠化区的玉米种植结构，加强优势产区产能建设，以此保障谷物的基本自给。2016年《中共中央 国务院关于落实发展新理念加快农业现代化实现全面小康目标的若干意见》（以下简称"2016年中央一号文件"）指出，将原来玉米临时收储政策调整为"市场化收购+补贴"。调整后中国玉米"三量齐增"困局得到有效缓解，但同时国内玉米供需形势由阶段性供过于求转变为供需偏紧。供给方面，国内玉米播种面积连续四年减少，总产量持续下降，2015~2018年玉米播种面积由4496.84万公顷减少到4213万公顷，总产量从26499万吨下降到25717万吨。需求方面，随着生猪产能恢复、畜禽养殖和深加工行业需求体量巨大而且刚性增长基础牢固，玉米饲用需求与工业需求总量快速上涨。同时伴随临储拍卖速度加快，玉米库存消费比已经降至19%左右，逼近安全红线，2017/18年度玉米市场结余量近七年首次转负，玉米产需缺口逐年扩大。

为了防止中国玉米产需缺口的进一步拉大，2019年《中共中央 国务院关于坚持农业农村优先发展做好"三农"工作的若干意见》（以下简称"2019年中央一号文件"）指出，要稳定国内玉米生产，保障国内玉米供给，调整优化农业结构。2019年全国春季田管暨春耕备耕工作会议上提出要以继续优化"镰刀弯"等玉米非优势区作物结构，减少立地条件差、产量低而不稳的玉米种植，以提高玉米生产功能区、优势区的产量为重点，实现国内玉米供给总体稳定。

农户种植调整行为是指在已有的经济条件、资源结构和技术水平下，农户为了实现预期的生产目标从而满足自身的需要，而选择种植结构、种植规模和种植技术的一系列经济活动（龚谨，2013）。农户根据农产品价格和生产要素的变动情况，作出关于土地种植投入与产出的反应或决策。农户种植调整行为的改变会带来种植面积和种植结构的变化，从而对农业发展产生影响。临时收储制度取消以后，玉米种植收益普遍下降，农户种植积极性受到影响。为了减少玉米价格下行带来的收益损失，优势产区部分农户选择减少或放弃玉米种植，非优势产区农户有意愿改种其他作物，但由于缺少适种品种，大部分农户选择保持原有玉米的种植，形成了优势产区玉米面积不增反减，非优势产区玉米种植面积不减反增的局面，一定程度上阻碍了种植结构调整的深入推进。在国内玉米供求关系趋势逆转的背景下，本章从微观农户的角度，通过对农户种植调整行为的研究，构建农户种植调整行为影响因素框架，运用定性与定量分析相结合的方法，以玉米优势产区与非优势产区种植调整行为差异为切入点，从微观农户层面探究影响农户玉米种植的因素，为政府落实优化玉米收储制度改革及相关支持政策、深入推进种植结构调整提供依据，加强玉米生产者补贴政策以及种植结构调整补贴政策的导向性。研究对更好地引导种粮农户的种植调整行为，提高农户的玉米种植积极性，提高优势产区玉米的产量，促进种植结构调整，保障国家粮食安全具有重要的现实意义。

2.2 文献综述

2.2.1 农户种植行为影响因素的研究

农户种植行为是在内部和外部条件共同约束下，根据当地资源禀赋及社会发展状况进行综合考量的结果。农户种植行为的响应是一个复杂的过程，受到多重因素的影响。农户种植行为直接影响作物种植种类和面积的变化，从而改变种植结构及农业的发展。国内外学者从多方面研究了农户种植行为的影响因素，主要集中在以下几个方面。

1. 内在因素

内在因素差异是决定农户种植行为的根本原因，根据目前文献整理，影响农户种植行为的内在因素主要是农户个人特征及家庭禀赋，其中包括年龄、文化程度、家庭劳动力数量、经营规模等。有些学者认为户主年龄对农户生产行为有显著正向影响（刘慧等，2018a；Fatemi et al.，2020），农户的文化程度越高，调整意愿越强（黎红梅等，2015）。但也有学者提出相反观点，认为农户素质对粮食单产和收益影响并不显著，祝华军等（2018）通过对湖北省农民的问卷调查发现，性别和受教育水平等农户个人特征以及家庭人口对种植决策影响不显著。同时家庭劳动力的数量对农户种植行为选择也有一定的影响，劳动力的流动性和可用劳动力对农民尝试劳动密集型新技术有重要的影响（Moser et al.，2002）。从事玉米种植的劳动力人数越多，调整意愿越弱。玉米单产越多面积越大，农户越倾向于保持玉米种植，而随着种植成本的增加，越倾向改变种植结构（李娟娟等，2018a）。有些学者认为长期以来玉米种植惯性和收入路径依赖，使得粮农对国家收储仍抱有极强的侥幸心理（舒坤良等，2017）。学者研究巴布亚新几内亚农民对不同作物的选择时发现，农户侧重于追求生计和维持传统（Stella Nordhagen et al.，2017）。

2. 外在因素

除内在因素外，农户种植行为还受到诸多外在因素的影响。包括农作物市场价格、其他农作物价格、对未来价格预期、国家政策等多因素影响。

（1）市场因素。国内外学者普遍认为农产品市场价格波动会对农户种植行为产生影响。市场化政策始终是影响粮食市场价格变动及农户粮食种植决策的重要因素（刘泽莹等，2019）。粮食生产问题的实质是价格问题，农户会根据市场价格作出种植行为（赵玉等，2016）。农产品价格波动对农户种植行为有影响，但是价格波动存在滞后效应（钞贺森等，2017）。在诸多影响因素中玉米价格变动、售粮难易程度等市场因素对农户种植结构调整意愿的影响最大。此外，农户对市场价格的预期也会对种植行为产生一定影响，有学者认为产品的价格预期会影响种植决策（Peralta，2016），而价格对农产品产量带来了负向影响（Yassin，1985）。肯尼亚农民在种植树木和作物以及种植不同树种之间存在着经济权衡，如果这些短期轮作产品的价格下降，农民将更愿意从高产的黑麦草中种植木材。玉米种植面积的增加或减少是农民经济行为的选择，比较收益的变化是农民增加或减少玉米种植面积的动力。随着种植收益的下降，农民普遍有减少玉米种植面积的意愿。但因调整缺乏市场信息而存在一定的盲目性，多数农民会选择直接减少种植面积规避风险（郭庆海，2010；刘慧等，2017）。

（2）政策因素。政府补贴与惩罚行为会促使农户种植行为选择转变（曹裕等，2018）。美国实施的灵活性生产合同计划、作物和收入保险计划、农业贷款计划、农业灾害救助计划四项农业支持计划可以同时影响生产者的财富收入、收入预期以及风险对抗能力,从而影响其种植决策,并在一定程度上增加美国农作物的产量(Young et al.,2000)。有些学者从粮食补贴的角度研究其对农户种植行为的影响。粮食补贴政策在动态趋势上表现出显著的"土地投入"激励效应,激励农户增加粮食播种面积(吴连翠等,2010)。一些学者也提出了相反的观点。钟春平等(2013)认为农业补贴一定程度上提高了农户福利,但对农业生产的影响有限,影响农户生产积极性的主要原因在于补贴水平是否跟得上生产资料价格上涨的速度(Paul,1978)。田聪颖等(2018)通过构建农户家庭生产行为模型,模拟研究玉米、大豆生产者补贴政策对农户种植结构调整行为的影响生产者补贴在一定程度上引导农民调减玉米改种大豆。各类生产成本的上升一定程度上抑制了最低收购价政策的实施效果(李丰等,2016)。由于补贴政策发布不及时、不明确,生产者补贴对农户决策的影响并不显著(李娟娟等,2018a)。

(3)其他外部因素。部分学者还针对地区发展差异性对农户种植行为的影响进行研究。不同地区耕作制度和资源禀赋差异是造成粮食主产区种植行为差异的主要因素,各种影响因素具有区域差距性(潘世磊等,2016)。地区差异、距离集贸镇距离、水资源是否匮乏以及土壤类型对种植行为变化有显著正向影响(黎红梅等,2015)。农户种植结构调整表现出明显的地域一致性(余志刚等,2018)。农户种植行为与区域经济发展水平之间有显著的关联性,粮食作物与农业 GDP 占比呈现负相关,与工业 GDP 所占比重呈正相关(孟志兴等,2010)。不同区域间要素对农户种植决策行为的影响存在差异,不同地区农户对西瓜生产经营风险认知存在差异,生产种植越分散、产业聚集度越低的地区,农户面临更高的生产经营风险(文长存,2017)。胡向东等(2017)认为缺乏新品种种植技术,机械化程度不高,销售渠道不畅,政策扶持体系不完善,也会影响农户种植行为调整。除此之外,农户种植行为在一定程度上还会受到周围农户的影响(田文勇等,2016)。种粮比较收益低、粮食加工转化水平低、配套服务能力低是农民不愿意种粮的根本原因。

2.2.2 玉米收储制度改革对农户种植行为的影响相关研究

玉米临时收储制度改革对农户种植行为产生了较大影响，改革激发了生产主体的市场化行为（刘文霞等，2018），整体上缓解了玉米供大于求的情况，但农户玉米种植积极性有所下降，种植结构调整缺乏主动性（张义博等，2017），规模经营进程放缓（张磊等，2017）。部分学者认为玉米市场化改革后价格是影响农户种植决策最主要的因素（李娟娟等，2018b）。方燕等（2016）将玉米分为东北产区、黄淮海产区、南方丘陵山区，以 2008 年为时间分界对比临储政策实施前后玉米供给反应的变化，发现东北产区受政策托底影响，增强了玉米价格对种植面积和产量的影响，这种影响会随着临储取消价减弱。崔宁波等（2017）运用 DID（difference-differences）模型对比"镰刀弯"地区参与和未参与种植结构调整的农户的收入差异，收储制度改革后农户参与玉米种植结构调整减少了由玉米价格下行所造成的农业收入损失。玉米种植结构调整对农户的务工收入增加效果不显著，但整体上实施种植结构调整对农户家庭总收入能产生积极的影响；对于非调整户而言，调减玉米面积虽也减少了农业收入损失，但这种直接减少玉米耕地而不进行结构调整的行为并不利于家庭总收入的改善。张哲晰等（2018）发现玉米价格变动与农民生产福利同方向变动，产区差异性比较优势会对农民种植积极性产生不同的影响。临储取消后玉米价格下跌对优势产区农民收入水平影响更大（顾莉丽等，2016）。刘慧等（2018c）基于吉林省农户调研数据，发现影响优势产区与非优势产区农户玉米种植意愿的因素有所差别。

2.2.3 文献述评

综合来看，已有文献从内部因素及外部因素对农户种植选择行为影响因素做了详细的研究，内部因素包括农户自身特征、家庭禀赋特征，外部因素包括市场因素、政策因素、区域差异和周围环境等影响。但大部分研究是基于玉米供给充足时期，缺乏在玉米临时收储制度取消后对微观农户种植行为影响因素的研究。临储取消后农户玉米种植行为的改变对种植结构调整造成了一定程度的影响，一方面整体上缓解了玉米供大于求，另一方面由于种植收益的减少、玉米种植优势产区和非优势产区种植面积同时减少，影响了种植结构优化的进一步深入。已有文献针对种植行为的研究通常没有区分玉米优势产区和非优势产区，然而两个地区种植结构调整的方向不同，农户种植行为影响因素的研究亦有不同。因此对二者之间进行对比研究，有利于针对玉米优势产区和非优势产区种植结构调整分区施策，提出更有针对性的政策建议。

2.3 理论基础与相关概念界定

2.3.1 农户行为理论

农户行为是在指农户在从事农业生产经营活动中的各种生产行为决策，不仅包括生产行为，同时也包含投资行为、消费行为、经营行为、决策行为等，这些行为都可以用经济行为解释。农户行为的研究不仅具有行为科学的普遍性，而且又有其自身特殊性。经典的农户行为理论可以分为三个代表性流派。

1. 理性小农学派

以西奥多·舒尔茨和波普金为代表的理性小农学派，认为农户的选择是理性的，在进行生产要素投入和资源配置时，受到个人利益或家庭福利的驱使，农户会遵循市场经济理性原则追求利益最大化。传统农业落后的根源就在于生产要素的价格过高而资本收益率过低，因此改造传统农业的关键在于供给新的生产要素，通过市场竞争机制达到农业资源的优化配置，通过向农民进行教育投资提高农民素质，提升农民利用新生产要素的能力，调动农民的获利动机和积极性。

2. 实体小农学派

以恰亚诺夫、汤普森和斯科特为代表的实体小农学派，认为农户经济和资本主义经济存在差异，农民从事农业种植和经济活动是为了家庭自足和生计需求而不是追求利益最大化，农户生产是在满足自家消费需求和劳动的辛苦程度之间平衡。农民的经济行为受到生存理性、社群伦理、互惠原则与文化习俗的制约，因此在生产过程中会考虑生存安全、风险规避、道义伦理等多方面因素。

3. 历史学派

以黄宗智为代表的历史流派，是一种较为折中的理论，称之为商品小农，认为农户在边际报酬很低的时候仍然能够继续投入劳动。提出在分析我国农户行为时必须将追求利润最大化和追求效用最大化结合，若要充分发挥小农的创新性和积极性，就要提供以小家庭农场为主要目标的融资渠道，触发小家庭农业为主体的农业协作，为其生产、运输和销售提供必要的条件。

2.3.2 行为经济学理论

行为经济学是将心理学的研究成果融入经济学理论的科学，研究人们的行为如何系统性地偏离经济学传统的"理性人"假设。20世纪后，泰勒等从进化心理学获得启示，认为大多数人不是完全理性，也并非凡事皆从自私自利的角度出发。人们一方面追求利润最大化，另一方面具有非理性因素，如损失厌恶、时间偏好、社会性偏好、概率判断偏误等。行为经济学它还表现在关注决策行为的产生，既有经济因素，也有非经济因素。

2.3.3 相关概念界定

1. 农户

农户是农业社会的最基本单元，是研究农业问题中非常有意义的研究单位。在《经济百科词典》中，农户被解释为是以血缘和婚姻关系为基础而组成的农村家庭。换言之，农户即生活在农村的农民家庭。但户与家庭也并非完全一致，户是家庭的一个下属单位，以血缘或姻缘关系为基础组成的农村基层社会单位。农户的本质特征是以家庭契约关系为基础，家庭与农业生产相互作用（尤小文，1999），以自己拥有或租入的土地和其他生产资料，依靠家庭成员或雇佣劳动进行农业生产经营。农户不仅是一种生活组织而且也是一种生产组织；其行为也不只是个体的消费行为，更是有组织的群体生产行为，具有资源集中利用、集体决策、共同生产、利益共享等特点。

2. 种植调整行为

种植调整行为是指在已有的经济条件、资源结构和技术水平下，农户为了实现预期的生产目标从而满足自身的需要，而选择种植结构、种植规模和种植技术的一系列经济活动（龚谨，2013）。农户根据农产品价格和生产要素的变动情况，作出关于土地种植投入与产出的反应或决策。农户种植调整行为的改变会带来种植面积和种植结构的变化，从而对农业发展产生影响。

3. 玉米优势产区与非优势产区

玉米优势产区指资源条件良好、生产规模较大、市场区位优、产业化基础强、环境质量佳的区域。农业部《优势农产品区域布局规划（2008—2015年）》中对优势区域的划定包括北方、黄淮海和西南三个玉米优势区。其中，北方优势区包括黑龙江、吉林、辽宁、内蒙古、宁夏、甘肃、新疆、陕西北部、山西中北部、北京与河北北部及太行山沿线的玉米种植区；黄淮海优势区包括河南、山东、天津、河北、北京大部，山西、陕西中南部，以及江苏、安徽淮河以北的玉米种植区；西南优势区包括重庆、四川、云南、贵州、广西，以及湖北、湖南西部的玉米种植区。

玉米非优势产区是指生态环境脆弱、土壤退化、水资源紧缺、自然灾害频发地带，玉米产量低而不稳。根据《农业部关于"镰刀弯"地区玉米结构调整的指导意见》，将东北冷凉区、北方农牧交错区、西北风沙干旱区、太行山沿线区及西南石漠化区划定为玉米非优势产区，但"镰刀弯"地区并非像行政区域有着四至清晰的边界，涉及河北、山西、内蒙古、辽宁、吉林、黑龙江、广西、贵州、云南、陕西、甘肃、宁夏、新疆13个省级行政区域，是玉米结构调整的重点地区。

2.4 中国玉米生产发展形势分析[*]

2.4.1 中国玉米生产发展回顾

1949~2019年中国的玉米生产发展发生了较大变化，玉米总产量在粮食总产量中的比重上升。从图2-1可以看出，1949年玉米产量1242万吨，粮食产量11318.4万吨，占比为10.97%；2019年玉米产量26077万吨，粮食产量66384万吨，占比高达39.28%。本章将中国玉米生产发展大致分为平稳增长、较快增长、迅速增长、调整优化四个阶段。

1. 平稳增长阶段

20世纪50年代至60年代中国玉米产量总体发展较为平稳。该阶段第一次土地改革运动完成，农户实现了由封建依附农到个体小农的转变。

---

[*] 除特别说明外，本部分数据均整理自历年《中国统计年鉴》。

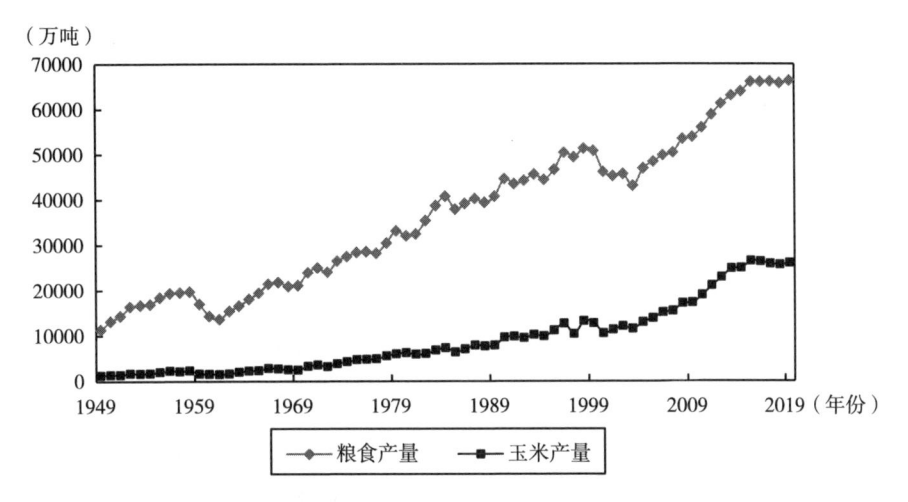

图 2-1　1949~2019 年中国粮食总产量与玉米产量变化情况

资料来源：历年《中国统计年鉴》。

1949 年至 1969 年，玉米总产量由 1242.00 万吨增长至 2492.00 万吨，年均增长率为 2.97%。但由于该阶段整体生产力水平不高，玉米单位面积产量增长比较缓慢，年均增长率为 2.92%，1965 年后单产首次超过 100 公斤/亩。与此同时，该阶段处于计划经济时期，农民没有生产经营自主权，生产内容和生产数量由国家统一计划、统一安排，起初玉米作为口粮的一种补充，政策导向促成该阶段玉米种植面积增长较为平缓。1949 年玉米种植面积为 19372.80 万亩，1969 年玉米种植面积 14578.50 千公顷，年均增长率 0.13%。

2. 较快增长阶段

20 世纪 70 年代至 21 世纪前期中国玉米总产量出现较快增长。1970 年至 1999 年玉米产量由 3303.00 万吨增长至 12808.63 万吨，年均增长率为 4.78%。一方面，随着农业技术改造的不断推进，农田水利建设、生产技术的提高，玉米规范化栽培技术得到广泛应用，玉米单位面积产量有了较大的提高，1970 年至 1999 年玉米单位面积产量由 139.09 公斤/亩增长至 329.65 公斤/亩，年均增长率为 3.02%。另一方面，由于 1978 年家庭联产承包责任制的实行，农民获得了生产的自主权、经营权、决策权，极大地调动了生产积极性。1970 年玉米种植面积 23747.25 万亩，1999 年玉米种植面积 38855.57 万亩，年均增长率 1.71%。

3. 迅速增长阶段

21 世纪初至 2015 年中国玉米总产量迅速增长。21 世纪初期自然灾害频发，加之玉米生产成本逐渐加大，农户种植积极性受挫，玉米产量下降比较严重。2000 年和 2003 年玉米总产量分别降至 10599.98 万吨、1158.02 万吨，同比下降 17.24%、4.52%。2004 年开始玉米产量稳步增长，2004~2015 年玉米产量由 13028.71 万吨增长至 26499.22 万吨，年均增长率 6.67%，实现"十二连增"。2004 年开始我国逐步减免农业税，2006 年全国范围内取消农业税，极大限度地调动农民玉米种植积极性。另外，为了稳定粮食危机造成的国内玉米价格变动，2008 年 10 月国家开始在辽宁、吉林、黑龙江及内蒙古（以下简称"东北三省一区"）实行玉米临时收储政策，由中国储备粮管理集团有限公司（以下简称"中储粮总公司"）和有关省份地方储备粮管理公司按照临储收购价格，在东北三省一区进行玉米临储收购。随着逐步上涨的收储底价，玉米生产呈跨越式发展趋势。该阶段玉米增产主要靠种植面积的迅速扩张，2004 年玉米种植面积 38168.51 万亩，2015 年玉米种植面积 67452.59 万亩，年均增长率为 5.31%。

4. 调整优化阶段

2016 年至今，玉米总产量呈下降趋势，玉米进入种植结构优化调整期。由于临储后期出现国内玉米生产量、进口量、库存量齐增的问题，在农业种植结构调整和农业高质量发展的多重背景下，亟须对种植结构和区域布局进行进一步优化，提升农业的效益和可持续发展能力。2015 年底农业部出台了《关于"镰刀弯"地区玉米结构调整的指导意见》（以下简称《指导意见》），对东北冷凉区、北方农牧交错区、西北风沙干旱区、太行山沿线区、西南石漠化区玉米种植结构进行调整，并于 2016 年取消玉米临时收储制度。2015~2019 年全国玉米播种面积从 67452.6 万亩减少到 61920 万亩，减少了 5532.6 万亩（见图 2-2）。完成了《指导意见》提出的到 2020 年

"镰刀弯"地区玉米种植面积稳定在1亿亩，比目前减少5000万亩以上。

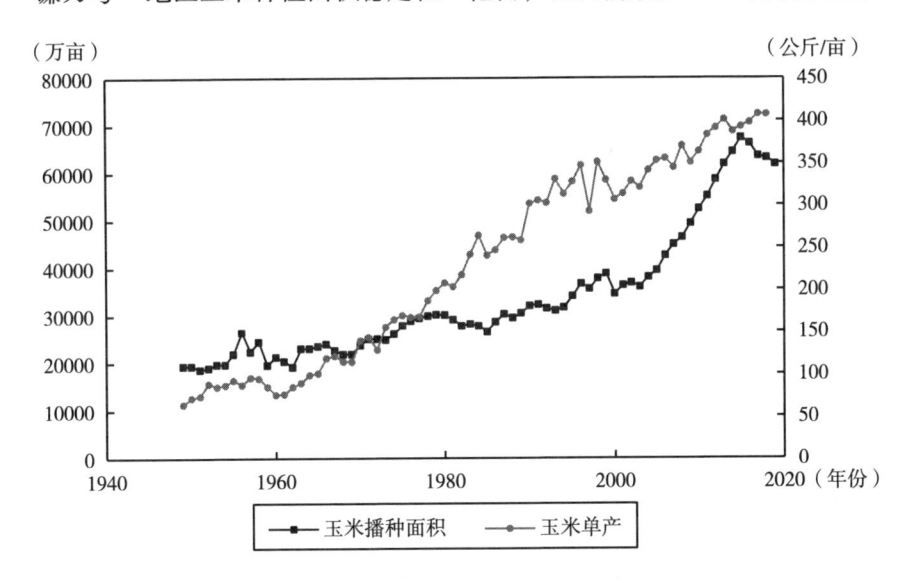

图 2-2 中国玉米播种面积及单产变化

资料来源：历年《中国统计年鉴》。

2.4.2 玉米临储制度取消的背景及其影响

1. 背景

玉米临时收储政策的实施虽在一定程度上提高农户玉米种植的积极性，但同时也对玉米市场产生了巨大影响。2008~2015年累计收储玉米数量约1.5亿吨，政策实施初期有效抑制了玉米市场价格下跌，稳定国内玉米市场，缓解农民卖粮难问题，对保护玉米生产者利益和促进农民玉米生产积极性起到重要作用。如表2-1所示，临储政策实施期间，玉米临时收储价格逐年上涨，推动了国内玉米种植面积稳步提高，2008~2015年，玉米总播种面积增加了43.8%。随着玉米连年丰收，国内消费需求增长放缓、替代产品进口冲击等因素影响，中国玉米市场曾呈现出阶段性供大于求的格局，期末库存总体呈增加趋势。2016年库存规模最高时曾达到2.58亿吨，超过当年产量4700万吨。由此造成了国内玉米市场产量、进口量、库存量"三量齐增"的现象。

表 2-1　　玉米临时收储价格　　单位：元/公斤

年份	一等品		二等品	三等品
	内蒙古	辽宁	吉林	黑龙江
2008	1.52	1.52	1.50	1.48
2009	1.52	1.52	1.50	1.48
2010	1.82	1.82	1.80	1.78
2011	2.00	2.00	1.98	1.96
2012	2.14	2.14	2.12	2.10
2013	2.26	2.26	2.24	2.22
2014	2.26	2.26	2.24	2.22
2015	2.00	2.00	2.00	2.00

资料来源：中国玉米信息网。

2016年中央一号文件指出，"按照市场定价、价补分离的原则，积极稳妥推进玉米收储制度改革，在使玉米价格反映市场供求关系的同时，综合考虑农民合理收益、财政承受能力、产业链协调发展等因素，建立玉米生产者补贴制度"。将玉米临时收储制度改为"市场化收购+补贴"，玉米价格由市场供求决定，农户随行就市出售玉米。建立玉米生产者补贴制度，对东北三省一区的玉米生产者给予一定的财政补贴，中央财政补贴资金拨付到省，由地方统筹将补贴资金兑付到生产者，以此来保障玉米种植收益的基本稳定。

2. 影响

（1）随着玉米临时收储制度的取消，玉米市场逐步回归市场，改革成效显著。2015~2018年，全国玉米播种面积从6.74亿亩减少到6.32亿亩，减少了4200万亩。从总体数量上看，初步完成了《指导意见》提出的到2020年"镰刀弯"地区玉米种植面积稳定在1亿亩，比目前减少5000万亩以上；市场机制逐步建立，玉米价格倒挂现象得以缓解或扭转；收购市场活力增强，收购主体多元化打破了中储粮"一家独大"的局面；激活了玉米产业链，加工企业开工率增加，上下游产业协调发展，但同时临储取消后也出现了一些新的问题。

（2）一些玉米优势产区出现种植面积不增反减，而非优势产区种植面积均现不减反增的现象，有悖于国家种植结构调整的初衷。市场化背景下玉米市场价格下降，优势产区由于玉米种植面积大而遭受损失更大，种植积极性有所下降；在非优势产区，由于玉米种植风险比较低，已经形成适应当地气候条件的作物体系，不种玉米难以找到规模性替代品种，玉米种植面积调减空间非常有限。然而种植结构调整旨在推进"镰刀弯"地区玉米结构调整，要适当调减非优势区，对优势核心产区不仅不调，还要加强产能建设，保障谷物基本自给。

"镰刀弯"地区涉及河北、山西、内蒙古、辽宁、吉林、黑龙江、广西、贵州、云南、陕西、甘肃、宁夏、新疆13个省级行政区域。如表2-2所示，2015~2018年，全国玉米播种面积从67452.59万亩减少到63195.08万亩，减少了4257.51万亩。进一步从省级层面数据来看，"镰刀弯"地区涉及的13个省级行政区域玉米种植面积，从2015年的46616.43万亩减少到2017年的43046.79万亩，减少了3569.64万亩，下调面积占全国下调面积的83.84%。其中云南、宁夏不降反增，说明一些优势产区玉米种植面积也出现下调。再进一步从地市级层面看，2015~2017年，河北省"镰刀弯"地区玉米增加199万亩，但全省玉米总面积减少165万亩，说明一些优势产区的面积是在减少的。《辽宁统计年鉴》数据显示，地处北方农牧交错区的阜新、朝阳两市是玉米种植的非优势产区，2015年玉米种植面积分别为427.65万亩、468.75万亩，2017年两地玉米面积分别增加到491.10万亩、499.05万亩。

表2-2 "镰刀湾"地区13个省份玉米种植面积变化 单位：万亩

地区	2015年	2016年	2017年	2018年	2015~2018年变化
全国	67452.59	66266.42	63598.50	63195.08	4257.51
河北	5481.65	5544.21	5316.09	5156.61	325.04
山西	2841.72	2791.01	2710.28	2621.51	220.22
内蒙古	5907.48	5765.34	5574.51	5613.21	294.27

续表

地区	2015年	2016年	2017年	2018年	2015~2018年变化
辽宁	4383.62	4184.67	4037.97	4069.47	314.15
吉林	6376.59	6362.96	6246.02	6347.21	29.39
黑龙江	11041.73	9792.63	8794.22	9476.73	1565.00
广西	925.49	904.88	886.85	876.65	48.84
贵州	1556.70	1562.45	1509.57	903.18	653.52
云南	2643.89	2677.22	2645.72	2677.80	-33.92
陕西	1805.84	2012.63	1795.32	1769.21	36.63
甘肃	1597.50	1585.10	1561.46	1519.11	78.39
宁夏	452.66	469.85	459.05	466.19	-13.53
新疆	1601.60	1539.60	1529.90	1549.94	51.66

资料来源：国家统计局。

（3）国内玉米产需缺口不断扩大，加剧了当前国内玉米供需偏紧的格局。玉米种植面积的下降导致国内玉米供给减少，2016/17年度玉米供需形势发生逆转，随着非洲猪瘟影响的消退，生猪生产将逐步恢复，加之工业需求的产能扩张，未来玉米需求量增速将快于产量，造成国内玉米供需偏紧，且缺口呈现逐渐拉大的趋势。2019/20年度玉米市场负结余继续扩大，当年结余约-1556万吨，负结余同比扩大430万吨（见图2-3）。

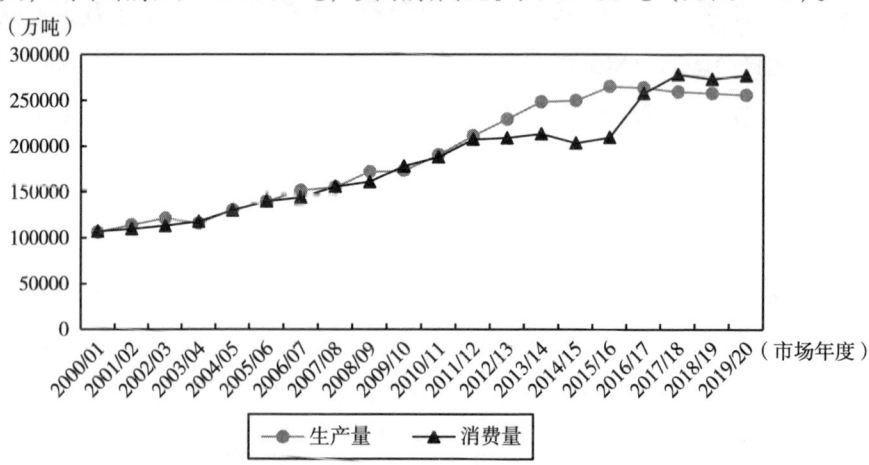

图2-3　2000/01~2019/20市场年度中国玉米生产量与消费量

资料来源：国家粮油信息中心。

2.4.3 东北地区玉米生产现状

中国玉米种植范围十分广泛，全国31个省（区、市）均有种植，由于自然、经济、技术等多种因素，中国玉米种植面积在不同地区发生减少与增长的不同变化，出现"南退北进"的趋势。目前国内已形成以东北、华北为主产区，东南、西南为主销区的玉米产销格局。2019年玉米产量在全国前七位的分别为黑龙江3651.1万吨、吉林3101.6万吨、内蒙古2793.5万吨、山东2611.0万吨、河南2323.6万吨、河北1966.2万吨、辽宁1856.4万吨，七个省份玉米产量总和共占全国的71.17%。

如图2-4所示，东北地区（辽宁、吉林、黑龙江、内蒙古）是我国最大的玉米生产区，重要的商品粮基地。1949年以来东北地区玉米产量总体呈现上升趋势，2019年玉米产量11144.7万吨，占比为43.3%。临储取消后，东北玉米主产区的玉米产量由2015年的11768.31万吨到2018年的11144.78万吨，下降623.53万吨，下降比例占全国下降比例的79.75%。

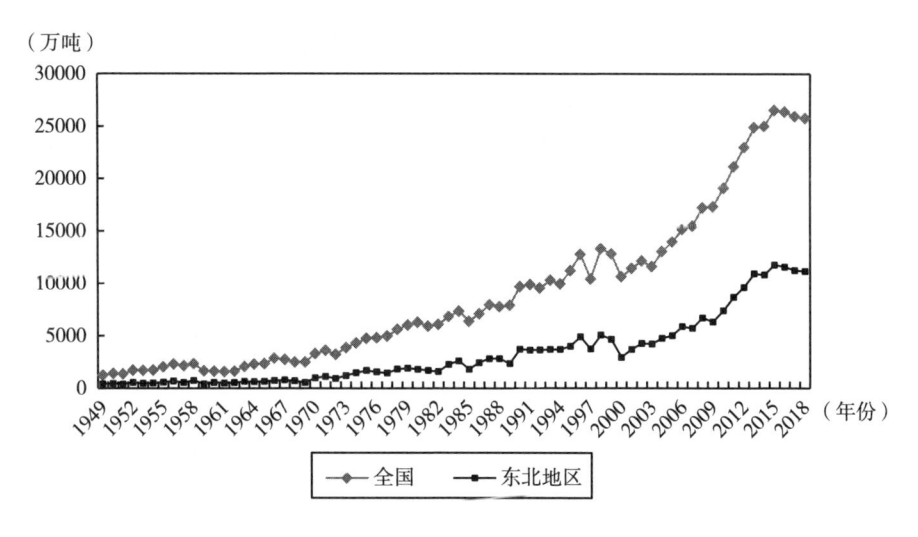

图2-4 1949~2019年东北地区与全国玉米产量

资料来源：国家统计局。

东北地区也是临时收储制度改革的执行区域。如表2-3所示，播种面积由2015年的11074.48万亩到2018年的9331.54万亩，下调1742.94万亩，播种面积下调比例占全国下调的42.8%。在产区内部农户受临储取消的冲击较大，种植积极性有所下降，种植结构调整还有空间。

表2-3　　　　　东北地区玉米播种面积调减情况　　　　单位：万亩

年份	全国	辽宁	吉林	黑龙江	内蒙古
2015	67452.59	2708.75	3018.94	2692.98	2653.81
2016	66266.42	2396.25	2377.64	2342.18	2278.67
2017	63598.50	678.98	704.77	689.24	699.28
2018	63195.08	2402.39	2309.40	2294.84	2324.90

资料来源：国家统计局。

因此基于东北地区玉米生产在全国的重要地位，决定了其玉米供给稳定与否直接关系到国内玉米供给安全。本章以东北地区为例，探究影响农户玉米种植行为的因素。

2.5 农户玉米种植行为影响因素描述性统计分析

2.5.1 样本选择与问卷设计

1. 样本的选择

本章采用问卷调查的方法，将调研区域选择在东北三省一区，分别对玉米优势产区与非优势产区的玉米种植农户种植调整行为开展实地调研。根据各地区玉米实际生产情况，结合农业部《优势农产品区域布局规划（2008—2015年）》的划定方法及《农业部关于"镰刀弯"地区玉米结构调整的指导意见》。将玉米种植优势产区调研地点确定为内蒙古自治区通辽市、吉林省长春市、吉林省吉林市，玉米种植非优势产区调研地点为辽宁省朝阳市和阜新市、黑龙江省黑河市。样本的选取采用了随机抽样的方法，首先是从各县市中选取样本村，然后每个村随机抽取 5~10 户玉米种植户。课题组于 2019 年 5 月至 10 月之间，分四次进行调研，问卷调查样本涉及四个省、13 个县（市、区）、21 个乡镇、54 个村（见表 2-4）。共发放问卷 435 份，回收问卷 430 份，问卷回收率 98.9%，有效问卷 423 份，问卷有效率 98.4%。其中，优势产区有效问卷总数为 259 份，非优势产区有效问卷总数为 164 份。

表 2-4　　　　　　　　　调查样本具体分布情况

优势产区		份数	非优势产区		份数
样本分布			样本分布		
通辽市奈曼旗	治安镇	23	朝阳市凌源市	宋杖子镇、刘杖子镇	20
通辽市科尔沁区	钱家店镇、花吐古拉、大林镇、钱家店镇	71	朝阳市建平县	榆树林子镇、朱碌科镇	25
长春市榆树市	大岭镇	20	阜新市阜蒙县	泡子镇、大固本镇、八家子镇	39
吉林市舒兰市	天德乡、环城街道、吉舒街道	82	黑河市嫩江市	海江镇、科洛镇	16
吉林市龙潭区	乌拉街镇、江密峰镇	43	黑河市孙吴县	腰屯镇、沿江乡	23
吉林市船营区	大绥河镇	20	黑河市逊克县	奇克镇	30
			黑河市爱辉区	坤河乡	11
总计		259			164

2. 问卷设计

根据相关学者关于农户种植行为影响因素的研究经验以及调研区域的实际情况设计调查问卷。问卷主要分为四部分：一是农户家庭基本信息（包括年龄、受教育年限、家庭劳动力水平等）；二是种植基本信息（包括土地面积、主要种植作物等）；三是成本收益情况（包括生产成本、经营性收入、玉米出售价格等）；四是玉米种植调整情况（包括玉米种植面积变动原因、对生产者补贴满意度等），问卷具体内容见附录1。

2.5.2 调研地区农户玉米种植调整行为现状分析

1. 玉米种植意愿变化

从玉米种植面积的变化看，优势产区和非优势产区均出现种植积极性下降。通过2019年农户玉米种植面积与2018年进行对比（见表2-5），在玉米种植优势产区的259份有效问卷中，203户农民玉米种植面积没有变化，25户农民选择增加玉米种植面积，31户农民选择减少玉米种植面积，分别占优势产区样本比重的78.38%、9.65%、11.97%。在玉米种植非优势产区的164份有效问卷中，83户农民玉米种植面积没有变化，25户农民选择增加玉米种植面积，56户农民选择减少玉米种植面积，分别占非优势产区样本比重的50.61%、15.24%、34.65%。

表2-5　2018~2019年农户玉米种植面积变化情况

玉米种植面积变化	优势产区 样本数	优势产区 占比（%）	非优势产区 样本数	非优势产区 占比（%）
种植面积减少	31	11.97	56	34.15
种植面积不变	203	78.38	83	50.61
种植面积增加	25	9.65	25	15.24

总体来看，无论在玉米优势产区还是非优势产区玉米种植面积没有发生变化的农户占比最多，其次是玉米种植面积减少的农户占比，玉米种植面积增加的农户占比最少，由此可见农户玉米种植积极性有下降的特征。对比来看，优势产区玉米种植面积不变的农户大于非优势产区，非优势产区玉米种植面积增加和减少的农户占比均高于优势产区。农户种植积极性下降导致玉米总面积的减少，与此同时，优势产区农户调减多增长少、非优势产区农户调减不到位，一定程度上阻碍了玉米种植结构的进一步调整和优化。

2. 玉米种植结构调整情况

从玉米种植结构的变化看，结构调整初见成效，但还存在种植结构单一、农户选择无所适从。如图 2-5 所示，在玉米优势产区的 259 份有效问卷中，2018 年 192 户农户只种植玉米一种作物，67 户农户除玉米种植外还有其他作物种植，分别占优势产区样本的 74.1%、25.9%；2019 年 183 户农户选择只种植玉米，76 户农户除玉米种植外还有其他作物种植，分别占优势产区样本的 70.7%、29.3%。在玉米非优势产区，2018 年 59 户农户只种植玉米，105 户农户还有其他作物种植，分别占非优势产区样本的 36.0%、64.0%；2019 年 38 户农户只种植玉米，126 户农户还有其他作物种植，分别占非优势产区样本的 23.2%、76.8%。

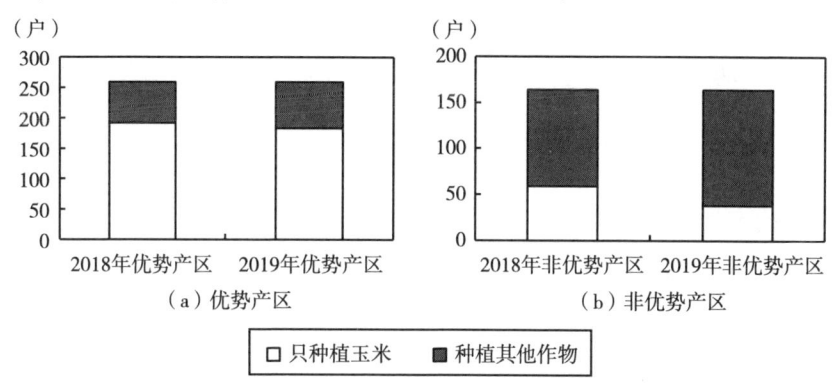

图 2-5 2018~2019 年农户种植结构变化情况

总体来看，2018~2019 年选择单一玉米种植的农户比例有所下降，部分农户选择了增加其他作物的种植。对比来看，优势产区仍普遍存在种植结构过于单一的现象，非优势产区种植结构调整初显成效，种植相对多样化，包括豆类、杂粮及经济作物，调研所到黑龙江省黑河地区多数农户实现玉米大豆地块间的轮作。在访谈中农户普遍表示对玉米改种无所适从，多数农户虽然在主观意识上愿意尝试新品种的种植，但一方面缺乏产量稳定、销路畅通的适种品种，农户对于种植其他作物的技术掌握欠缺；另一方面由于农民的可支配资金较低使投入能力受到限制，且承担风险的能力较弱，没有能力改种新品种，多重因素导致了玉米种植结构调整受到阻碍。

2.5.3 农户玉米种植调整行为影响因素分析

1. 种植调整行为影响因素选择

在市场化背景下，小农经济行为正朝着市场化方向演进，其生产经营决策以追求利润最大化为目标，为获得最优土地利用效益，在生产利润的诱导机制和市场运行机制的作用下，不断调整家庭土地的利用结构和方式，以适应市场供需要求和农业产业发展客观要求。本章主要考察农户在玉米收储制度改革的背景下，农户作为农业生产中最基本的单元，种植调整行为受到内在和外在条件的约束。内在条件指农户生产的目的是满足自身消费需求或获取自身经济利益的需求；外在条件主要包括资源条件、市场、政策等因素的限制。农户通过合理配置生产要素进行农业生产，参与市场并追求家庭效用最大化。

根据相关理论及已有文献分析，本章将农户玉米调整种植调整行为影响因素确定为个人特征、家庭禀赋、资源条件、市场因素、政策因素，各影响因素间的机理，如图2-6所示。

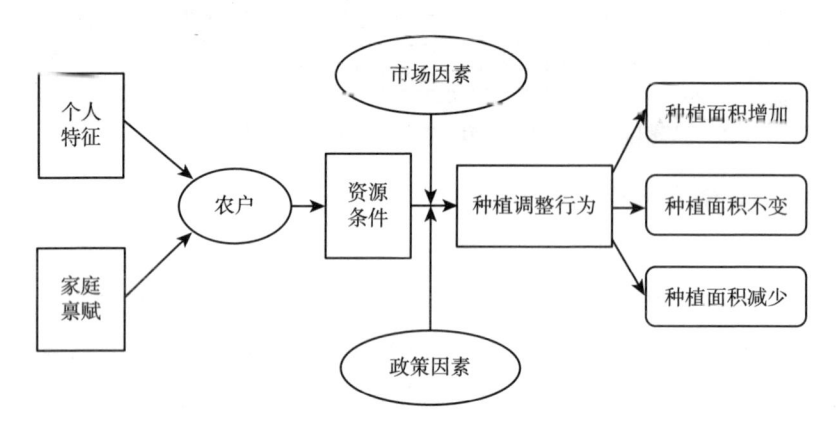

图2-6 农户玉米种植调整行为影响因素机理

2. 农户个人及家庭禀赋

农户的个人及家庭禀赋是影响农户种植调整行为的内在因素，通过农户的主观意识影响着农户生产行为,包括年龄、受教育程度、兼业情况、风险偏好等因素。

(1) 年龄。总体来看普遍存在生产者老龄化的现象,其中优势产区老龄化程度更为明显。如表2-6所示,40~70岁年龄段是玉米种植的主力,其中50~59岁年龄段所占的比例最大,分别占优势产区和非优势产区样本的38.6%和32.9%,对比来看优势产区农户老龄化程度更明显。随着工业化、城镇化的推进,青壮年劳动力更倾向于选择外出打工,长期从事玉米种植的以中老年群体为主,随着年龄增长,生产者体能和接受新技术新事物的能力下降,劳动力老龄化不利于玉米产业的稳定发展。

表2-6　　　　　　　　　　农户年龄特征

年龄（岁）	优势产区		非优势产区	
	样本数	占比（%）	样本数	占比（%）
<30	6	2.3	5	3.0
30~39	21	8.1	19	11.6
40~49	59	22.8	49	29.9
50~59	100	38.6	54	32.9
60~69	62	23.9	26	15.9
≥70	11	4.3	11	6.7

(2) 受教育年限。总体来看普遍存在农户教育水平偏低的现象,其中优势产区农户教育水平低于非优势产区。如表2-7所示,农户教育年限主要集中在1~9年,其中6~9年占比最多,教育程度主要集中在初中,分别占各优势产区和非优势产区样本的46.7%和50.6%。对比来看,优势产区农户接受过6~9年和10~12年教育的占比均低于非优势产区。生产者文化程度越高,学习和认知能力越强,接受外部信息能力越强,也更具有创新性、挑战性,在农业生产经营过程中,具有更加全面的市场竞争意识,能够科学地使用资金、土地和劳动生产要素等,使资源禀赋问题得到合理改善,从而实现利润最大化。但是,目前优势产区较高学历人才逐渐涌入城市或从事其他生产,愿意在农村进行玉米种植的农民大多数是学历水平较低的人群。

表2-7　　　　　　　　　　农户受教育年限情况

受教育年限（年）	优势产区		非优势产区	
	样本数	占比（%）	样本数	占比（%）
0	16	6.2	4	2.4
1~5	92	35.5	46	28.1
6~9	121	46.7	83	50.6
10~12	22	8.5	23	14.0
13及以上	8	3.1	8	4.9

（3）兼业情况。总体来看大多数玉米生产者只从事农业生产，其中非优势产区农户兼业化程度稍高。如表2-8所示，无论是在优势产区还是非优势产区，样本中多数农户以非兼业农户为主，分别占比64.1%、57.9%。对比来看，非优势产区兼业农户占比42.1%，接近样本的一半，兼业农户数量稍高于优势产区。由于非优势产区的玉米种植收益相对较低，这些农户除从事农业生产外还从事非农业，更多的农户在农闲时间可以打零工增加家庭收入。

表2-8　　　　　　　　　　农户兼业情况

兼业情况	优势产区		非优势产区	
	样本数	占比（%）	样本数	占比（%）
兼业	93	35.9	69	42.1
非兼业	166	64.1	95	57.9

（4）新品种采用意愿。总体来看大多数农户对新品种的接受意愿较强，其中非优势产区愿意采用新品种的比例较高。如表2-9所示，无论在优势产区还是非优势产区，大多数农户都愿意采用新品种，分别占各产区样本的78.8%、87.8%。由于玉米种植收益的下降，非优势产区农户对新品种的渴望更加迫切。

表2-9　　　　　　　　　　农户新品种采用意愿情况

新品种采用意愿	优势产区		非优势产区	
	样本数	占比（%）	样本数	占比（%）
愿意采用	204	78.8	144	87.8
不愿意采用	55	21.2	20	12.2

(5) 家庭劳动力数量。总体来看多数农户家庭中劳动力数量缺乏。如表 2-10 所示，无论在玉米优势产区还是非优势产区，多数农户家庭劳动力数量为 2 人，分别占各产区样本的 60.0%、61.0%。调查中发现，青壮年劳动力外流改变了玉米生产劳动力供给的数量和质量，留守老人和家庭妇女是农业生产主力，玉米种植缺乏优质劳动力投入。

表 2-10　　　　　　　　家庭劳动力数量占比情况

家庭劳动力数量（人）	优势产区 样本数	占比（%）	非优势产区 样本数	占比（%）
<2	49	18.8	26	15.9
2	45	60.0	100	61.0
>2	55	21.2	38	23.1

3. 资源条件

资源条件是农户进行经济活动的关键，本章将影响种植的资源条件分为自然资源和社会资源。气候、水资源等自然条件的优劣是决定农户种植作物选择的基础。除此之外，机械化水平、灌溉条件、合作组织、农业技术培训等社会资源也会对农户玉米种植调整行为造成影响。

(1) 自然资源。玉米种植优势产区自然资源优于非优势产区，玉米产量和品质较高。玉米在生长过程中对温度、光照、降水、地形地貌等自然因素都有其相应的要求，不同地区自然资源条件有所差异，非优势产区水资源短缺、自然灾害频发，优势产区土壤条件、积温、降水等方面均优于非优势产区，更适宜玉米种植。调研所到的优势产区，内蒙古自治区通辽市、吉林省长春市和吉林市的区县处于玉米种植黄金带，年平均降水 400~800 毫米，年日照近 3000 小时，土地肥沃，生产的玉米品质较高。调研所到的非优势产区，辽宁省阜新市和朝阳市所调研的区县位于辽宁西部少雨区，旱情较为严重，玉米产量低；黑龙江省黑河市所调研的区县位于我国第五、第六积温带，有效积温在 1950℃~2300℃，日照时数 2560~2700 小时，玉米成熟后不能晾干易发霉。

(2) 机械化水平。总体来看玉米生产机械化程度较高，其中在整地和播种过程机械使用率最高，在管理和收获过程中机械使用率较低。如图 2-7 所示，一方面原因是玉米易于管理，采用人工喷药的方式即可满足管理需求；另一方面原因是目前管理过程缺乏机械介入，玉米打药过程无法使用机械，无人机成本高，一家一户无法使用。在收获过程使用机械会降低产量，部分农户倾向于人工收获。由于非优势产区调研地点之一选在黑龙江省黑河市，种植面积相对较大，造成非优势样本机械化程度偏高。

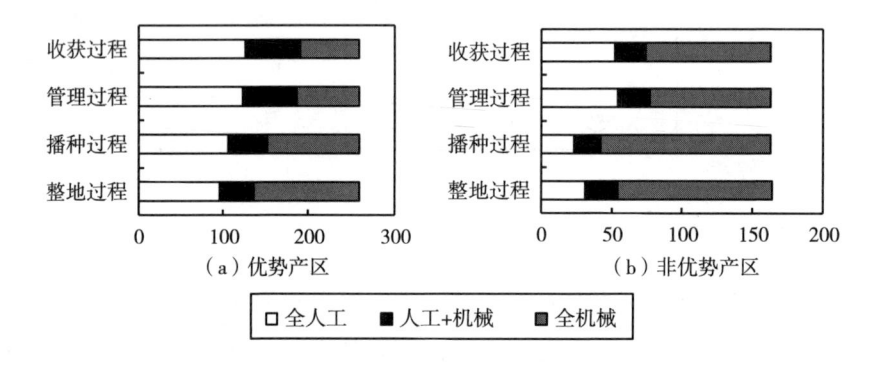

图 2-7 玉米生产全过程机械使用情况

(3) 灌溉条件。总体来看大多数农户在玉米生产过程中不进行灌溉，节水灌溉技术的应用较少。如表 2-11 所示，无论是在优势产区还是非优势产区，不进行灌溉农户分别占各产区样本数的 60.2% 和 65.3%。在调研中发现，各产区不灌溉的原因各不相同，优势产区的玉米雨水充沛，在种植过程中几乎不需要进行灌溉，而非优势产区不灌溉的原因主要是水利设施条件差，玉米种植户依然没有摆脱靠天吃饭的局面。黑龙江省黑河地区主要因为积温低没法灌溉，水温低会对作物有伤害。在灌溉方式上多数农户采用传统的灌溉模式，喷灌、滴灌等节水方式采用率偏低，采用滴灌的区域多为政府投资建设，三年示范后继续采用滴灌的农户较少，农户没有形成自主选择节水灌溉意识。

表 2-11　　　　　　　　　玉米灌溉情况

灌溉情况	优势产区		非优势产区	
	样本数	占比（%）	样本数	占比（%）
不灌溉	156	60.2	107	65.3
漫灌	73	28.2	20	12.2
滴灌	29	11.2	12	7.3
喷灌	1	0.4	25	15.2

（4）农业技术培训。总体来看大多数农户并未接受过相关技术培训，优势产区农户未接受技术培训占比高于非优势产区。如表 2-12 所示，无论在玉米优势产区还是非优势产区，未接受过农业技术培训的农户均占有较大比重，分别为各产区样本的 66.4%、53.0%，对比来看，优势产区未接受过农业技术培训的农户占比高于非优势产区。即使是在接受过农业技术培训的农户中，接受过玉米相关技术培训的更少，农户玉米种植缺乏科学的指导。

表 2-12　　　　　　　　　农户接受技术培训情况

农业技术培训	优势产区		非优势产区	
	样本数	占比（%）	样本数	占比（%）
接受过	87	33.6	77	47.0
未接受过	172	66.4	87	53.0

（5）合作组织。总体来看玉米生产组织化程度较低，其中优势产区农户未加入合作组织的比重高于非优势产区。如表 2-13 所示，无论在玉米优势产区还是非优势产区，未加入合作组织的农户均占有较大比重，分别占各产区样本的 86.5%、69.5%，对比来看，优势产区加入合作组织的农户占比较非优势产区少。合作组织在农业生产中能够更好地整合农业资源，与市场进行良好对接。在优势产区缺乏相关的合作组织，且在调研过程中发现一些"空头社""僵尸社"，与农户连接不紧密，并没有发挥实际的作用。

表 2-13　　　　　　　　　　农户加入合作组织情况

合作组织	优势产区		非优势产区	
	样本数	占比（%）	样本数	占比（%）
加入	35	13.5	50	30.5
未加入	224	86.5	114	69.5

4. 市场因素

随着玉米市场化改革的逐步深入，市场因素是影响农户生产行为的最重要的因素之一，可以直接影响农户对玉米生产的行为。本章对市场因素的影响包括玉米市场价格、对上一年销售满意程度、能否及时了解市场价格信息、玉米销售方式。

（1）市场价格。玉米取消临时收储后市场价格逐渐回落，非优势产区玉米价格较低。根据调研获知，2018年优势产区农户出售价格平均在0.68元/斤，非优势产区0.63元/斤，与2015年临储实施时1.0元/斤的价格相比分别下降0.32元/斤、0.37元/斤。优势产区由于玉米品质较高，市场价格相对较高，地区差价逐步形成，品质竞争优势得以初步显现，但目前仍存在玉米品质混杂现象，农户在一块地里种植多种品种，并不符合收购企业标准，价格难以抬高。

（2）市场信息。总体来看玉米生产者与市场对接能力较差，市场信息不对称。如表2-14所示，无论在玉米优势产区还是非优势产区，超过半数的农户都无法及时了解市场信息，分别占各产区样本数的58.3%、57.3%。目前缺少权威的市场信息发布平台，造成玉米品质供需错配，部分农户通过手机平台直播了解玉米市场情况，这些非正规渠道的信息容易对农户产生误导，一定程度上增加了玉米种植的市场风险。

表 2-14　　　　　　　　　玉米市场价格信息了解情况

市场价格了解情况	优势产区		非优势产区	
	样本数	占比（%）	样本数	占比（%）
能及时了解	108	41.7	70	42.7
不能及时了解	151	58.3	94	57.3

（3）销售方式。玉米出售大多采用粮贩上门收购的方式，价格由商贩

单方面决定,农户缺少自主定价和议价能力。如表2-15所示,无论在优势产区还是非优势产区,玉米销售大多采用传统的玉米收购商上门收购的方式,分别占各产区样本的90.4%、75.6%。由于中国目前处于小农经济,这种销售方式是当前农村普遍存在的,但由于部分粮食经纪人素质较低、操作不规范等,在收粮过程中存在压价压级、骗买骗卖现象,使得种粮农户利益受损。

表2-15　　　　　　　　　玉米销售方式

销售渠道	优势产区		非优势产区	
	样本数	占比(%)	样本数	占比(%)
不销售	11	4.3	17	10.4
直接拉到市场售卖	2	0.8	0	0.0
粮贩上门收购	234	90.4	124	75.6
销售给合作公司	7	2.7	0	0.0
销售给当地粮库	5	1.9	11	6.7
销售给合作社	0	0.0	12	7.3

(4)玉米相对收益满意度。总体来看农户对玉米种植相对收益满意度较低,其中优势产区农户满意程度较非优势产区偏低。如表2-16所示,在优势产区样本中,农户对玉米相对收益非常不满意、不满意、一般、满意、非常满意占比分别为17.8%、47.4%、26.3%、8.1%、0.4%;在非优势产区样本中,农户对玉米相对收益非常不满意、不满意、一般、满意、非常满意占比分别为12.2%、51.8%、26.2%、9.2%、0.6%。农户的玉米种植决策不仅取决于市场价格,还会受到和其他作物比较收益的影响。随着近几年玉米市场价格的下降、生产成本的上升,农户对玉米相对收益的满意程度普遍偏低。比较来看,由于优势产区受临储取消影响更大,农户的满意程度更低。

表2-16　　　　　　　　农户对玉米相对收益满意程度

满意程度	优势产区		非优势产区	
	样本数	占比(%)	样本数	占比(%)
非常不满意	16	17.8	20	12.2

续表

满意程度	优势产区		非优势产区	
	样本数	占比（%）	样本数	占比（%）
不满意	123	47.4	85	51.8
一般	68	26.3	43	26.2
满意	21	8.1	15	9.2
非常满意	1	0.4	1	0.6

5. 政策因素

国家农业政策的调整将影响农民的既得利益，是影响农民种植调整行为的重要因素。政策因素主要包括农户了解政策信息的渠道和对补贴标准的满意度。

（1）政策信息获取情况。政府部门对政策的宣讲解读不够，优势产区问题更加突出。随着互联网络的发展，农户获取政策信息的渠道越来越广泛，调查中发现，农户主要通过电视报纸等传统媒介、互联网新兴媒介、政府部门现场宣讲、合作社或协会、农技专家指导和与其他农户交流获取政策信息。如表2-17所示，在优势产区，29.3%的农户主要通过电视、报纸等传统媒介了解政策信息；15.1%的农户主要通过电脑、手机等互联网设施了解政策信息；6.9%的农户主要通过政府部门宣传；0.4%的农户主要通过合作社或协会宣传；10.4%的农户主要通过与其他农户交流获取政策信息；37.8%不了解政策信息。在非优势产区，28.1%的农户主要通过电视、报纸等传统媒介了解政策信息；35.3%的农户主要通过电脑、手机等互联网设施了解政策信息；7.9%的农户主要通过政府部门宣传；3.7%的农户主要通过合作社或协会宣传；1.8%的农户通过农户专家宣传；11.6%的农户主要通过与其他农户交流获取政策信息；11.6%的农户不了解政策信息。由于生产者文化水平偏低，对政策的理解可能不到位，非正规渠道的信息也会对农户产生误导，因此需要权威部门的解读。但目前政府部门宣传不到位，尤其在优势产区，农户不能及时获取政策信息的现象更明显。

表 2-17　　　　　　　　　政策信息获取最主要渠道

获取渠道	优势产区 样本数	优势产区 占比（%）	非优势产区 样本数	非优势产区 占比（%）
电视、报纸等传统媒介	76	29.3	46	28.1
互联网新兴媒介	39	15.1	58	35.3
政府部门现场宣讲	18	6.9	13	7.9
合作社或协会	1	0.4	6	3.7
农技专家指导	0	0.0	3	1.8
与其他农户交流	27	10.4	19	11.6
不了解政策信息	98	37.8	19	11.6

（2）对生产者补贴标准的满意度。总体来看农户对生产者补贴标准的满意程度较低，其中非优势产区农户对补贴标准满意程度较优势产区偏低。如表 2-18 所示，在优势产区样本中农户对生产者补贴标准非常不满意、不满意、一般、满意、非常满意占比分别为 4.3%、17.4%、30.0%、40.5%、1.9%；在非优势产区样本中农户对生产者补贴标准非常不满意、不满意、一般、满意、非常满意占比分别为 1.2%、30.5%、31.1%、34.8%、2.4%。生产者补贴在一定程度上弥补玉米市场价格下行造成的农户收益下降，但一方面补贴金额带动租地价格上涨，尤其在非优势产区，生产成本升高，反而加重了种植大户的负担，由于补贴细则不完善部分玉米种植者无法获得生产者补贴，而是给了地主。另一方面，近年来玉米生产者补贴逐步向优势产区倾斜，以黑龙江黑河为例，2019 年玉米生产者补贴仅为 450 元/公顷，虽然非优势产区大豆的补贴远高于玉米，但大豆并不能连续种植，需要与玉米进行轮作，当轮作到玉米种植时农户收益无法得到保障。

表 2-18　　　　　　　　　农户对生产者补贴标准满意程度

满意程度	优势产区 样本数	优势产区 占比（%）	非优势产区 样本数	非优势产区 占比（%）
非常不满意	11	4.3	2	1.2
不满意	45	17.4	50	30.5

续表

满意程度	优势产区		非优势产区	
	样本数	占比（%）	样本数	占比（%）
一般	93	36.0	51	31.1
满意	105	40.5	57	34.8
非常满意	5	1.9	4	2.4

2.6 农户玉米种植调整行为影响因素实证分析

2.6.1 实证研究方法

前已述及，农户种植调整行为的变化主要表现为玉米种植面积和种植结构上的变化，本章用农户玉米种植面积的变化衡量农户玉米种植调整行为的变化。在调查中发现，收储制度改革后农户玉米种植调整行为主要存在玉米种植面积增加、玉米种植面积减少和种植面积不变三种情况。玉米种植面积变化这一因变量是分类变量，其水平大于2，采用概率模型有序多分类 Logistic 回归（ordered logistic regression）是理想的估计方法。

模型基本原理是存在一个未被观测的连续变量 Y^*，它是一组自变量的线性函数：

$$Y^* = a + \sum b_j X_j + \mu \tag{2.1}$$

实际观测值 Y 与 Y^* 的关系为

$$Y = 1 \text{ if } -\infty \leqslant Y^* < k_1 \tag{2.2}$$

$$Y = 2 \text{ if } k_1 \leqslant Y^* < k_2 \tag{2.3}$$

$$Y = I \text{ if } k_{I-1} \leqslant Y^* < \infty \tag{2.4}$$

其中，k_1 是未被观察的变量 Y^* 的分界点。本章依据 2018~2019 年面积变化将玉米种植调整行为分为三类：1 是玉米种植面积减少；2 是玉米种植面积不变；3 是玉米种植面积增加。

2.6.2 变量选择与预期

基于理论分析及已有文献，结合调研数据的可获得性，本章选取个人特征及家庭禀赋、资源条件、市场因素、政策因素对农户种植调整行为影响因素进行分析。因变量为农户玉米种植面积变化，自变量具体包括农户的年龄、教育年限、兼业情况、新品种采用意愿、家庭劳动力数量、上一年种植面积、其他作物面积、玉米收入占比、玉米产区、农业技术培训、合作组织、上一年市场价格、生产者补贴标准的满意度（见表 2 – 19）。

表 2 – 19　　　　　　　模型变量说明及统计特征

变量类型	变量名称	变量定义及赋值	均值	标准差
被解释变量	玉米种植面积变化	1 = 玉米种植面积减少 2 = 玉米种植面积不变 3 = 玉米种植面积增加	1.913	0.563
解释变量 个人特征	年龄	实际数值	52.184	10.730
	教育年限	实际数值	7.847	3.257
	兼业情况	1 = 兼业 0 = 非兼业	0.383	0.478
	新品种采用意愿	1 = 愿意采用 0 = 不愿意采用	0.823	0.382
家庭禀赋	家庭劳动力数量	实际数值	2.170	0.910
	上一年种植面积	实际数值	49.049	89.119
	其他作物面积	实际数值	12.529	187.706
	玉米收入占比	占家庭总收入比重	0.483	0.301
资源条件	农业技术培训	1 = 有 0 = 无	0.388	0.488
	合作组织	1 = 加入 0 = 没加入	0.201	0.401
	玉米产区	1 = 优势产区 0 = 非优势产区	0.612	0.488
市场因素	上一年市场价格	实际数值	0.661	0.207
政策因素	生产者补贴标准满意度	1 = 非常不满意 2 = 不满意 3 = 一般 4 = 满意 5 = 非常满意	2.291	0.848

1. 个人特征及家庭禀赋

个人特征包括年龄、教育年限、兼业情况、新品种采用意愿四个变量。目前农业生产者呈现老龄化趋势，预期农户会随着年龄的增加更倾向于选择减少玉米面积。教育年限会对农户生产行为产生不同的影响，受教育年限长的农户文化程度较高，可以更好地应用先进技术、销售资源等而取得较好的收益从而扩大生产。但受教育程度高的农户，由于其学习能力强，从事其他非农活动的概率大，因此对种植调整行为的影响尚不确定，待实证检验。不同农户新品种采用的意愿对玉米种植面积的选择可能存在差异，愿意采用新品种的农户对新事物的接受能力越强，预期在市场化背景下可能会更加倾向于减少玉米种植面积，选择种植经济效益更高的作物。家庭禀赋包括家庭劳动力数量、上一年种植面积、其他作物面积、玉米收入占比四个变量。预期家庭劳动力数量越充足，农户扩大玉米生产的概率越大。上一年玉米种植面积越大，生产资料的流动性减弱，预期农户可能更加倾向于保持原有的种植面积不变。由于生产资源的相对有限，其他作物的种植会影响到玉米种植面积变化，本章选用2018~2019年其他作物种植面积的变化作为变量，预期其他作物种植面积增加，农户会倾向于减少玉米种植面积；玉米收入占家庭总收入比重越高，玉米收入是家庭收入的主要来源，预期农户可能更倾向于维持现有种植面积，保持收入的稳定。

2. 资源条件

包括玉米产区、农业技术培训、合作组织。优势产区与非优势产区具有不同的资源条件，预期优势产区农户更倾向于增加玉米种植面积。参加过农业技术培训的农户，能够掌握更加科学的种植和管理方法，在种植行为调整过程中具有一定的指导作用，预期参加过技术培训的农户可能更倾向于保持或增加玉米种植面积。合作组织联合小农户生产、整合生产资源，与市场进行有效衔接，加入合作组织的农户更容易了解到市场、政策信息，会根据市场需求调节生产，对种植调整行为影响的方向尚不明确，待实证检验。

3. 市场因素

包括上一年玉米市场价格。当玉米产量高于上年同期时，由于需求相对稳定，玉米价格下降，导致农户增产不增收的局面。农户在这一情况下，往往会在下一年减少玉米种植，当这一生产决策成为所有农户的普遍行为时，下一年的玉米产量就有所下降，这就导致下一年玉米供需发生变化，从而引起玉米价格上涨，玉米价格上升又会使农户在下一年增加玉米种植面积。预期市场价格对农户生产行为的可能呈现出一定的周期性。

4. 政策因素

包括农户对玉米生产者补贴标准的满意度。建立生产者补贴机制是玉米收储制度改革的重要组成部分，一定程度上弥补了玉米价格下行给农户带来的损失，农户对生产者补贴标准的满意程度会影响农户的玉米生产行为，当玉米生产补贴无法带来实惠，预期农户可能会对玉米种植面积及结构进行相应的调整。

2.6.3 估计结果与分析

1. 总样本模型结果与分析

本章利用 Stata 14.0 软件对总体样本、优势产区、非优势产区样本数据分别进行有序逻辑回归（ordered logistic），采用自助法（boostrap method）对样本进行有放回的均匀抽样。为了估计结构更加直观地显示经济含义，本章用优势比率（odds ratio）这一指标，表示某一事件发生与不发生的概率之比，反映某一自变量变化导致的优势变动情况。模型整体的拟合效果较好，具体回归结果如表 2-20 所示。

表 2-20　　总样本农户种植调整行为影响因素回归结果

变量	系数	标准误	p 值	优势比
年龄	-0.014	0.013	0.274	0.986
教育年限	0.018	0.036	0.623	1.018
兼业情况	-0.224	0.247	0.365	0.799
新品种采用意愿	0.403	0.296	0.173	1.497
家庭劳动力数量	0.113	0.088	0.198	1.120
上一年种植面积	-0.005**	0.002	0.021	0.995
其他作物面积	-0.006	0.007	0.356	0.994
玉米收入占比	-1.025**	0.444	0.021	0.359
玉米产区	0.628**	0.280	0.025	1.874
农业技术培训	0.037	0.248	0.881	1.038
合作组织	-0.583*	0.326	0.074	0.558
上一年市场价格	-0.234	0.546	0.669	0.791
生产者补贴标准满意度	0.291**	0.142	0.040	1.338

注：*** 表示 $p<0.01$，** 表示 $p<0.05$，* 表示 $p<0.1$。

(1) 个人特征及家庭禀赋。

上一年种植面积。在总体样本中，上一年种植面积对玉米种植面积的影响分别在 0.05 显著水平下通过检验且系数为负。上一年种植面积越大农户增加玉米种植面积的概率越低，前期玉米种植面积每增加 1 亩，农户选择增加玉米种植面积的概率降低了 0.005，结果与预期不符。农户的玉米种植面积调整呈现周期性。

玉米收入占比。在总体样本中，玉米收入占比对玉米种植面积的影响在 0.05 显著水平下通过检验且系数为负。玉米收入占比越高农户越倾向减少玉米种植面积，收入占比每增加 0.01，农户选择增加玉米种植面积的概率下降 0.641，与预期不符。玉米收入占比越高的农户，在市场化背景下受到的影响越大，农户越倾向于调减玉米种植面积规避市场风险。

其他作物面积。在总样本中，其他作物面积未通过显著性检验，与预期不符。其他作物面积变化对玉米种植面积的影响并不显著，玉米种植具有较强的惯性，短期内其他作物的替代性较低，又由于相关技术及市场信息等因素匮乏导致其他作物种植风险较高，农户即使选择改种作物，也不会大面积地调整玉米种植面积。

年龄、教育年限、兼业情况、新品种采用意愿、家庭劳动力数量。在总样本中这些变量均未通过显著性检验。当前玉米生产者趋于老龄化、受教育水平普遍偏低、劳动力数量短缺且劳动力结构相似程度比较高，对玉米种植面积的变化没有产生影响。由于玉米生长周期是每年的4~9月，农户在农闲时节出去打工的现象普遍存在，这种行为没有影响玉米生产。

（2）资源条件。

玉米产区。在总体样本中，玉米产区对玉米种植面积的影响在0.05的显著水平下通过检验且系数为正。优势产区农户增加玉米种植面积的概率是非优势产区农户的1.874倍。优势产区是传统的玉米种植区，资源条件良好、基础设施相对较完善，市场化背景下更具有竞争优势。

合作组织。在总体样本中，合作组织对玉米种植面积的影响在0.1的显著水平下通过检验且系数为负，加入合作组织的农户越倾向减少玉米种植面积。加入合作组织的农户增加玉米种植面积的概率是未加入合作组织农户的0.442倍。一方面原因是玉米收入下降，农户将土地流转给合作社，获得土地租金的同时将剩余劳动力转移到其他生产中。另一方面原因是在当前市场化背景下有合作组织带动的农户能够获得及时的市场信息和销售渠道，农户在合作组织带动下进行收益更高的作物种植。

农业技术培训。在总体样本中，农业技术培训对玉米种植面积变化的影响没有通过显著性检验，与预期不符。在调研过程中发现，有关玉米的技术培训较少，且目前农业技术培训针对性不强，并没有充分发挥出对农户生产行为的指导作用。

（3）市场因素。

上一年市场价格。在总样本中，市场价格对玉米种植面积的变化并没有通过显著性检验,与预期不符。一方面原因是农户的长期种植习惯,农户无论市场价格高低依旧会选择种植玉米。另一方面原因是农户在进行种植选择时会综合考虑作物之间的相对价格,且农户对市场价格波动信息并不能完全掌握,单纯玉米市场价格的波动对农户玉米种植调整行为影响并不显著。

(4)政策因素。

生产者补贴标准的满意度。在总体样本中,补贴标准满意度对玉米种植面积的影响在0.05的显著水平下通过检验且系数为正,农户对现行生产者补贴标准越满意,增加玉米种植面积的概率越高。生产者补贴标准满意度较高的农户增加玉米种植面积的概率是满意度较低农户的1.338倍。

2. 玉米优势产区模型结果与分析

国家对玉米优势产区和非优势产区的定位不同,优势产区要维持玉米种植面积的稳定,非优势产区要根据自身情况调整种植结构,从总体样本中玉米产区变量模拟结果显著,可以看出优势产区与非优势产区农户种植调整行为存在差异,因此需要分别对玉米优势产区和非优势产区影响因素进行模拟并进行对比分析。

在玉米优势产区,农户新品种采用意愿、家庭劳动力数量、其他作物面积、玉米收入占比、生产者补贴标准满意度对玉米面积变化的影响是显著的。具体如表2-21所示。

表2-21 玉米优势产区样本农户种植调整行为影响因素回归结果

变量	系数	标准误	p值	优势比
年龄	-0.023	0.020	0.245	0.977
教育年限	0.030	0.062	0.632	1.030
兼业情况	-0.516	0.404	0.202	0.597
新品种采用意愿	0.736*	0.420	0.080	2.088
家庭劳动力数量	0.344*	0.158	0.029	1.411
上一年种植面积	0.003	0.005	0.607	1.003

续表

变量	系数	标准误	p 值	优势比
其他作物面积	-0.095*	0.051	0.064	0.910
玉米收入占比	-1.542***	0.581	0.008	0.214
农业技术培训	-0.606	0.459	0.187	0.546
合作组织	0.095	0.533	0.859	1.099
上一年市场价格	-0.392	0.782	0.616	0.676
生产者补贴标准满意度	0.416**	0.205	0.042	1.515

注：*** 表示 $p<0.01$，** 表示 $p<0.05$，* 表示 $p<0.1$。

农户新品种采用意愿对玉米种植面积的影响在 0.1 显著水平下通过检验且系数为正，愿意采用新品种的农户接受新事物的能力较强，增加玉米种植面积的概率是不愿意接受新品种的农户 2.088 倍。

家庭劳动力数量对玉米种植面积的影响在 0.05 显著水平下通过检验且系数为正，家庭劳动力数量越多农户增加玉米种植面积的概率越大，家庭劳动力数量每增加 1 人，增加玉米种植面积的概率上升 0.411。

其他作物面积对玉米种植面积的影响在 0.1 显著水平下通过检验且系数为负，其他作物种植面积越多，农户减少玉米种植面积的概率越大，其他作物面积每增加 1 亩，农户增加玉米种植面积的概率下降 0.09。

玉米收入占比对玉米种植面积的影响在 0.01 显著水平下通过检验且系数为负，玉米收入占比越高，增加玉米种植面积的概率越低，收入占比每增加 0.01，选择增加玉米面积的概率下降 0.786。

生产者补贴标准满意度对玉米面积减少在 0.01 显著水平下通过检验且系数为正，农户对补贴满意度越高，增加玉米种植面积的概率越高，生产者补贴标准满意度较高的农户增加玉米种植面积的概率是满意度较低农户的 1.515 倍。

3. 玉米非优势产区模型结果与分析

在玉米非优势产区，农户上一年种植面积、玉米收入占比、合作组织对玉米面积变化的影响是显著的。具体如表 2-22 所示。

表2-22　玉米非优势产区样本农户种植调整行为影响因素回归结果

变量	系数	标准误	p 值	优势比
年龄	0.009	0.017	0.596	1.009
教育年限	0.066	0.059	0.270	1.068
兼业情况	-0.056	0.397	0.887	0.945
新品种采用意愿	0.237	0.685	0.730	1.267
家庭劳动力数量	0.058	0.204	0.776	1.060
上一年种植面积	-0.007**	0.003	0.012	0.993
其他作物面积	-0.005	0.004	0.211	0.995
玉米收入占比	-1.034*	0.609	0.089	0.355
农业技术培训	0.629	0.423	0.137	1.876
合作组织	-1.183**	0.505	0.019	0.306
上一年市场价格	0.163	0.733	0.823	1.178
生产者补贴标准满意度	-0.045	0.228	0.845	0.956

注：*** 表示 $p<0.01$，** 表示 $p<0.05$，* 表示 $p<0.1$。

上一年种植面积对玉米种植面积的影响在 0.05 显著水平下通过检验且系数为负，上一年玉米种植面积越大，减少玉米种植面积的概率越高，上一年种植面积每增加 1 亩，选择增加玉米种植面积的概率降低 0.007。

玉米收入占比对玉米种植面积的影响在 0.1 显著水平下通过检验且系数为负，玉米收入占比越高，增加玉米种植面积的概率越低，收入占比每增加 0.01，选择增加玉米面积的概率下降 0.645。

合作组织对玉米种植面积减少的影响在 0.05 显著水平下通过检验且系数为负，加入合作组织的农户倾向减少玉米种植面积的概率越高，加入合作组织的农户增加玉米种植面积的概率是未加入合作组织农户 0.306 倍。

根据以上实证结果对比可以看出，在优势产区，玉米种植具有相对优势，农户愿意增加劳动力投入玉米生产中。玉米收入占家庭收入比重较高的农户，在收储制度改革后更倾向于减少种植面积来降低损失，那些具有冒险精神的农户应对市场风险的能力较强，增加玉米种植面积的概率更高。生产者补贴可以在一定程度上降低农户损失，当农户对生产者补贴标准满意度越高时会越倾向于增加玉米种植面积。但由于在优势产区比较容易找到替代作物，在玉米比较收益较低时，农户会减少玉米种植，影响玉米种植面积的稳定。

在非优势产区，收储改革造成玉米生产和收益的不确定因素增加，以玉米为主要收入来源的农户受到的冲击较大，尤其是前期种植面积较大的农户，部分农户还因米豆轮作制度，玉米面积变化呈现周期性。由于非优势产区资源条件的限制，除玉米外缺乏当地适种品种，短时间内难以找到收益稳定的替代作物，但加入合作组织的农户在合作社带领下，能够及时捕捉市场信息从而对玉米种植面积进行调减。

2.7 研究结论、政策建议与案例分析

2.7.1 研究结论

收储制度改革下，农户种植玉米的行为有所改变，本章通过理论分析与实证研究，对影响农户玉米种植调整行为的影响因素进行分析，并对优势产区和非优势产区农户行为影响因素进行对比，得出如下结论。

1. 玉米种植收益减少，农户玉米种植积极性出现下降

通过农户种植面积的变化可以看出农户种植玉米的积极性有所下降。优势产区农户玉米种植面积较大，临时收储取消后农户玉米收入减少甚至出现亏损，对玉米收入占比较大的农户影响更大，农户玉米种植积极性受挫，市场化改革初期市场竞争意识并未完全树立，只能选择减少玉米种植降低损失。非优势产区农户缺乏相关引导，致使结构调整与政策目标背离。

2. 玉米生产者补贴满意度偏低，促进农户生产积极性作用有限

生产者补贴弥补了农户玉米种植收益的损失，但目前生产者补贴机制

还存在问题，补贴发放时间、发放主体的错位，对农户增收贡献不大，而且在一定程度上抬高了土地流转价格，增加了规模经营的生产成本，对促进优势产区农户生产积极性发挥的作用有限。在非优势产区农户短期内没有替代品种，但种植玉米收入又得不到保障。且目前基于种植面积的生产者补贴机制是否会引起单位面积投入下降需得到重视。

3. 农业基础设施设备相对滞后，制约玉米生产效率提升

农业基础设施短板使得农户没有摆脱靠天吃饭的困局，在本次调查研究中发现，农户节水技术的推广和应用普及率不高，在管理和收割过程中先进机械应用不足，玉米生产效率进一步提高受阻。缺乏优良的玉米品种，尤其在非优势产区农户缺少倒茬品种。市场信息不对称导致品质供需错配，阻碍玉米生产高质量发展。

4. 合作社带动能够提高生产者组织化程度，有效解决产销对接

合作社对非优势产区农户种植结构调整有带动作用，小农户与市场对接能力较差，合作社在引导农户采用新品种方面发挥了积极的作用。非优势产区农户虽然有改种意愿，但因缺少适种品种及种植经验，对改种作物的选择迷茫导致玉米结构调整进程受阻，在改种其他作物过程中会出现技术和产后销路的问题。合作组织的引导和带动作用能够有效帮助农户解决种植过程中存在的困难，及时有效传递市场信息、普及生产技术、提供各种社会化服务，在组织引导农民按照市场需求进行生产和销售等方面发挥着重要作用。规模经营的农户与市场对接的能力较强，在市场化背景下具有相对较强的风险应对能力。

5. 适度规模种植，有利于推进非优势产区结构调整

种植规模大小对农户种植结构调整影响显著，通过龙头企业带动，以及发展合作社、种植大户等新型经营主体，可以实现土地流转，将土地集中起来，生产要素聚集程度较高，提高了农业资源利用率和要素生产率，节约了生产成本。通过实现经营的规模化，实现从生产、加工、销售的全产业链发展，提升了产品的价值；通过统一的种苗供应、农资采购、生产标准、农机服务、技术指导到统一品牌销售等服务，可以降低成本、提升产品质量，从而有力地推动非优势产区结构调整。

2.7.2 政策建议

一方面，在当前国内玉米供需形势发生逆转、国际粮食贸易风险倍增的形势下，立足本国，稳定国内玉米优势产区玉米生产，保障玉米供给安全显得尤为重要；另一方面，非优势产区种植结构调整也关系到我国农业高质量发展进程的快速推进。本章根据研究结论，提出以下相关政策建议。

1. 坚持市场化改革方向，进一步完善生产者补贴机制

深化市场化改革，建立农户优质优价的市场竞争意识，坚持以提高质量为促进增收的内在动力。政府要制定稳定、有效的政策，提前公布补贴细则，明确补贴对象、补贴标准和补贴方式。玉米生产者补贴应向优势产区倾斜，提高优势产区玉米补贴标准，确保生产者补贴发放到玉米种植户手中。种植结构补贴向非优势产区集中，引导非优势产区农户进行种植结构调整。结合种植结构调整的幅度调整补贴种类，结合当地轮作形势适当拓宽补贴范围。逐步构建农业生产风险分散机制，探索多渠道、多形式的风险保障体系。优化种植业保险赔偿标准，开展玉米成本保险和收入保险试点和"保险+期货"试点，转移农户的市场风险。落实农业保险保费补贴政策，增强农户风险防御能力，保障农户收入稳定。

2. 加快培育新型职业农民，强化农业技术培训

建立适应现代农业发展需求的科学培育体系，拓宽培育途径，鼓励引导青年人投身农业生产，发展一批爱农业、懂技术、善经营的新型职业农民投入农业生产中。促进传统农业向现代职业农民转变，提高农业从业人员的综合素质。建立由基层农技推广人员、各类农业院校和农业科研院所的专家教授、生产领域能手组成的师资队伍，增加农业技术培训和技术咨询。政府要做好规划、宣传、服务、指导等工作，为基层农民特别是种植大户及时了解政策、掌握市场信息、规划种植品种提供帮助。提高玉米生产实用技术普及率，加大对大豆高产品种和玉米、大豆间作新农艺推广的支持力度。

3. 加强农业科技创新，实施"藏粮于技"战略

加大高产、优质、抗逆性强的玉米新品种研发，以及新品种基层推广力度，提升科技成果转化率。积极探索绿色、节本、高效的生产技术，加强田间基础设施完善与改造，大力发展节水设备，加快建设高标准农田发展绿色高效农业。提升玉米先进机械化率，挖掘玉米增产潜力，降低玉米生产成本。努力提升玉米品质，将资源优势转化为产业优势、产品优势和竞争优势。各地区要因地制宜充分发挥区位优势，选择合适的种植品种，积极探索非优势产区玉米替代作物和轮作休耕制度，制定相应的种植结构调整发展规划优化农作物品种布局。

4. 发挥农民合作社作用，有效推动种植结构调整

健全合作社指导服务体系，在生产中应充分发挥合作组织的带动作用，积极发挥示范效应，以农户自愿为基础，坚持市场导向，因地制宜引导农户理性地调整玉米种植面积，优化种植结构。促进合作社规范化和质量提升，拓宽合作社经营内容和领域，延长产业链，提升合作社在市场的话语权、对农民的带动水平和企业谈判能力。充分发挥合作社服务农民、帮助农民、提高农民、富裕农民的功能作用。

5. 发展适度规模经营，构建完善的社会化服务体系

提升玉米等作物的生产规模经营水平，整合生产资源，改善小而散的传统种植模式，促进生产要素的最优组合和有效运营。培育龙头企业、种植大户、合作社等新型经营主体，加强农业社会化服务建设，将独立的经营主体组织起来，发展多种形式的经营性服务主体，鼓励龙头企业、家庭农场、合作社、专业性服务公司及村集体经济等各类型主体开展社会化服务，提高生产组织化程度，满足农户产前、产中、产后的系列化服务需求，实现小农户与现代农业的有机衔接。

2.7.3 典型案例

我们在实地调研中发现，各地在稳定发展玉米生产以及促进种植结构调整过程中，通过实践，有效带动农民增收致富，涌现出诸多鲜活的例子，他们成功的经验值得全国借鉴。本章将这些成功案例进行梳理总结，同时也是对本章提出的研究结论与政策建议的一个有力佐证。

1. "政府+农户"模式

这一模式是在政府的指导下，通过技术引领或政策扶持，鼓励发展社会化服务，带动农户进行种植调整。

> **案例一**
>
> **通辽市治安镇：**
> **地方政府通过政策扶持农户粮改饲，发展畜牧业**
>
> 内蒙古自治区通辽市治安镇以沙巴淖尔嘎查、苏都嘎查为主的南部沙区嘎查村，土地多为非水浇地，土地质量差、沙漠化严重，粮食产量低，玉米亩产约为600斤/亩。治安镇政府以贯彻落实党中央、国务院关于加快农业供给侧结构性改革，推进农业结构调整的重大部署为抓手，不断加大"粮改饲"草牧业发展力度，通过调整种植结构，带动玉米和秸秆转化增值，构建种养循环、粮饲兼用、农牧结合的新型农牧业生产结构。结合上级政策，统筹考虑黄牛养殖数量和青贮玉米种植面积，落实

青贮玉米补贴，每亩青贮玉米享受国家补贴200元，支持鼓励沙区嘎查村农户压减籽粒玉米种植面积、扩大青贮玉米种植面积，把粮食及秸秆等资源优势转化成经济优势，引导农牧民走粮作饲用、全年舍饲、过腹还田的绿色可持续发展道路。全镇黄牛储量达到2.2万头，2019年全镇青贮玉米种植面积达到2.2万亩，沙区农户通过青贮玉米种植发展养牛养殖，户均增收可达到5000元以上。

案例二

阜新市大固本村：
政府通过建立花生示范基地项目及提供"五统一"服务，带动农户种植结构调整

阜蒙县大固本镇大固本村是阜新花生国家农产品地理标志地域保护范围。在当地政府带动下创建6.67公顷花生项目攻关试验区，试验地块土质肥沃疏松，基础设施完备，是花生绿色高质高效攻关试验区，开展花生前沿技术、瓶颈技术的探索研究和攻关试验。建有107公顷高油酸花生示范基地，在核心示范区周边辐射带动花生种植及产业发展，辐射带动周边村屯2000公顷。通过宣传推广抗旱耐早衰花生品种、加强培训，让农户及时掌握种子处理、精量播种合理密植、病虫草害综合防控、中耕管理、全程机械化等技术。结合耕地保护与质量提升、病虫害预测预报、农药监管等项目工作，提升全县花生绿色高质高效创建水平。推行统一种植品种、统一肥水管理、统一病虫防控、统一技术指导、统一机械作业的"五统一"服务，培育带动农户耕种收、病虫害综合防控、农业废弃物回收等，涉及20家以上社会化服务组织，实现良田、良种、良法、良机、良制配套；同时，积极探索应用"互联网+"现代种植技术，提高生产组织化、标准化、信息化程度，实现作物生产主要环节社会化服务全覆盖，耕种收综合机械化水平较非创建区高5个百分点，单位面积产量较非创建区高5%以上。

> **案例三**
>
> **通辽市钱家店镇：**
> **政府投资建设节水工程以及提供社会化服务，促进玉米生产节本增效**
>
> 内蒙古自治区通辽市科尔沁区钱家店镇是全国重要的商品粮生产基地，前几年地下水超采严重，当地政府实施改造及新建高效节水工程，2017年开始浅埋滴灌试点，采用水肥一体化技术，全面推广农业高效节水技术，从膜下滴灌到浅埋滴灌，一改过去大水漫灌模式。项家村的国家高标准玉米种植示范区精准滴灌、温度控制等多种高效节水措施，可节水50%以上，每亩玉米可实现增产200~300斤。"省水、省电、省肥、省工"，实现农民"增产、增收"，取得"四省两增"的综合效益。调研采访的农户反映，"现在只要在家里一拉下阀门就可以给玉米地浇水了"，实现了农业绿色高效发展。项家村通过整合当地土地，将8500亩土地集中连片管理，提供玉米生产全程社会化服务，对玉米进行统一种植、统一管理、统一收获。使年纪大的农户从玉米生产中解脱出来，年轻的农户可以将劳动力转移。村集体通过统一采购农资降低玉米生产成本，连片规模生产降低农机作业成本，一方面促进玉米种植节本增效，另一方面增加了务工农民收入，带动农民增收。

2. "龙头企业+合作社+农户"模式

这一模式由龙头企业根据市场需求预测生产情况，以订单的形式与农民合作社签订销售合同，下达生产指标并提供社会化服务。合作社通过土地流转，实现整片土地连片经营，开展大规模机械化作业。农民把土地交给合作社经营，合作社一次性向农民支付土地流转费。

> **案例四**
>
> **首农集团：通过土地流转，带动农户改种大豆增收致富**
>
> 2018年4月，首农双桥北京惠丰博华精准农业技术有限公司主导成立科左中旗惠丰博华种植专业合作社，注册资金500万元，现有成员9人，

发展社员108人，依托"龙头企业+合作社+农户"方式组建，2018实现流转土地1333余公顷，全部种植非转基因高蛋白大豆，实现产值2000多万元，扶持、带动1000多农户，实现户均增收8000多元。合作社成立以来，按照农业产业集约化生产发展理念，有计划调整种植结构，选择3个苏木乡镇场的7个嘎查村，落实非转基因高蛋白大豆种植项目。种植的大豆由首农公司回收、加工，保障产品销售，合作社几乎没有投资风险的情况下农民得到巨大实惠。同时，农民把土地交给合作社经营，合作社一次性支付土地流转费，农业补贴归农民所有，农民获得纯利润9900元/公顷。按近三年农民种地收入比较，土地流转后的纯收入比流转前每公顷多4500多元。脱离土地束缚的农民或出外打工，或在合作社季节性用工，或发展庭院经济和养殖业，收入来源扩大，增收效果明显。

案例五

中化农业—中粮贸易：
创新农业社会化服务新模式，促进当地玉米优质高产

中化农业和中粮贸易在内蒙古通辽市共同打造"中化农业—中粮贸易通辽农业服务中心"，提供土地托管、订单农业、农资供应、种植技术、粮食销售的一体化服务，共同营造农业综合服务的生态圈。具体做法是中粮贸易通过整村或连片土地实现统一种植、订单收储、粮食销售，中化农业致力于服务种植环节，配备专业的技术服务团队，为农户提供集中农资供应、全程种植技术和技术培训等服务，保障当地玉米优质高产。开鲁县义和屯林场惠农合作社将土地进行托管，玉米产量由9750千克/公顷提高至13500千克/公顷，秋季籽粒收获后直接拉进粮库解决了储粮难题，种粮的所有费用由中粮、中化垫付，合作社可以用手中流动资金流转更多的土地进行托管，实现了良性循环。截至2019年6月，中化农业—中粮贸易联合在内蒙古服务种植面积达4200余公顷，促进了小农户与现代农业的深度融合，最大限度保障了农民收益。

3. "合作社+农户"模式

这一模式由合作社通过土地流转整合生产资源，统一制订种植计划，农户可根据自身条件采取土地入股、资金入股、参与经营等灵活方式加入合作社，合作社按其产生的收益根据协议给予分红，带动农户增收。

> **案例六**
>
> ### 舒兰市三道梁合作社：
> ### 带领农户发展杂粮产业，实现一二三产业融合发展
>
> 吉林省舒兰市三稻梁农作物种植专业合作社成立于2016年4月7日，社员43户，辐射带动周边四个乡镇、农户186户，以村集体资金投入，村班子带头集资入股，农户及贫困户流转土地折资入股，按土地折股股金参与合作社分红，通过村掌舵、民参与，最终达到村强民富。合作社把成员土地以高于当地土地流转价格的作价折合成资金入股，种植农户须执行合作社种植协议，按要求按品种种植农产品，合作社按等级质量及时收购农产品，根据合同按等级品种支付成员收购粮款。对于合作社种植成员不按合作社种植规定及人为造成的不合格农产品合作社不予收购，同时也不赔任何经济损失。合作社内建有社酿造酒庄、苯榨豆油车间、杂粮加工包装车间、库房、传统农业展厅、办公室及餐饮客房等场所。经营项目涉及种植、加工、销售原生态农产品，包括小米、黄豆、黏玉米、高粱米等杂粮，以及加工原生态大豆油、黑豆油、纯粮酿制生产高粱酒等优质原生态农产品、仿古农业建筑及传统农业观光旅游等项目，现已具备观光、餐饮、住宿条件。

参考文献

[1] 刘慧、秦富、赵一夫：《玉米收储制度改革背景下北方旱作区农户杂粮种植影响因素分析——基于内蒙古自治区、辽宁省411个农户的调查数据》，载于《中国农业资源与区划》2018年第4期。

［2］刘慧、秦富、赵一夫等：《玉米收储制度改革进展、成效与推进建议》，载于《经济纵横》2018年第4期。

［3］刘慧、薛凤蕊、周向阳等：《玉米收储制度改革对东北主产区农户种植结构调整意愿的影响基于——吉林省359个农户的调查数据》，载于《中国农业大学学报》2018年第11期。

［4］刘慧、赵一夫、周向阳等：《北方农牧交错区玉米结构调整进展调查与推进建议》，载于《经济纵横》2017年第1期。

［5］刘文霞、杜志雄、郜亮亮：《玉米收储制度改革对家庭农场加入合作社行为影响的实证研究——基于全国家庭农场监测数据》，载于《中国农村经济》2018年第4期。

［6］刘泽莹、韩一军：《种麦农户行为选择：来自价格、政策和非农就业的综合响应检验》，载于《华中农业大学学报（社会科学版）》2019年第4期。

［7］马良灿：《理性小农抑或生存小农——实体小农学派对形式小农学派的批判与反思》，载于《社会科学战线》2014年第4期。

［8］孟志兴、孟会生、殷海善：《农户种植行为与区域经济发展水平相关性研究——以山西省21个县市为例》，载于《中国农村小康科技》2010年第12期。

［9］《农业农村部落实2020年中央1号文件精神扶持合作社发展举措梳理》：载于《中国农民合作社》2020年第3期。

［10］潘世磊、丁黄艳：《粮食安全和农民增收视角下种植业结构调整影响因素研究——基于2001—2013年粮食主产区面板数据的实证》，载于《广东农业科学》2016年第2期。

［11］彭长生、王全忠、李光泗等：《稻谷最低收购价调整预期对农户生产行为的影响——基于修正的Nerlove模型的实证研究》，载于《中国农村经济》2019年第7期。

［12］普蕞喆、钟钰：《市场化导向下的中国粮食收储制度改革：新风险及应对举措》，载于《农业经济问题》2019年第7期。

［13］阮荣平、刘爽、郑风田：《新一轮收储制度改革导致玉米减产了吗：基于DID模型的分析》，载于《中国农村经济》2020年第1期。

［14］舒坤良、吴迪、徐晓红等：《玉米结构调整：实践、困境与政策支持——基于吉林省的分析》，载于《玉米科学》2017年第2期。

［15］双琰、胡江峰、王钊：《粮农生产行为调整动机：效益还是效用——基于

2290 份农户的追踪调查样本》，载于《农业技术经济》2019 年第 7 期。

［16］汤丹：《我国农业结构调整对农民收入影响的区域差异》，载于《经济问题探索》2016 年第 2 期。

［17］田聪颖、肖海峰：《生产者补贴政策与农户种植结构调整——基于"镰刀弯"地区农户的模拟分析》，载于《哈尔滨工业大学学报（社会科学版）》2018 年第 3 期。

［18］田文勇、张会㛃、黄超等：《农户种植结构调整行为的影响因素研究——基于贵州省的实证》，载于《中国农业资源与区划》2016 年第 4 期。

［19］王双进、张曼：《农户粮食生产投资调整意愿与行为差异研究——基于京津冀 609 户粮农的调查》，载于《经济纵横》2019 年第 9 期。

［20］魏君英、夏旺：《农村人口老龄化对我国粮食产量变化的影响——基于粮食主产区面板数据的实证分析》，载于《农业技术经济》2018 年第 12 期。

［21］文长存：《农户高价值农产品生产经营行为实证研究》，中国农业科学院，2017 年。

［22］吴连翠、蔡红辉：《粮食补贴政策对农户种植行为影响的实证分析》，载于《技术经济》2010 年第 6 期。

［23］西奥多·W. 舒尔茨：《改造传统农业》，商务印书馆 2006 年版。

［24］邢安刚：《种植业结构调整中的农户行为研究》，华中农业大学，2005 年。

［25］熊晓山、谢德体、宋光煜：《基于参与性调查的农业结构调整中小农户种植行为的选择与调控》，载于《中国农学通报》2006 年第 3 期。

［26］徐孟志：《种植结构区域差异的农户决策经济驱动力量化分析》，云南大学，2015 年。

［27］徐雪高：《农户财富水平对种植品种多样化行为的影响分析》，载于《农业技术经济》2011 年第 2 期。

［28］徐勇、邓大才：《社会化小农：解释当今农户的一种视角》，载于《学术月刊》2006 年第 7 期。

［29］杨志武、钟甫宁：《农户种植业决策中的外部性研究》，载于《农业技术经济》2010 年第 1 期。

［30］尤小文：《农户：一个概念的探讨》，载于《中国农村观察》1999 年第 5 期。

［31］余志刚、张靓：《农户种植结构调整意愿与行为差异——基于黑龙江省 341 个玉米种植农户的调查》，载于《南京农业大学学报（社会科学版）》2018 年第 4 期。

［32］岳德荣：《中国玉米品质区划及产业布局》，中国农业出版社 2004 年版。

[33] 张磊、李冬艳：《玉米收储政策改革带来的新问题及其应对——以吉林省为例》，载于《中州学刊》2017 年第 7 期。

[34] 张如山、樊剑：《农业结构调整中农户行为的作用研究》，载于《生产力研究》2006 年第 12 期。

[35] 张诗靓、文浩楠、杨艳涛：《新形势下稳定中国玉米供给的影响因素研究——基于东北地区动态面板数据的实证分析》，载于《中国农业资源与区划》2019 年第 12 期。

[36] 张义博、黄汉权、涂圣伟：《玉米收储制度改革的成效、问题及建议——基于黑龙江省绥化市的调查》，载于《中国经贸导刊》2017 年第 16 期。

[37] 张哲晰、穆月英：《玉米价格变动对主产区农民福利的波及效应》，载于《农业现代化研究》2018 年第 3 期。

[38] 赵向豪、姚娟、陈彤：《行为能力如何影响农户的差别化生产？》，载于《农村经济》2019 年第 2 期。

[39] 赵玉、严武：《市场风险、价格预期与农户种植行为响应——基于粮食主产区的实证》，载于《农业现代化研究》2016 年第 1 期。

[40] 中华人民共和国农业农村部：《农业部关于"镰刀弯"地区玉米结构调整的指导意见》，http://www.moa.gov.cn/govpublic/ZZYGLS/201511/t20151102_4885037.htm，2015 年。

[41] 中华人民共和国农业农村部：《优势农产品区域布局规划（2008—2015 年）》，http://jiuban.moa.gov.cn/zwllm/zwdt/200809/t20080912_1132619.htm，2016 年。

[42] 钟春平、陈三攀、徐长生：《结构变迁、要素相对价格及农户行为——农业补贴的理论模型与微观经验证据》，载于《金融研究》2013 年第 5 期。

[43] 钟甫宁、叶春辉：《中国种植业战略性结构调整的原则和模拟结果》，载于《中国农村经济》2004 年第 4 期。

[44] 钟真：《社会化服务：新时代中国特色农业现代化的关键——基于理论与政策的梳理》，载于《政治经济学评论》2019 年第 2 期。

[45] 周静、曾福生、张明霞：《农业补贴类型、农业生产及农户行为的理论分析》，载于《农业技术经济》2019 年第 5 期。

[46] 朱思睿、刘文明、李晨曦等：《玉米收储制度改革背景下吉林省农户生产经营困境及对策研》，载于《玉米科学》2019 年第 5 期。

[47] 朱晓乐：《粮食收储制度改革：动因、成效与展望》，载于《宏观经济研究》

2018年第4期。

[48] 祝华军、楼江、田志宏：《农业种植结构调整：政策响应、相对收益与农机服务——来自湖北省541户农民玉米种植面积调整的实证》，载于《农业技术经济》2018年第1期。

[49] ADKINS K, BOYER C N, 2020. Analyzing corn and cotton producers optimal prevented planting decision on moral hazard. Agronomy Journal, 10: 30 – 53.

[50] BABCOCK B A, 2015. Using Cumulative Prospect Theory to Explain Anomalous Crop Insurance Coverage Choice. American Journal of Agricultural Economics, 97 (5): 1371 – 1384.

[51] BIDDLE J E, HAMERMESH D S, 2020. Income, wages and household production theory. Economics Letters: 1 – 3.

[52] FATEMI M, ATEFATDOOST A, 2020. The Alternative Model to Predict Adoption Behavior of Agricultural Technologies. Journal of the Saudi Society of Agricultural Sciences, 04: 1 – 5.

[53] GEOFF E, WINTON B, 2016. Antipodean Agricultural and Resource Economics at 60: Agriculture Adjustment. The Australian Journal of Agriculture and Resource Economic, 60: 573 – 589.

[54] HASUND K P, Kataria M, Lagerkvist C J, 2011. Valuing Public Goods of the Agricultural Landscape: A Choice Experiment Using Reference Points to Capture Observable Heterogeneity. Journal of Environmental Planning and Management, 54 (1): 31 – 53.

[55] KAHNEMAN D, TVERSKY A, 1979. Prospect Theory: An Analysis of Decision under Risk. Econometrica, 47 (2): 263 – 291.

[56] LI H Q, ZHENG F, ZHAO Y Y, 2017. Farmer Behavior and Perceptions to Alternative Scenarios in a Highly Intensive Agricultural Region, South Central China. Journal of Integrative Agriculture, 16 (8): 1852 – 1864.

[57] MABIT S L, Fosgerau M, 2011. Demand for Alternative – Fuel Vehicles When Registration Taxes Are High. Transportation Research Part D: Transport and Environment, 16 (3): 225 – 231.

[58] MARTIN, 2005. Ethics and Agriculrure. Ethics in Agriculture – An African Perspective: 12 – 21.

[59] MOSER C M, BARRETT C B, 2002. Labor, Liquidity, Learning, Conformity

and Smallholder Technology Adoption: The Case of SRI in Madagascar. Department of Applied Economics and Management. Cornell University Ithaca, NY 14852 - 7801 USA.

[60] NORDHAGEN S, PASCUAL U, DRUCKER A G, 2017. Feeding the Household, Growing the Business, or Just Showing Off? Farmers' Motivations for Crop Diversity Choices in Papua New Guinea. Ecological Economics, 137: 99 - 109.

[61] PAUL G, 1978. The Effectiveness of Price Support Policy: Some Evidence for U. S. Producer Price Support in Wheat and Corn: Implications for Agricultural Tread and Policy. College of Agriculture University of Minnesota.

[62] PERALTA, ALEXANDRE M, SWINTON, SCOTT M, 2016. Food vs. Wood: Dynamic Choices for Kenyan Smallholders. Sustainable Agriculture Research, 5: 97 - 108.

[63] RICHARDS T J, GOMEZ M I, PRINTZIS I, 2016. Hysteresis, Price Acceptance, and Reference Prices. American Journal of Agricultural Economics, 98 (3): 679.

[64] TAMBO J A, MOCKSHELL J, 2018. Differential Impacts of Conservation Agriculture Technology Options on Household Income in Sub - Saharan Africa. Ecological Economics, 151: 95 - 105.

[65] TONSOR G T, 2018. Producer Decision Making under Uncertainty: Role of Past Experiences and Question Framing. American Journal of Agricultural Economics, 100 (4): 1120 - 1135.

[66] TVERSKY A, KAHNEMAN D, 1992. Advances in Prospect Theory: Cumulative Representation of Uncertainty. Journal of Risk and Uncertainty, 5: 297 - 323.

[67] WILLOCK J, 1999. Farmers' Attitudes, Objectives, Behaviors, and Personality Traits: The Edinburgh Study of Decision Making on Farms Journal of Vocational Behavior, 54: 5 - 36.

[68] YASSIN J W, 1985. An Analysis of the Effects of Government Food Grain Price Policies in Somalia, 1971 - 1983. Michigan State University.

[69] YOUNG C E, WESTCOTT P C, 2000. How Decoupled is US Agricultural Support for Major Crops? American Journal of Agricultural Economics, 82 (3): 762 - 767.

[70] YU X, ABLER D, 2009. The Demand for Food Quality in Rural Chinese. American Journal of Agricultural Economics, 91 (1): 57 - 69.

第3章 农户玉米种植结构调整对家庭收入的异质性影响分析

3.1 引言

东北地区是我国重要的粮食生产基地,是玉米第一大生产区。2008年我国出台玉米临时收储政策,玉米比价收益上升促使东北地区玉米播种面积快速增加,一定程度上使得作物品种结构性供求失衡,形成了大豆供需缺口不断增大而玉米库存大量积压的双重问题(田聪颖和肖海峰,2018;毛学峰等,2015)。为此国家多次出台相关政策,提出"镰刀弯"地区玉米结构调整的要求,其核心在于通过稳定优势产区、生产功能区玉米种植,调减非优势产区玉米种植,提高农业农民综合效益。"十三五"期间结构政策实施效果显著,东北地区玉米播种面积占比较"十二五"时期下降1.8个百分点,但仍面临品种结构不平衡、区域布局不合理等问题(刘慧和秦富,2021)。因此,在"十四五"时期,种植结构调整依旧是我国农业深化供给侧结构性改革的一项重大任务,对种植结构调整的研究具有深远意义。

关于我国农业种植结构调整的研究主要可以分为两个方面。一是从宏观角度分析我国农业种植结构调整中的特征、趋势及影响因素。自2002年后我国农业种植结构由单一型转变为多元种植结构，粮食作物由原来的以水稻为主扩展到水稻、小麦和玉米共存，其中玉米种植面积提升比例最为显著（刘珍环等，2016）。随着近年来城镇化水平不断提升，在农业劳动力转移的大背景下，农业社会化服务的完善会促进我国农业种植结构调整"趋粮化"（罗必良和仇童伟，2018；檀竹平等，2019）。在探究农业种植结构调整影响因素的问题上，宏观层面影响因素的研究主要集中于农业政策（樊帆，2009；孙屹等，2014）、农产品市场需求（熊德平，2002）、农业资源利用（刘北桦和詹玲，2013）以及农产品的比较收益（钟甫宁和邢鹂，2003）。二是从微观角度主要研究农户种植结构调整行为及意愿的影响因素。影响农户种植调整的因素主要从农户个人禀赋（崔宁波和张正岩，2017；于兴业和陈雪，2019）、家庭禀赋（隋丽莉和郭庆海，2018；余志刚和张靓，2018）、外部环境三方面进行研究，外部环境主要分为生产环节环境特征、销售环节环境特征以及当前政策环境特征（田聪颖和肖海峰，2018；张雪和周密，2019）。但关于农户种植结构调整是否能够增收的研究不多且存在争论，一部分学者认为种植结构调整只是优化农业资源配置，只能提高生产效率，但是并不能提高收入（张明林和黄国勤，2002）；另一部分学者认为只要因地制宜有进行农业结构调整，就会对农民收入产生促进作用（霍丽娅，2006）。

农民的种植决策出于完全理性的选择（舒尔茨，1987；黄宗智，1986），收益最大化是农民做出种植结构调整决策最根本的动力来源。为能够更好贯彻农业供给侧结构性改革，深入研究种植结构调整对收入影响具有现实意义。鉴于国家政策要求以及东北地区粮食种植结构性问题，本章针对东北地区玉米种植户进行研究，探求种植结构调整对农户家庭总收入及收入构成的影响，并量化种植结构调整对收入的影响，另外考虑到不同收入农户之间存在较大的异质性，于是进一步研究收入异质性产生的差异，为后续更合理安排种植结构调整提供了思路。

3.2 模型设定与数据说明

3.2.1 模型设定

借鉴明瑟（Mincer，1974）提出的经典工资方程，本章中农户种植结构调整对收入影响的回归模型如下：

$$\ln Y_i = \beta_0 + \beta_x X_i + \sum \beta_h H_i + \sum \beta_f F_i + \sum \beta_e E_i + u_i \quad (3.1)$$

其中，$\ln Y_i$ 为农户家庭总收入的对数、经营性收入的对数、工资性收入的对数及转移性收入的对数，i 代表农户，u_i 是随机扰动项，β 为待估计系数；X 为主要解释变量即是否存在种植结构调整，H 为衡量个人禀赋特征的相关变量，F 为衡量家庭禀赋特征的相关变量，E 为衡量外部环境特征的相关变量。

1. 处理效应模型

如果直接用 OLS（ordinary least squares）估计农户种植结构调整对收入的影响可能存在自选择偏差，为了纠正模型中可能存在的自选择问题，本章采用处理效应模型，该模型延续 Heckman 两步法进行估计，分为第一阶段的选择过程及第二阶段的回归过程。在第一阶段，本章利用 Probit 方法对农户是否进行调整行为进行估计，具体形式是

$$Y_{i1} = X_{i1}\delta_1 + \alpha + \varepsilon_i \quad (3.2)$$

其中，Y_{i1} 表示第一阶段的被解释变量为是否参与种植结构调整，X_{i1} 表示第一阶段的可观测的相关变量，本章中选用农户是否参与农业技术培训、与邻近城镇的距离、农户务农年限、家中是否有村干部或党员、是否是优势产区、道路条件、2018 年种植规模及家庭机械利用程度来测算，α 表示不可观测的变量，ε_i 为误差项。从而估计得出 $\hat{\delta}_1$，进一步计算出每个农户的逆米尔斯比率（inverse mills ratio，IMR），计算公式如下：

$$\lambda_i = \frac{\phi(X_{i1}\hat{\delta}_1)}{\varphi(X_{i1}\hat{\delta}_1)} \tag{3.3}$$

第二阶段根据公式（3.1），并且将第一阶段计算得出的 IMR 代入方程，具体如下：

$$\ln Y_{i2} = X_{i2} + \lambda_i + \mu_i \tag{3.4}$$

其中，Y_{i2} 代表第二阶段的被解释变量为各类收入，X_{i2} 表示第二阶段的可观测的相关变量，具体包括个人禀赋特征中的农户年龄、性别、务农年限、是否接受过农业技术培训；家庭禀赋特征中的家庭总人口数、家中是否有村干部、家中是否有党员、与邻近城镇距离以及机械利用程度；外部环境特征包括是否为优势产区以及道路条件。λ_i 表示逆米尔斯比率，μ_i 表示误差项。

2. 分位数回归

分位数回归原理在于使加权误差绝对值之和最小，假设随机变量分布函数为 $F(y) = \text{Prob}(Y \leqslant y)$，则 Y 的 τ 分位数的定义为 $Q(\tau) = \inf\{y: F(y) \geqslant \tau\}$，$0 < \tau < 1$，样本分位数回归是使加权误差绝对值之和最小，即：

$$\min_{\xi \subset R} \left\{ \sum_{i: Y_i \geqslant \xi} \tau |Y_i - \xi| + \sum_{i: Y_i < \xi} (1-\tau)|Y_i - \xi| \right\} \tag{3.5}$$

一般的 τ 分位数回归的损失函数为 $\rho_\tau(u) = u[\tau - I(u<0)]$，其中 $I(Z)$ 为示性函数，则式（3.5）可转变为

$$\min_{\xi \subset R} \sum_{i=1}^{n} \rho_\tau(Y_i - \xi) \tag{3.6}$$

现假设因变量 Y 由 k 个自变量组成的矩阵 X 线性表示，对于条件均值函数则可表示为 $E(Y|X=x) = x_i'\beta$，分位数回归估计参数值即为

$$\hat{\beta}_\tau = \text{argmin}_{\beta \subset R_k} \left\{ \sum_{i=1}^{n} \rho_\tau(Y_i - x_i'\beta_\tau) \right\} \tag{3.7}$$

3.2.2 数据说明

本章数据来源于课题组 2019 年在黑龙江、吉林、辽宁、内蒙古开展的

实地调研，研究数据与第 2 章为同一套农户问卷数据，不同之处在于：第 2 章是从影响农户种植玉米行为的因素来研究的，而本章是从玉米种植结构调整对农户家庭收入的影响角度来研究。

3.2.3 变量选取

（1）被解释变量。包括家庭总收入、经营性收入、工资性收入、财产性收入与转移性收入，各收入均选取 2018 年数据，其中家庭总收入由经营性收入、工资收入、财产收入与转移收入加总得出；对农户来说家庭经营性收入由农业收入表示，农业收入主要包括种植收入及养殖收入；工资性收入用农户非农业收入来衡量；财产性收入用租赁房屋、土地收入及合作社分红总和衡量；转移性收入主要指政府对农业生产的各种财政补贴包括种粮补贴（包括粮食直补、农机具直补）、生产者补贴、轮作补贴及其他补贴。

（2）关键解释变量。选取是否调整种植结构，由于政策存在滞后性以及受访农户大多保持观望态度，农户并不能及时进行种植调整，尤其在政策出台初期农户种植调整先后不一，故本章选择研究农户在 2018 年是否存在种植结构调整。根据本章的研究目的将种植结构调整定义为玉米种植户减少玉米种植面积转种大豆或其他作物的调整行为，将农户并未减少玉米种植面积或减少种植面积但未转种其他作物的行为定义为非种植结构调整。

（3）控制变量。本章借鉴现有文献，将控制变量主要分为个人禀赋特征、家庭禀赋特征、外部环境特征三个方面。其中，个人禀赋特征主要包括农户年龄、性别、务农年限、是否接受过农业技术培训。家庭禀赋特征主要包括家庭总人口数、家中是否有党员、家中是否有村干部，与邻近城镇的距离、机械利用程度（机械利用程度范围为 0~8）。其中，机械利用程度通过观察在生产的四个环节中（整地环节、播种环节、打药环节、收获环节）农户机械采用情况（将全机械赋值为 2，半机械半人工赋值为 1，全人工赋值为 0），将四个环节分值加总得到农户生产机械利用程度。外部环境特征包括是否为优势产区及道路情况。

3.2.4 描述性统计

表3-1给出了各变量的描述性统计。

表3-1　　　　　　　　　变量的统计性描述

变量		含义或单位	均值	标准差
家庭总收入		元	226949.3	1143570.0
经营性收入		元	155877.2	846586.2
工资性收入		元	8193.2	18707.5
转移性收入		元	61582.9	335408.4
财产性收入		元	1277.2	10211.5
是否调整种植结构		0=否,1=是	0.660	0.474
个人禀赋特征	年龄	当年年龄	51.949	10.881
	性别	0=女,1=男	0.751	0.433
	务农年限	年	29.974	12.800
	是否有农技培训	0=否,1=是	0.408	0.492
家庭禀赋特征	村干部	0=否,1=是	0.120	0.325
	党员	0=否,1=是	0.200	0.400
	总人口数	个	3.836	1.480
	机械利用程度	分值范围0~8	4.469	3.080
	与邻近城镇距离	市里	10.004	9.804
	2018年种植规模	亩	167.631	1236.133
外部环境特征	是否为优势产区	0=否,1=是	0.599	0.491
	道路情况	0=否,1=是	0.908	0.289

从调研农户收入水平看，受访农户以经营性收入为主要来源，东北地区农户以种粮收入为主要收入渠道。2018年家庭总收入均值为226949.3元，其中，经营性收入均值为155877.2元，工资性收入均值为8193.2元，转移性收入均值为61582.9元，财产性收入均值为1277.2元。可见农户外出务工较少，工资性收入均值占家庭总收入均值仅为3.61%。同时不同收

入标准差巨大，表明不同农户之间家庭各项收入水平存在明显差距。

从核心解释变量看，受访农户中参与种植结构调整的农户占到 66.0%，仍有接近一半的农户并未参与种植结构调整。在调研中发现农户未参与种植结构调整主要有三点原因：一是由于农户本身种植习惯使得农户不愿尝试种植其他作物；二是农户担心存在一定改种风险；三是部分农户认为没有其他适种品种。从个人禀赋特征看，受访农户呈现老龄化，平均年龄接近 52 岁，并且受访农户中 75.1% 为男性，农户务农经验均值接近 30 年，调研农户大多是一直务农，有丰富的农业经验，农户中参与过农业技术培训的占比为 40.8%；从家庭禀赋特征看，家中有村干部或党员分别占比 12.0%、20.0%，受访农户家庭总人口数均值约为 4 人，农户平均机械化程度为半机械半人工，农户家离邻近城镇大约为 5000 米；从外部环境特征看，位于优势产区的农户占比为 59.9%，受访农户基本上都有良好的道路情况。

3.3 实证结果及讨论

3.3.1 实证结果

在探讨农户种植结构调整对家庭收入影响过程中，首先采用 OLS 进行基准回归分析，回归结果如表 3-2 中列（1）所示，农户种植结构调整对家庭总收入的影响并未通过显著性检验。考虑到样本存在自选择偏差，故进一步利用处理效应模型进行分析，分别研究农户种植结构调整对家庭总收入、经营性收入、工资性收入以及转移性收入的影响，由于财产性收入占比较少，故本章暂未考虑农户种植结构调整对家庭财产性收入的影响。从表 3-2 其余各列可以看出，家庭总收入及各项收入的逆米尔斯比率（λ）均在不同水平上显著，说明农户是否参与种植结构调整存在明显的自选择问题，进而运用处理效应模型进行估计是必要的。

表3-2　　　　　农户种植结构调整对不同收入构成的影响

变量	(1) OLS	(2) 家庭总收入	(3) 经营性收入	(4) 工资性收入	(5) 转移性收入
收入方程					
种植结构调整	0.052 (0.36)	-1.479*** (-2.78)	-1.635*** (-3.20)	-1.474 (-1.46)	-1.305*** (-2.88)
年龄	-0.003 (-0.25)	0.016* (1.74)	0.016* (1.70)	0.005 (0.30)	0.010 (1.20)
性别	0.056 (-0.36)	-0.118 (-0.77)	0.020 (0.13)	-0.503** (-2.10)	0.057 (-0.36)
务农年限	-0.0001 (0.09)	-0.018** (-2.25)	-0.018** (-2.22)	-0.009 (-0.56)	-0.010 (-1.39)
是否农业技术培训	0.542*** (3.39)	0.366** (2.11)	0.323* (1.91)	0.031 (0.10)	0.184 (1.23)
家中是否有村干部	-0.386 (-1.47)	-0.462* (-1.91)	-0.334 (-1.37)	-0.688* (-1.80)	-0.148 (-0.69)
家中是否有党员	-0.008 (-0.04)	0.220 (0.98)	0.179 (0.75)	0.322 (0.91)	0.090 (0.46)
家庭总人口	-0.003 (-0.06)	-0.033 (-0.78)	-0.019 (-0.43)	0.067 (1.05)	-0.039 (-1.02)
机械利用程度	0.182*** (8.17)	0.066** (2.21)	0.070** (2.30)	-0.112 (-1.47)	0.040 (1.54)
常数	10.47*** (15.95)	11.18*** (15.89)	10.71*** (-14.73)	11.75*** (-8.01)	7.152*** (0.431)
选择方程					
是否农技培训	—	0.505*** (2.98)	0.406** (2.28)	0.434 (1.57)	0.497*** (2.93)
离城镇距离	—	0.021** (2.23)	0.018* (1.84)	0.029 (1.57)	0.021** (2.23)
务农经验	—	-0.013** (-2.06)	-0.010 (-1.53)	-0.014 (-1.34)	-0.013** (-2.11)
家中是否有党员	—	0.323 (1.64)	0.365* (1.75)	-0.075 (-0.22)	0.321 (1.63)

续表

变量	(1) OLS	(2) 家庭总收入	(3) 经营性收入	(4) 工资性收入	(5) 转移性收入
是否为优势产区	—	0.491 ** (2.54)	0.616 *** (2.92)	0.474 (1.45)	0.504 *** (2.60)
路况条件	—	-0.685 ** (-2.55)	-0.794 *** (-2.85)	-0.186 (-0.37)	-0.683 ** (-2.54)
机械利用程度	—	-0.064 ** (-2.19)	-0.056 * (-1.76)	-0.118 ** (-2.12)	-0.062 ** (-2.10)
种植规模	—	-0.0017 * (-1.65)	-0.0019 * (-1.73)	-0.0001 (-0.38)	-0.0018 * (-2.10)
常数	—	0.653 (1.22)	0.555 (0.98)	0.995 (1.07)	0.650 (1.21)
Hazard					
λ	—	0.824 ** (2.52)	0.881 *** (2.79)	1.116 * (1.83)	0.644 *** (2.29)

注：*、**、*** 分别表示在10%、5%、1%水平上显著。

从第一阶段选择模型看，参加过农业技术培训的农户更加倾向于进行种植结构调整，农业技术培训能够让农户更好地了解农业生产、政策相关信息，加大农户进行种植结构调整的可能性；农户距离城镇越近，越不利于种植结构调整，可能是因为距离城镇越近，土地种植规模较少，农户更愿意维持原先种植模式；农户务农经验越长反而不利于农户进行种植结构调整，主要是由于农户种植习惯导致不愿做出改变；家中有党员能够促进农户种植结构调整，党员对政策的关注度更高，并且更能够根据政策要求调整种植结构；优势产区农户更倾向于调整种植结构，路况条件与种植结构调整有显著负向影响；农户家庭机械利用程度越高，越不利于种植结构调整，原因在于部分农机只能用于种植玉米，大量的机械投入使得农户不会愿意改种其他作物。

在控制样本自选择问题后，农户种植结构调整对家庭总收入存在负面影响，并通过1%的显著性检验。首先，从收入构成看，除工资性收入外，农户种植结构调整对其余各部分收入都存在明显的负向影响，可看出种植结构调整通过影响农户经营性收入及转移性收入进而影响家庭总收入。造成该现象的原因在于 2018 年东北地区大豆补贴价格在 300～320 元/亩，玉米补贴价格在 25 元/亩，根据调研情况，同年农户种植大豆销售均价为 1.65 元/斤，每亩产量在 500 斤左右，玉米均价 0.82 元/斤，每亩产量均值为 1500 斤，计算得出玉米种植收益比大豆种植收益高出 110 元/亩。两者相比可明显看出当农户选择种植结构调整时，大豆收益并不能高于原先玉米的收益从而导致家庭经营性收入下降。农户种植结构调整导致转移性收入减少的原因可能在于受访农户中种植规模小的农户更愿意尝试调整玉米种植结构，种植规模与种植结构调整呈现反向关系，相比于存在种植结构调整的农户来说，未参与种植结构调整的农户有更高的转移性收入。其次，受访农户年龄、务农年限、是否参加过农业技术培训、家中是否有村干部、家庭机械利用程度对家庭总收入都存在显著的影响，其中年龄、农业技术培训、机械利用程度对家庭总收入产生正向促进作用，而农户性别、家中是否有党员及家庭总人口对家庭总收入的影响并不显著。

3.3.2 稳健性检验

为了确保上述估计结果的可靠性，利用倾向得分匹配方法（Rosenbaum and Rubin，1983）进行稳健性检验。本章采用马氏匹配法测算参加种植结构调整对家庭各部分收入影响的平均处理效应（average treatment on the treated，ATT），结果如表 3-3 所示。家庭总收入对数、经营性收入对数、工资性收入、转移性收入估算得出的平均处理效应分别为 -0.393、-0.512、0.248、-0.295，其中家庭总收入、经营性收入均在 1% 显著水平上显著，转移性收入在 5% 水平下显著，与上述处理效应模型分析方法得出结果一致，表明得出的估计结果具有稳健性。在考虑了样本自选择的情况下，参与种植结构调整明显对家庭总收入、经营性收入及转移性收入存在一定的抑制作用。从收入变化量看，在控制了可观测因素和不可观测因素的情况下,种植结构调整导致农户家庭总收入、经营性收入及转移性收入分别下降3.754%、4.982%、3.587%。

表3-3　种植调整对家庭各收入影响的平均处理效应（ATT）

ATT	调整户	非调整户	差异	t值	变化（%）
家庭总收入	10.077	10.470	-0.393***	-2.86	-3.754
经营性收入	9.764	10.276	-0.512***	-3.69	-4.982
工资性收入	9.575	9.327	0.248	1.15	—
转移性收入	7.929	8.224	-0.295**	-2.28	3.587

注：*、**、***分别表示在10%、5%、1%水平上显著。

3.3.3 进一步讨论

上述研究表明农户种植结构调整对家庭总收入具有显著的负向影响。但根据现有研究农户收入异质性会使得种植结构调整对家庭收入影响存在差异，但不同家庭收入水平的农户之间存在较大的异质性，是否调整种植结构会因农户家庭收入水平的不同而存在异质性影响，值得进行深入研究。利用最大似然估计方法分别对0.25分位、0.5分位、0.75分位与0.95分位进行回归估计。结果如表3-4所示，在Qr25及Qr50分位上农户种植结构调整对家庭总收入产生显著负面影响，而这种影响随着家庭收入的不断增长越发不显著，在Qr75、Qr95分位上，农户种植结构调整与家庭总收入呈现正向关系，但该影响皆未通过显著性检验，明显看出农户种植结构调整对收入的影响会随着家庭收入的不同而存在明显的异质性。

表3-4　农户种植结构调整对家庭总收入影响的分位数回归结果

变量	（1）Qr25	（2）Qr50	（3）Qr75	（4）Qr95
种植结构调整	-0.359* (-1.78)	-0.103** (-2.08)	0.0109 (-0.14)	0.0284 (-0.27)
年龄	-0.0123 (-1.08)	-0.00403 (-1.08)	-0.00662 (-1.16)	0.00807 (-1.06)

续表

变量	(1) Qr25	(2) Qr50	(3) Qr75	(4) Qr95
性别	0.473** (-2.46)	0.0146 (-0.28)	0.00864 (-0.11)	0.473** (-2.46)
务农年限	0.0072 (-0.71)	0.0012 (-0.45)	0.0022 (-0.44)	0.00156 (-0.26)
家庭总人口	-0.149** (-2.41)	0.00332 (-0.19)	-0.0158 (-0.73)	0.0818** (-2.21)
是否有党员	-0.103 (-0.32)	-0.0228 (-0.38)	-0.00688 (-0.06)	-0.300* (-1.92)
是否有村干部	0.0727 (-0.16)	-0.0315 (-0.36)	0.0322 (-0.27)	0.00228 (-0.01)
与城镇距离	0.0197* (-1.96)	0.000455 (-0.23)	-0.000887 (-0.13)	0.0099 (-0.98)
是否为优势产区	-0.0183 (-0.08)	0.00159 (-0.03)	-0.0514 (-0.57)	0.142 (-0.91)
路况条件	0.113 (-0.36)	-0.117 (-1.57)	0.0908 (-0.75)	-0.601 (-1.61)
机械利用程度	0.0252 (-0.66)	-0.0025 (-0.29)	0.00578 (-0.39)	0.0272 (-1.12)
常数	9.130*** (-8.22)	10.68*** (-38.91)	11.14*** (-29.06)	12.15*** (-15.44)

注：Qr25 表示收入水平处于 25% 以下水平，Qr50 表示收入水平处于 25%~50% 水平；*、**、*** 分别表示在 10%、5%、1% 水平上显著。

根据表 3-5 可解释农户种植结构调整对家庭总收入的影响存在异质性问题。在 Qr25 分位上，低收入农户基本以务农为主或只务农，依赖于种粮收入及补贴收入，当种植结构调整可以获得更高补贴收入时，低收入农户往往更倾向于进行种植结构调整，因此当农户转种其他作物收益不如玉米时，该群体农户家庭总收入必会受到影响；在 Qr50 分位上，农户存在兼业行为，但仍然是以农业收入为主，工资性收入并没有能够弥补家庭经营性收入的降低，从而使得家庭总收入减少；在 Qr75 及 Qr95 分位上，随着收入水平不断提升，农户经营性收入所占比重也随之上升，而工资性收入比重降低，该群体往往是种植大户等新型经营主体，其在市场价格信息掌握上相较于普通散户有更大的优势，更有能力应对种植结构调整带来的收入损失。

表 3-5　　　　　　不同分位收入农户有关变量差异　　　　　　单位：%

收入占比	Qr25	Qr50	Qr75	Qr95
经营性收入占比	57.16	63.96	65.13	73.51
工资性收入占比	10.23	21.98	18.58	9.84
转移性收入占比	32.60	13.46	14.69	16.07
财产性收入占比	0.01	0.40	1.60	0.58
种植结构调整占比	70.75	64.48	62.62	62.35

3.4 研究结论与政策建议

3.4.1 研究结论

本章通过利用东北地区的微观农户调研数据，研究种植结构调整对农户家庭收入的影响方向及作用程度，并进一步分析种植结构调整对收入异质性农户存在的影响差异。研究结果表明：

（1）种植结构调整降低了农户经营性收入以及转移性收入从而导致家庭总收入减少，在控制了可观测因素和不可观测因素的情况下，种植结构调整使得农户家庭总收入、经营性收入及转移性收入分别下降 3.754%、4.982%、3.587%；

（2）农业技术培训、机械利用程度对家庭总收入产生正向促进作用；

（3）种植结构调整对农户家庭总收入的影响会随着家庭总收入水平的不同而存在明显的异质性，中等收入以下群体种植结构调整会抑制家庭收入增长。

3.4.2 政策建议

1. 合理引导农户种植结构调整，提高改种作物相对收益

首先，针对有种植结构调整意愿的农户进行改种引导，优先发展具有比较优势的作物,对改种作物进行技术培训,提高产出率进而促进农户增收。其次,对于政策重点调整的非优势产区,可进一步加大调整作物与玉米补贴差额。例如,在东北地区提高大豆补贴,确保各作物生产者补贴切实发放到种植农户手中,农户可以自发选择转向种植大豆。在优势产区应适当加大玉米种植补贴力度,使得政策补贴向优势产区倾斜,以减缓种植结构调整对农民收入的影响。通过进一步完善市场机制,促进玉米形成"优质优价",激发优势产区农户种植玉米的积极性,从而发挥优势产区的资源禀赋优势,确保优势产区玉米种植面积、产量及质量。最后,提高改种作物相对收益。例如大豆,完善大豆相关研发,创造良好的大豆生产条件,提高大豆质量,另外加强我国大豆品牌效应,推动大豆产业发展,从而提高大豆种植收益。

2. 提高农村劳动力素质,推动农业社会化服务发展

农村劳动力素质偏低是制约农民家庭收入提高的重要因素。首先,农村应当增加农业技术培训次数,提高农民农业技术培训参与度,针对新技术采用进行教学,推广优质化肥、农药、种子等的使用。其次,农业技术培训应当因地制宜,综合考虑不同地区农户对于技术需求的差异,针对性开展农业技术培训。最后,大力吸引高水平人才投身农业领域,为农业专业化生产提供支持,缓解目前农村劳动力质量约束。机械化生产有效降低农户生产成本,提高农民收入,因此应进一步完善农业社会化服务体系,全面覆盖农民整地、播种、施药施肥、收获等生产环节,延长农业社会化服务供应链,例如生产资料购买及农产品销售环节等产前及产后环节,提供综合配套服务。探索农业社会化多样化服务模式,针对不同地区需求运用现代科技和信息化手段推动不同社会化服务模式创新。

3. 培育种植大户等新型经营主体,带动小农户生产能力提升

鼓励发展种植大户、家庭农场等新型农业经营主体,提高农户组织化程度,提升小农户生产经营能力,带动农民持续稳步增收。第一,健全农村土地流转交易机制。建立配套法律法规约束土地流转行为,加强农民对土地流转相关政策法律法规的认知;完善土地流转信息化平台建设,使得农户土地流转更便利化,从而促进规模化生产,为新型经营主体的培育提供基础。第二,对于目前已有的新型农业经营主体进行改善,提高其管理人员经营能力水平,对带头人进行相关培训,使新型农业经营主体高效率运行。第三,建立完善利益联结机制,吸引农户加入专业合作社等新型农业经营主体,尤其是低收入小规模种植户,共同努力解决低收入人群贫困问题。第四,设立相应法律法规对新型农业经营主体运行进行约束及监管,使农民合作社的运行更加透明化、公平化,发挥好"小农户与大市场"的联结作用。

参考文献

［1］崔宁波、张正岩:《临储政策取消下种植结构调整的影响因素与收入效应——基于黑龙江省镰刀弯地区调查数据的分析》,载于《商业研究》2017年第11期。

［2］樊帆:《土地流转与农业生产结构调整关系研究》,载于《农业技术经济》2009年第4期。

［3］黄宗智:《华北的小农经济与社会变迁》,中华书局1986年版。

［4］霍丽娅:《从农民个人收入变化看农业种植业结构调整——四川省成都市龙泉驿区转龙村个案调查研究》,载于《农村经济》2006年第6期。

［5］刘北桦、詹玲:《岩溶地区农业产业调整结构的探讨》,载于《中国农业资源与区划》2013年第2期。

［6］刘慧、秦富:《"十三五"时期东北地区种植业结构调整进展与"十四五"时期推进路径》,载于《经济纵横》2021年第2期。

［7］刘珍环、杨鹏、吴文斌等:《近30年中国农作物种植结构时空变化分析》,载于《地理学报》2016年第5期。

［8］罗必良、仇童伟:《中国农业种植结构调整:"非粮化"抑或"趋粮化"》,载于《社会科学战线》2018年第2期。

［9］毛学峰、刘靖、朱信凯:《中国粮食结构与粮食安全:基于粮食流通贸易的视角》,载于《管理世界》2015年第3期。

[10] 隋丽莉、郭庆海：《"价补分离"政策对种植结构调整效应研究——基于吉林省调研数据的分析》，载于《价格理论与实践》2018年第12期。

[11] 孙屹、杨俊孝、王岩：《基于农地流转的农户规模经营绩效影响因素实证研究——以新疆玛纳斯县为例》，载于《中国农业资源与区划》2014年第4期。

[12] 檀竹平、洪炜杰、罗必良：《农业劳动力转移与种植结构"趋粮化"》，载于《改革》2019年第7期。

[13] 田聪颖、肖海峰：《生产者补贴政策与农户种植结构调整——基于"镰刀弯"地区农户的模拟分析》，载于《哈尔滨工业大学学报（社会科学版）》2018年第3期。

[14] 西奥多·W. 舒尔茨：《改造传统农业》，梁小民译，商务印书馆1987年版。

[15] 熊德平：《农业产业结构调整的涵义、关键、问题与对策》，载于《农业经济问题》2002年第6期。

[16] 于兴业、陈雪：《供给侧改革背景下"镰刀弯"地区种植结构调整现状及影响因素分析》，载于《商业研究》2019年第3期。

[17] 余志刚、张靓：《农户种植结构调整意愿与行为差异——基于黑龙江省341个玉米种植农户的调查》，载于《南京农业大学学报（社会科学版）》2018年第4期。

[18] 张明林、黄国勤：《农业结构调整的经济学思考及分析》，载于《江西农业大学学报》2002年第2期。

[19] 张雪、周密：《农户种植结构调整中的羊群效应——以辽宁省玉米种植户为例》，载于《华中农业大学学报（社会科学版）》2019年第4期。

[20] 钟甫宁、邢鹂：《我国种植业生产结构调整与比较优势变动的实证分析》，载于《农业现代化研究》2003年第4期。

[21] MINCER J A. Schooling, experience, and earnings. New York: Columbia University Press, 1974.

第 4 章

玉米主产省生产效率测算及影响因素分析

4.1 引言

2019年我国玉米播种面积为4128万公顷，产量为26077万吨，远高于同年稻谷及小麦的播种面积、产量，玉米供给安全直接关系到饲料粮安全。自2008年以来，我国玉米竞争力不断下降，对国际玉米依赖程度加大，2019年我国共进口玉米479.1万吨，较2018年增加127万吨，要想提升玉米国际竞争力、增加玉米种植收益、保障国家粮食安全，提高玉米全要素生产率至关重要。本章通过运用2004~2018年我国20个省（区、市）玉米投入产出面板数据，运用DEA-Malmquist方法，分析研究阶段内我国玉米生产效率的变化、空间差异及玉米生产过程中投入产出冗余情况，同时使用Tobit模型分析影响我国玉米生产效率的主要因素，研究对于提高我国玉米全要素生产率，进一步提升我国玉米国际竞争力，保障国内玉米有效供给具有重要的现实意义。

4.2 文献回顾

目前国内外许多学者聚焦于测算各行各业生产效率，从测算方法看，可分为生产函数法、指数法、参数法及非参数法，其中生产函数法应用最多的是 C-D 生产函数（马晓玲等，2019）及 CES（金梅等，2017）、VES（王力等，2017）等函数；指数法目前研究中运用最多的是 Malmquist 指数（李俊如等，2019）；参数方法可分为随机前沿分析（SFA）和确定前沿分析（DFA），研究多为运用随机前沿分析来测算全要素生产率（李聪等，2019；蔡荣等，2019；王军等，2010）；非参数方法主要以数据包络法（DEA）为主，大多数研究将 DEA 与 Malmquist 指数相结合共同测算全要素生产率大小（江激宇等，2018；延桢鸿等，2019；李明文等，2019）。从分解指标看，全要素生产率解释了各个投入要素对经济产出的贡献率，国内学者对于全要素生产率的分解多为在规模报酬不变时，把全要素生产率分解为技术变化和技术效率变化。在规模报酬可变时，将进一步将技术效率变化分解为纯技术效率变化和规模效率变化（全炯振，2009），另外有学者将全要素生产率分解为技术进步指数、技术效率指数、混合效率指数和规模效率指数（赵贵玉等，2009；张越杰，2008）。从研究对象看，现有文献的对象包括农业及细分各个粮食品种、经济作物等，还包括工业及服务业，少有文章聚焦玉米测算及其生产效率（王志丹等，2017；刘念等，2017）。

4.3 研究方法与数据说明

4.3.1 研究方法

1. 数据包络法

数据包络分析（data envelopment analysis，DEA）可用于测算当存在多投入变量及多产出变量时决策单元（decision making unit，DMU）的有效性，除此之外，DEA 还可判断决策单元投入处于何种规模阶段，并且提供目标投入规模，分析现有投入及产出是否存在冗余，从而尽可能使得决策单元有效。

（1）BCC-DEA 模型。DEA 模型主要分为两类，一类是规模收益不变的 CCR（Charnes-Cooper-Rhodes）模型；另一类是规模收益可变的 BCC（Banken-Charnes-Cooper）模型。由于并不是所有 DMU 的生产可能集均满足锥性，即规模收益不变，故本章选用 BCC-DEA 模型，充分考虑存在规模收益递增或递减情况。假设有 n 个决策单元，设投入向量即产出向量分别为 $x_j = (x_{1j}, x_{2j}, \cdots, x_{mj})^T$，$y_j = (y_{1j}, y_{2j}, \cdots, y_{sj})^T$，其线性规划模型 PBCC 一般形式为

$$\begin{cases} \max h_{j0} = \mu^T y_0 + \mu_0, \\ \text{s.t. } \omega^t \cdot x_j - \mu^T \cdot y_j - \mu_0 \geq 0, \\ \omega^T \cdot x_0 = 1, \\ \omega \geq 0, \mu \geq 0, j = 1, 2, \cdots, n \end{cases} \quad (4.1)$$

线性规划 PBBC 的对偶规划为规划 DBBC，并且通过引入松弛变量 S+ 及剩余变量 S-，将原有不等式转化为等式，其一般形式为

$$\begin{cases} \min \theta \\ \text{s.t. } \sum_{j=1}^{n} x_j \lambda_j + s^- = \theta x_0 \\ \sum_{j=1}^{n} y_j \lambda_j - s^+ = y_0 \\ \sum_{j=1}^{n} \lambda_j = 1 \\ \lambda_j \geq 0; j = 1, 2, \cdots, n; s^+ \geq 0; s^- \geq 0; \theta \in E^1 \end{cases} \quad (4.2)$$

式（4.2）中，x_0、y_0 即为被评价决策单元的投入和产出变量，x_j、y_j 表示第 j 个省的投入及产出变量，θ 为综合技术效率，λ_j 为各单位组合系数，从而当 $\theta^* = 1$，$s^{*-} = 0$，$s^{*+} = 0$ 时，决策单元为 DEA 有效，当 $\theta^* = 1$，$s^{*-} \neq 0$，$s^{*+} \neq 0$ 时，决策单元为 DEA 弱有效，当 $\theta^* < 1$ 时，决策单元为 DEA 非有效，故本章通过此方法来判断决策单元是否为 DEA 有效。

（2）Malmquist-DEA 模型。为研究 2004~2018 年我国 20 个省（区、

市）玉米生产效率的动态变化，采用法勒等（Fare et al.，1994）提出的 Malmquist 指数进行分析，将全要素生产率（tfpch）分为技术效率变化（effch）和技术进步（techch），并且进一步将技术效率变化分解为纯技术效率（pech）及规模效率（sech），其公式为

$$M(x^t,y^t,x^{t+1},y^{t+1}) = \frac{D^t(x^{t+1},y^{t+1})}{D^t(x^t,y^t)} \times \frac{D^{t+1}(x^{t+1},y^{t+1})}{D^{t+1}(x^t,y^t)}$$

$$= \frac{D^{t+1}(x^{t+1},y^{t+1})}{D^t(x^t,y^t)} \times \left[\frac{D^t(x^{t+1},y^{t+1})}{D^{t+1}(x^{t+1},y^{t+1})} \times \frac{D^t(x^t,y^t)}{D^{t+1}(x^t,y^t)} \right]^{1/2} \quad (4.3)$$

式（4.3）中 (x^t, y^t)、(x^{t+1}, y^{t+1}) 为 t 时期和 $t+1$ 时期的投入量和产出量，D^t、D^{t+1} 为 t 时期和 $t+1$ 时期的技术为参照的距离函数，故 tfpch = effch × techch = pech × sech × techch，当 tfpch > 1 时，表明全要素生产率得到提高，反之则降低；当 effch > 1 时，表示效率得到改进，当 effch < 1 时，表示效率低下；当 techch > 1 时，表示技术进步，当 techch < 1 时，表示技术退步。

2. Tobit 模型

Tobit 模型又称受限因变量模型，是因变量满足某种约束条件下取值的模型，本章由 DEA 方法测算得出的效率值取值范围在 0~1，满足被解释变量两端取值受到限制，故采用 Tobit 模型构建如下回归模型：

$$Y_i = \alpha_0 + \alpha_i X_i + D_0 + D_1 + D_2 + \mu_i \quad (4.4)$$

其中，Y_i 表示玉米生产技术效率，X_i 表示各个解释变量，D_0、D_1、D_2 为地区虚拟变量。

4.3.2 数据说明

本章数据来自历年《中国农村统计年鉴》及《全国农产品成本收益资料汇编》，选用玉米生产 20 个省（区、市）来测算我国玉米 2004~2018 年的生产效率。将投入指标分为劳动投入及资本投入，其中，劳动投入指标用玉米每亩用工数量来量化，资本投入包括土地、化肥及种子投入，即

农户重大支出部分，土地投入指标选用玉米播种面积，化肥投入指标即玉米每亩化肥用量，种子投入指标为玉米每亩种子用量，产出指标即为玉米产量（见表4-1）。

表4-1　　　　　　　　玉米生产效率评价指标体系

一级指标	二级指标	指标解释	单位
投入变量	劳动	玉米每亩用工数量	日
	土地	玉米播种面积	千公顷
	化肥	玉米每亩化肥用量	公斤
	种子	玉米每亩种子用量	公斤
产出变量	产量	玉米产量	万吨

关于玉米生产效率影响因素分为经济社会因素、自然环境因素、资源环境因素、地区差异因素。经济社会因素选择指标为人均GDP（元），为消除价格影响，利用国内生产总值指数对其进行平减；自然环境因素选择受灾面积（千公顷）来衡量；资源环境因素选用农业机械总动力（万千瓦）、农作物总播种面积（千公顷）及有效灌溉面积（千公顷）来衡量；地区差异因素采用三个虚拟变量：北方春播玉米区表示为 $D0$（1，0），黄淮海夏播玉米区表示为 $D1$（1，0），西南山地玉米区表示为 $D2$（1，0）。具体如表4-2所示。

表4-2　　　　　玉米生产效率影响因素变量描述性统计分析

变量	符号	均值	标准差	最小值	最大值
农业机械总动力	jx	724662.9	3221400	621.875	14400000
人均GDP	gdp	14805.82	4854.989	8380.111	30799.1
农作物总播种面积	$area$	7111.446	3572.247	1165	14783.4
受灾面积	sz	937.125	963.0222	70.9	4155
有效灌溉面积	irr	2870.015	1748.53	523.45	6119.57
北方春播玉米区	$D0$	0.3	0.4701623	0	1
黄淮海夏播玉米区	$D1$	0.3	0.4701623	0	1
西南山地玉米区	$D2$	0.3	0.4701623	0	1

4.4 实证结果及讨论

4.4.1 玉米生产效率的变化趋势

本章采用 BCC-DEA 模型,利用 DEAP 2.1 软件测算得出我国 20 个省(区、市)2004~2018 年玉米生产的综合技术效率变化、技术进步变化、纯技术效率变化、规模效率变化及全要素生产率变化(见表 4-3)。2004~2018 年我国玉米全要素生产率呈现持续上下波动,且波动幅度较大,年均下降 1.7%。自 2006 年后我国全面取消农业税,相应的生产资料成本降低,从而使得玉米全要素生产率得到提高,直到 2009 年达到顶峰后不断下降。可能原因在于 2008 年我国出台玉米临时收储政策,玉米比价收益上升促使国内玉米播种面积快速增加,使得本不适合种植玉米的地区开始种植玉米,造成生产效率下降。直到 2013~2014 年玉米全要素生产率有所上升,但后期又处于持续下降中,说明近些年我国玉米生产存在问题。

表 4-3　　2004~2018 年全国 20 个省(区、市)玉米技术效率及构成变化

年份	综合技术效率变化 (effch)	技术进步 (techch)	纯技术效率变化 (pech)	规模效率变化 (sech)	全要素生产率 (tfpch)
2004~2005	0.975	1.015	0.994	0.981	0.990
2005~2006	0.994	0.996	1.001	0.993	0.989
2006~2007	1.015	0.962	1.005	1.010	0.976
2007~2008	0.999	0.997	1.003	0.995	0.996
2008~2009	0.984	1.037	0.998	0.987	1.021
2009~2010	1.009	0.970	1.001	1.008	0.978
2010~2011	1.015	0.937	0.990	1.025	0.951

续表

年份	综合技术效率变化 (effch)	技术进步 (techch)	纯技术效率变化 (pech)	规模效率变化 (sech)	全要素生产率 (tfpch)
2011~2012	1.050	0.915	1.003	1.047	0.960
2012~2013	0.976	0.993	0.986	0.990	0.969
2013~2014	0.951	1.073	0.999	0.951	1.020
2014~2015	1.048	0.909	1.014	1.033	0.953
2015~2016	0.933	1.061	0.992	0.941	0.991
2016~2017	1.038	0.957	0.995	1.044	0.994
2017~2018	0.972	1.013	0.971	1.001	0.984
平均	0.996	0.987	0.996	1.000	0.983

注：所有生产效率皆为历年几何平均数。

2004~2018年我国玉米全要素生产率平均下降1.7%，其中综合技术效率下降0.4%，技术变化下降1.3%，从图4-1可知，研究阶段内我国玉米技术进步与全要素生产率变化方向基本一致。可见，2004~2018年，我国玉米全要素生产率受技术进步影响巨大，全要素生产率的增长主要来源于技术进步，表明在经济不断发展和国家大量财政资金的投入下，先进优秀的生产技术得到了广泛的推广及应用，从而促进了技术进步。

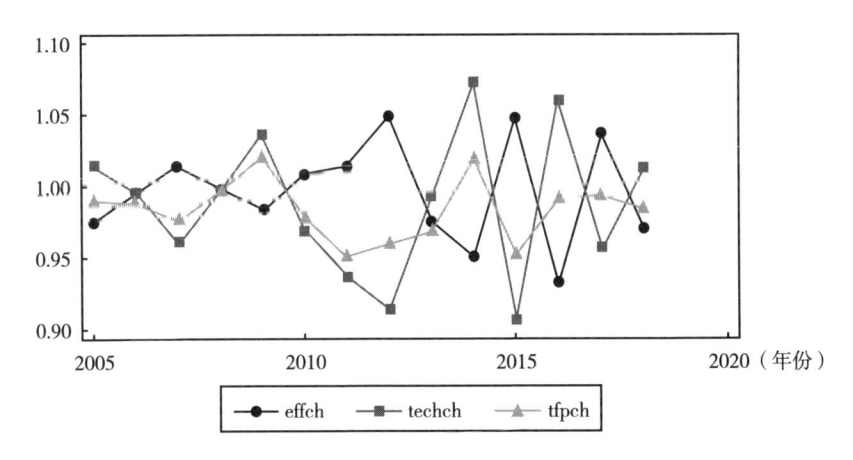

图4-1　2004~2018年全国20个省（区、市）玉米生产效率及构成变化

2004～2018年我国玉米综合技术效率年均下降0.4%，均由纯技术效率下降导致，降幅不大，纯技术效率围绕1.000上下波动。表明在这一历史进程中，首先，我国玉米生产各个环节资源得到比较充分的利用，投入产出均处于较优的配置，不存在严重资源浪费问题。其次，规模效率保持稳定，从图4-2可知，2004～2018年综合技术效率变化与规模效率变化基本重合，玉米综合技术效率变化主要来源在于规模效率变化，总体看来我国处于玉米生产规模收益递增阶段。

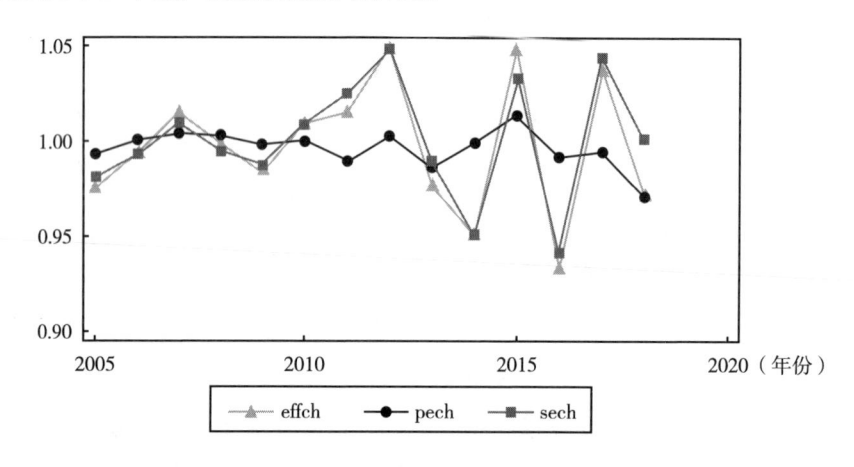

图4-2　2004～2018年全国20个省（区、市）玉米技术效率及构成变化

4.4.2　玉米生产效率的空间差异

将中国玉米主产省份依照不同生产条件及播种时间分为四个地区，分别为北方春播玉米区、黄淮海夏播玉米区、西南山地玉米区及西北灌溉玉米区。其中，北方春播玉米区包括内蒙古、辽宁、吉林、黑龙江、宁夏及山西；黄淮海夏播玉米区包括河北、江苏、山东、安徽、河南及陕西；西南山地玉米区包括湖北、广西、四川、云南、贵州及重庆；西北灌溉玉米区包括新疆及甘肃。从而分析我国玉米生产效率的空间差异，如表4-4所示。

表4-4 2018年全国20个省（区、市）玉米生产技术效率及规模收益变化

地区	省(区、市)	综合技术效率	纯技术效率	规模效率	规模收益变化	排名
北方春播玉米区	内蒙古	1.000	1.000	1.000	—	1
	辽宁	0.842	0.967	0.870	irs	8
	吉林	1.000	1.000	1.000	—	1
	黑龙江	1.000	1.000	1.000	—	1
	宁夏	0.942	1.000	0.942	irs	5
	山西	0.765	0.977	0.783	irs	11
	平均	0.925	0.991	0.933		
黄淮海夏播玉米区	河北	0.812	1.000	0.812	irs	9
	江苏	0.726	1.000	0.726	irs	13
	山东	0.939	0.967	0.971	irs	6
	安徽	0.684	1.000	0.684	irs	16
	河南	0.883	1.000	0.883	irs	7
	陕西	0.642	0.863	0.744	irs	17
	平均	0.781	0.972	0.803		
西南山地玉米区	湖北	0.522	0.971	0.538	irs	20
	广西	0.584	1.000	0.584	irs	18
	四川	0.786	1.000	0.786	irs	10
	云南	0.695	0.825	0.842	irs	15
	贵州	0.549	1.000	0.549	irs	19
	重庆	0.709	1.000	0.709	irs	14
	平均	0.641	0.966	0.668		
西北灌溉玉米区	新疆	1.000	1.000	1.000	—	1
	甘肃	0.748	0.830	0.901	irs	12
	平均	0.874	0.915	0.951		

注：所有生产效率皆为历年几何平均数，排名为综合技术效率排名。

分地区来看，2018年我国玉米生产综合技术效率总体呈现北方春播玉米区＞西北灌溉玉米区＞黄淮海夏播玉米区＞西南山地玉米区，最大的原因在于北方地势平坦、地块相对集中，有利于玉米种植过程中各个环节的机械全覆盖，而西南山地玉米区农户大多地块较为分散，并且属于山地地

形，不利于机械投入。

分省份来看，在2018年只有内蒙古、吉林、黑龙江及新疆达到DEA有效，即投入产出均达到最优状态，并且其纯技术效率及规模效率都有效。其余16个省（区、市）的综合技术效率都为非DEA有效，其中湖北、贵州综合技术效率较低，分别为0.522和0.549。各省份效率差异非常大，主要原因在于不同省份技术水平参差不齐或技术利用率有高有低。湖北综合技术效率最低主要是因为湖北玉米种植面积相对稳定的鄂西山地春玉米区地形复杂、土地较为分散，严重影响了机械化生产，同样贵州玉米种植地多为山区，机器设备很难运行，从而导致技术效率不高。从纯技术效率来看，云南技术利用率偏低，其余各地大多满足DEA有效。

从规模收益角度来看，除内蒙古、吉林、黑龙江、新疆以外，其余各省份均处于规模收益递增阶段。即当投入一定比例增加时，产出增长的比例超过要素投入比例，表明随着生产规模的不断扩大，通过利用先进技术及设备减少人工费用，从而得到更大的产出增长比例。对于内蒙古、黑龙江及新疆，保持规模收益不变，即维持现有规模即最优规模，再增加玉米种植面积则会影响玉米生产效率。

4.4.3 玉米生产投入冗余分析

由表4-5可知，2018年除山西、辽宁、山东、湖北、云南、陕西、甘肃外，其余各省份纯技术效率均为1，表明在目前的技术水平上，其余各省份投入资源的使用是有效率的，因此本章对资源使用不合理的省份进一步分析其原因，从而实现效率提升。利用BCC-DEA模型测算得出2018年这7个省份玉米投入及产出的冗余情况（见表4-5）。从玉米产出角度来看，通过运算得出玉米产出不足率，产出不足率=（目标产出值-实际产出值）/目标产出×100%，得出全国平均产出不足率为1.11%。从结果来看，只有山西、湖北存在产出不足情况，产出不足率分别为8.39%、13.84%，其在限定投入水平下，没有达到理想的经济产出。主要原因可能在于该地区规模化生产程度不够，资源浪费现象严重，从而导致产出不足。

表 4-5　　2018 年玉米投入（产出）冗余率（不足率）分析　　单位：%

省份	产出不足率	投入冗余			
		土地	化肥	劳动	种子
山西	8.39	2.33	10.04	2.33	2.36
辽宁	0.00	3.40	3.40	3.39	3.39
山东	0.00	3.40	3.40	24.15	3.39
湖北	13.84	3.02	3.02	3.02	13.30
云南	0.00	21.22	21.22	25.31	33.92
陕西	0.00	15.85	15.86	15.85	38.53
甘肃	0.00	20.44	35.10	66.67	20.42
平均	1.11	3.48	4.60	7.04	5.77

注：其余省份不存在投入（产出）冗余（不足）现象。

从玉米要素投入角度来看，通过运算得出玉米投入冗余率，投入冗余率=（实际投入值-目标投入值）/目标投入值×100%。对全国玉米生产投入要素的冗余率进行比较，得出劳动冗余率>种子冗余率>化肥冗余率>土地冗余率。7 省均存在一定程度的土地、化肥、劳动、种子投入过量现象，山西主要存在化肥投入过量，冗余率为 10.04%，过度依赖化肥投入不仅会造成资源浪费，更会导致土壤破坏、环境污染等问题；辽宁虽各项投入要素都存在冗余情况，但冗余率偏低，基本接近最优状态；山东主要存在劳动力投入过量，冗余率为 24.15%，可能由于机械利用率较低，应当减少人工投入，增加机械投入，从而提高玉米生产效率；湖北种子冗余过量，冗余率为 13.30%，应当加强精量播种技术节约种子使用数量，从而降低种子冗余；云南、陕西、甘肃各个要素投入过量现象严重，是造成全国玉米生产投入冗余率偏高的关键因素，合理安排要素投入至关重要。云南、陕西冗余占比最多的是种子，冗余率分别达到 33.92%、38.53%，甘肃冗余占比最多的是劳动，冗余率达到 66.67%。

4.4.4 玉米生产技术效率影响因素分析

本章利用 Stata 软件，采用 Tobit 回归估计对模型（4.4）进行估计，结果表明：农业机械总动力、受灾面积及地区差异对玉米生产技术效率影响是显著的，其中农业机械总动力对玉米生产效率存在负向影响，主要原因可能是随着经济发展，国家财政支农效果显著，表现在对农用机械的配置上，但农业机械利用率较低，并没有发挥出其作用；受灾面积对玉米生产技术效率也存在负向影响，与一般研究结论相符合；不同地区影响着玉米生产技术效率，主要是由于地形等禀赋原因造成的；而人均 GDP、农作物播种面积、有效灌溉面积对玉米生产技术效率影响不显著。

表4-6　　玉米生产技术效率影响因素分析结果

te	Coef.	Std. Err.	t	P>|t|	[95% Conf. Interval]	
jx	-0.0000000	0.0000000	-2.49	0.028	-0.0000000	-0.0000000
gdp	0.0000022	0.0000043	0.51	0.622	-0.0000073	0.0000118
area	0.0000275	0.0000163	1.69	0.117	-0.0000080	0.0000630
sz	-0.0001086	0.0000498	-2.18	0.050	-0.0002172	-0.0000000
irr	0.0000349	0.0000308	1.13	0.280	-0.0000323	0.0001021
D0	0.1788637	0.0860008	2.08	0.060	-0.0085160	0.3662434
D1	-0.2909769	0.0911487	-3.19	0.008	-0.4895729	-0.0923810
D2	-0.3080081	0.0925278	-3.33	0.006	-0.5096089	-0.1064074
_cons	0.7158938	0.0794694	9.01	0.000	0.5427448	0.8890427

4.5　研究结论与政策建议

4.5.1　研究结论

本章利用 2004~2018 年我国 20 个省（区、市）玉米投入产出面板数据，运用 DEA-Malmquist 方法，分析研究阶段内我国玉米生产效率的变化及空间差异，并且分析 2018 年我国各省（区、市）玉米生产过程中投入产出冗余情况，研究结果表明：

（1）2004~2018 年技术进步是促进我国玉米全要素生产率增长的主要关键因素，综合技术效率提升对全要素生产率的增加作用较小，其主要依赖于规模效率的增加；

（2）2018 年我国玉米生产综合技术效率总体呈现北方春播玉米区 > 西北灌溉玉米区 > 黄淮海夏播玉米区 > 西南山地玉米区；

（3）山西、辽宁、山东、湖北、云南、陕西、甘肃纯技术效率偏低，存在产出不足或投入冗余现象；

（4）农业机械总动力、受灾面积及地区差异对玉米生产技术效率影响是显著的。

4.5.2　政策建议

1. 培育新型技术人才，增强玉米发展动力

技术进步是促进我国玉米全要素生产率增长的主要关键因素，因此加大科技研发投入至关重要。首先，培育新型农业科技领域人才，对大型复杂农用设备使用进行培训，提高农业机械利用率，从而提高玉米生产效率；其次，积极研发优质玉米品种，不断改良品种遗传特性，增强品种抗逆能力，进而提高玉米质量及产量，从而改善玉米生产效率；最后，克服制约我国玉米生产关键技术，长远发展农业前沿技术和基础研究的先进应用，力争在世界农业科学技术前沿领域中占据重要地位。

2. 改善基础设施建设，减缓自然灾害冲击

研究结果表明，综合技术效率一定程度上促进了全要素生产率的提高，并且受灾面积越大，玉米生产技术效率越低。故应加强和改善基础设施建设，提高抵御自然灾害的能力，积极推进市场化和信息化建设，完善玉米生产者补贴制度，通过增加农民种植玉米的积极性，提高玉米生产效率，同时加强技术推广和专业服务体系建设，发展农业专业合作组织，资金、技术和人文服务与支持，并通过应用现代技术，有效解决生产技术效率低下的问题。

3. 落实结构调整政策，开展规模适度经营

综合技术效率的提升主要依靠规模效率拉动，合理安排玉米种植规模对生产效率有明显促进作用。首先，应当不断实行玉米结构调整政策，减少"镰刀弯"等非优势产区的玉米种植面积，保护及扩大优势产区玉米种植，使优势产区规模化效应不断增加，逐步培养出具有竞争力的优质产品。但目前调减非优势产区仍存在许多问题，有些"镰刀湾"地区，如黑河因气候、土壤原因必须实行玉米大豆轮作，因此应针对具体地方采取对应政策调减玉米种植。其次，深化农村土地流转市场的改革，规范农户土地流转程序，完善土地流转相关法律法规，使得农户和其他新型农业经营主体能够更实惠、更方便、更容易流转土地，进而推进适度规模经营，减少地块分散的现象，提升机械化水平，促进玉米生产率提高。

参考文献

[1] 蔡荣、汪紫钰：《中国玉米生产的环境效率及其时空分异——兼论玉米临时收储政策的环境影响》，载于《农林经济管理学报》2019年第5期。

[2] 江激宇、刘玉洁：《中国玉米全要素生产率区域差异的影响研究》，载于《重庆工商大学学报（社会科学版）》2018年第4期。

[3] 金梅、黎柏宏：《基于CES函数的甘肃产能过剩实证研究》，载于《兰州交通大学学报》2017年第5期。

[4] 李聪、王超杰、王承武：《基于随机前沿分析法下我国棉花生产技术效率研究》，载于《江西农业学报》2019年第11期。

[5] 李俊茹、王明利、杨春等：《中国肉牛产业全要素生产率的区域差异与影响因素——基于2013—2017年15省区的面板数据》，载于《湖南农业大学学报（社会科学版）》2019年第6期。

［6］李明文、王振华、张广胜：《东北玉米种植结构调整与粮食高质量增长——基于全要素生产率视角》，载于《农业现代化研究》2019年第5期。

［7］刘念、李晓云、黄玛兰：《中国玉米生产要素使用效率时空分析——基于DEA模型的实证》，载于《江苏农业科学》2017年第24期。

［8］马晓玲、蒙卫华：《"十四五"时期广东潜在经济增长率研究——基于生产函数法的预测》，载于《广东经济》2019年第7期。

［9］全炯振：《中国农业全要素生产率增长的实证分析：1978—2007年——基于随机前沿分析（SFA）方法》，载于《中国农村经济》2009年第9期。

［10］王军、徐晓红、王洪丽：《中国核心优势产区玉米生产效率增长及其分解分析》，载于《玉米科学》2010年第6期。

［11］王力、陈前、刘景德等：《中国棉花生产要素投入贡献率测算与分析——基于时变弹性生产函数法》，载于《浙江农业学报》2017年第11期。

［12］王志丹、孙占祥、张广胜等：《辽宁省玉米全要素生产率分解及投入优化——以辽宁省沈阳市新民市为例》，载于《江苏农业科学》2017年第3期。

［13］延桢鸿、马丁丑：《小麦全要素生产率变化及其影响因素分析》，载于《上海农业学报》2019年第4期。

［14］张越杰：《中国东北地区玉米生产效率的实证研究——以吉林省为例》，载于《吉林农业大学学报》2008年第4期。

［15］赵贵玉、王军、张越杰：《基于参数和非参数方法的玉米生产效率研究——以吉林省为例》，载于《农业经济问题》2009年第2期。

第 5 章

农户借贷对粮食生产技术效率的影响研究

5.1 引言

保障粮食安全始终是我国需要牢牢把握的底线，目前我国粮食供给存在的问题已由总量不足转为结构性矛盾，质量效益低和竞争力不高的问题较为突出。生产技术效率是衡量质量发展好坏以及竞争力高低的重要标准。粮食产业竞争力的提升必然也离不开金融服务体系的支持，农业、农民的弱质性导致仅依赖于农业生产经营主体自身的经济能力很难实现由传统农业生产向现代化农业生产的转变，普通农户或新型农业经营主体在提高粮食生产技术效率的过程中往往都会存在一定的融资需求。然而长久以来，融资难、融资贵问题始终是发展中国家尤其是在农村地区较为普遍的现象。与此同时，随着粮食生产经营主体对于资金需求量的日益增长，农户借贷供需存在的问题展露无遗，这对粮食生产经营主体增收增效以及粮食产业竞争力产生负面影响。以往文献较多侧重从宏观角度研究农村金融发展对粮食生产技术效率的促进作用，较少从微观视角研究农村金融发展对粮食生产技术效率的影响。农户借贷作为农村金融服务最基本的形式，

第 5 章
农户借贷对粮食生产技术效率的影响研究

本章试图厘清农户借贷对粮食生产技术效率的影响及作用机制，提出我国粮食生产技术效率提升的有效途径，有利于改善我国农村金融供给服务体系，有利于推动我国农业现代化进程的快速发展，同时也为相关政府部门制定政策，引导粮食生产经营主体合理、高效配置借贷资金提供理论依据。

5.2 文献回顾

5.2.1 农业生产技术效率的影响因素

对于农业生产技术效率影响因素的研究颇多，但本章更关注生产要素对农业生产技术效率的影响，因此从土地、劳动力及资本三要素进行综述。现有关于土地要素对农业生产技术效率的研究主要集中在土地规模化经营，栾健等（2020）利用随机前沿生产函数法及工具变量法研究发现农地经营规模与小麦生产技术效率存在倒"U"型关系；曾雅婷等（2018）对粮食主产区农户进行调研，认为促进农地规模化经营是提高粮食生产技术效率的有力措施，适度规模对农业生产技术效率的提升至关重要。学者们从劳动力角度探究其对农业生产技术效率的影响集中在农业劳动力的质量与数量，主要从劳动力老龄化或女性化及劳动力兼业或转移两个方面分析。彭魏倬加（2021）对湖南省四市的调研发现农业劳动力老龄化并不完全展现出负面影响，相比于青年劳动力，老龄化农户的农业生产技术效率反而更高；宦梅丽等（2021）利用中国劳动力动态调查数据（China Labor-force Dynamics Survey，CLDS）2014 年和 2016 年的数据分析得出劳动力向工业部门转移抑制了粮食生产技术效率提高，而向服务业部门转移则会提升粮食生产技术效率；许荣等（2019）对细毛羊养殖户的调研发现农牧户兼业化能够提升其生产技术效率，非农兼业程度越高对生产技术效率的促进作用越强。从资本角度看，学者们主要考虑到机械投入和农业科技创新等。黄龙俊江等（2021）通过对江西省 2000～2019 年数据进行分析后发现，农业科技创新投入资金越多，对农业经济增长的短期正向影响更加显著；彭超等（2020）利用固定观察点数据发现农业机械化水平与粮食生产效率呈现正向关系，持有农业机械的农户粮食生产技术效率高于没有农业机械的农户家庭。但随着我国农业生产性服务水平的提升，即使农户并未持有机械，也可以通过农业生产性服务提升农户机械化种植程度。杨子等（2019）对江苏省两县农户进行调研，发现农业社会化服务对农业生产技术效率存在促进作用，但是对不同规模农户促进作用存在差异。

5.2.2 农户借贷对家庭收入的影响研究

目前，学者关于农户借贷对家庭收入的影响存在争议。部分学者认为农户借贷缓解了家庭资金流动性约束，从而对农户家庭收入产生促进效应。梁虎等（2017）研究发现贷款，如农地抵押贷款，能够促进农户家庭收入增长，并且户主学历及年龄对家庭收入的影响显著。陈思等（2020）考虑到借贷存在一定内生性，故选用农户滞后一期借贷金额作为工具变量，进而分析正规借贷对农户家庭收入的影响，研究发现正规借贷促进农户购置生产资料及生产工具以及调整"生产投资—消费"决策，提高了农业生产的技术水平，从而促进了农业生产技术效率提升。刘辉煌等（2015）利用处理效应模型分析得出农户贷款对家庭收入有明显的促进作用，但是对低收入水平家庭的影响效果并不显著。朱熹等（2006）采用 IVQR（instrumental variable quantile regression）模型研究发现借贷对农户收入的影响总体上呈增长趋势，但存在一定的分层效应，不同收入层次收入的作用强度存在差异。陈飞等（2017）研究得出农户正规金融机构借贷可以促进家庭生产投入从而提高家庭收入。王文成等（2012）通过 IVQR 模型研究发现借贷仅仅对中等收入水平农户的收入效应明显。周小刚等（2017）利用结构方程模型研究发现正规借贷与非正规借贷对农户福利均有显著效应，但正规借贷的促进效应更为明显。库马尔（Kumar，2012）发现，在印度信贷作为财富指标具有正向处理效应。福尔茨（Foltz，2004）使用来自突尼斯农村的数据研究表明，信贷市场的限制是农业利润的重大障碍。

但也有部分学者认为农户借贷并不能产生增收效果，甚至部分对家庭收入增长存在抑制作用。马宏等（2019）研究不同社会关系网络下借贷的收入效应差异，发现"弱关系"网络下农户更倾向于民间贷款，而民间贷款大多属于高息贷款，并不利于农户收入的提高。李庆海等（2012）发现信贷约束对农户家庭净收入和消费支出均会产生负面效应，带来的下降程度分别为18.5%和20.8%。韦克游（2014）基于时间序列数据的经验分析发现农村金融的发展并不能带动农业生产资金投入增加以及农户收入提升，造成该现象的原因是农户借贷供不足需，农户借贷资金可得性较低。曹瓅等（2014）以陕西、宁夏农村产权抵押试点地区农户为研究对象，利用Tobit模型发现农户产权抵押融资对农户家庭农业收入影响并不显著，但对农户生活消费支出有明显促进作用。余新平等（2010）通过实证发现农户贷款的增收效应存在滞后性。戎爱萍（2013）同样也发现农户贷款的增收效应并不明显。

5.2.3 农户借贷对生产技术效率的影响研究

1. 农户借贷对生产技术效率的影响

国内外大多数学者认为借贷行为对农业生产技术效率起到促进作用。有学者研究发现借贷金额的提高能够促进水稻生产技术效率提升（Chaovanapoonphol et al., 2005）。许秀川等（2019）研究得出借贷能力不足是造成新型农业经营主体效率损失的主导因素，相比于正规金融机构，民间借贷对经营效率的影响效果更强。杨丹丹等（2018）分析农地经营权抵押贷款对粮食生产技术效率的影响机制，发现在均衡信贷约束的情况下，农户获得借贷资金会增加粮食生产要素投入，而在非均衡信贷的约束下，农户获得贷款资金会通过采用资本密集型生产方式或者采用先进的种植技术来改善生产条件，从而促进粮食生产技术效率提升。水产养殖中，经营成本的信贷约束对成本和技术效率都有统计上的负面影响（Le Kim Long et al., 2020）。拉赫曼等（Rahman et al., 2019）研究发现孟加拉国罗非鱼养殖的技术效率与信贷限制呈负相关。密特拉等（Mitra et al.，2019）揭示了孟加拉国水产养殖的信贷约束和水产养殖生产率之间的负相关关系。沙阿等（Shah et al.，2008）发现，在北部落后地区（即吉德拉尔）的背景下，农业生产率和农业信贷之间存在正相关关系。奥摩尼亚等（Omonona et al.，2008）研究表明，无约束信贷的农民比信贷约束的农民拥有更高的产出供给。卡特（Carter，1989）认为信贷通过放宽流动资金约束，引导农民采用新技术，集约利用固定资源，影响农业绩效。阿卜杜拉（Abdallah，2016）估计了信贷对加纳玉米农民技术效率的影响。研究人员采用 Probit 回归模型和随机前沿法等两阶段估计方法，估计信贷对加纳玉米农户技术效率的影响。结果显示，玉米农户的产量低于边界，平均技术效率为 47%。此外，研究结果显示，信贷尤其能使技术效率提高 3.8%。钱迪奥等（Chandio et al.，2019）利用随机前沿模型研究认为，信贷便利对农户水稻产量的影响为正且显著，MLE（maximum likelihood estimation）系数为 0.27，说明当农户能够获得信贷便利时，农户的水稻产量将显著增加。

2. 农户借贷对生产要素配置的影响

农户借贷通过生产要素配置间接对生产技术效率产生影响，主要从土地流转、劳动力转移及生产性固定资产投入三方面影响。从土地流转角度，关于借贷约束对土地流转影响的研究很多，学者大多认为资金约束的缓解能够促进农户扩大生产经营规模，从而促进规模化生产（何广文，2001），并且能够提升农业生产技术（Abate et al.，2016）。张应良等（2020）利用 2016 年 CLDS 数据建立 Ⅳ-Probit 模型研究表明，农户借贷可以促进农户转入土地。蓝金平（2016）从土地转入和土地转出两视角研究农户信贷对土地流转行为的影响，发现私人借款有助于农户转出土地，而正规金融机构借贷会促进农户土地转入。汪险生等（2021）利用 2015 年中国家庭金融调查（China Household Finance Survey，CHFS）数据研究金融可得性对土地流转的作用，发现金融可得性对土地转入并没有显著影响，但对土地转出产生促进作用。农户生产性资金常常用于扩大生产种植规模，借贷资金可以缓解农户投资约束，从而提高土地资源配置效率（周小刚等，2017）。目前的研究大多认为适度的规模经营对粮食生产技术效率有益，扩大农地经营规模可以降低平均成本从而提高经济绩效。

在家庭劳动分工方面，赵立新（2006）运用托达罗人口流迁模型研究发现，农村劳动力转移极大受到自身经济条件的约束，农户做出劳动力转移决策过程中会充分考虑家庭经济因素，经济因素会影响农村劳动力在进行非农就业前的技术培训、非农就业工作搜寻等（罗明忠，2008）。汪三贵等（2021）利用双重差分（difference-differences，DID）研究发现互助资金政策的实施对贫困村劳动力外出就业具有显著的促进作用。梁虎等（2019）利用模糊断点回归研究农地抵押贷款对家庭收入以及家庭劳动力转移的影响，并且充分考虑到农户家庭自身经济情况所造成的异质性。研究发现，农户以农地抵押获得的贷款可以促进农户家庭劳动力的非农转移，从而提高家庭非农收入，同时对家庭农业收入和总收入也有促进作用。但从不同收入家庭来看，该类型的贷款仅仅是提高了中等收入家庭的总收入，对其余收入层次家庭并没有显著的促进作用。

在生产性固定资产投入方面，曲小刚等（2013）研究发现，农户无论是从正规金融机构还是从私人渠道获得借贷资金，都会使得生产性投资大幅增加。不论是正规借贷还是非正规借贷都能在一定程度上减缓农户的信贷配给，从而促使农户增加农业生产要素的投入；在研究中也发现农户往往将从正规金融机构获得的贷款用于农业生产，也会在一定程度上促进农户生产性固定资产投入，从而提高农户家庭福利水平（Barslund et al.，2008）。周月书等（2020）利用 Tobit 模型研究发现规模化债务融资可以提高物质资本以及机械投入。吴笑语等（2020）通过实证分析得出农户借贷规模对生产性投资的影响显著为正，并且正规渠道借贷对农户生产性投资的影响更大。应及时提供信贷使农民能够购买必要的农业投入物和农场操作所需的机械（Khandker et al.，2003；Saboor et al.，2009）。一般而言，农户往往将短期贷款多用于生产性资本投入，而非长期贷款往往并不用于生产领域（徐忠，2021）。

5.3 相关概念界定与理论基础

5.3.1 概念界定

1. 农户借贷行为

借贷行为是指货币持有者与需求者之间，按照有借有还、到期还本付息的原则进行的借贷活动。农户借贷行为表示农户因缓解或者发展家庭经济目的所产生的资金需求从而采取的实际表现行为。关于农户家庭资金的借贷方式大致包括两方面，分别为农户借出或借入资金，由于农户借款难问题是制约我国农村金融发展的重要因素，因此本章主要研究农户资金借入行为。

农户借贷渠道分为正规金融机构借贷和非正规金融渠道借贷。正规金融机构主要包括国有商业银行、农村商业银行（信用社）、邮政储蓄银行、资金互助社、村镇银行、城商行、贷款公司、合会（轮会、标会等）融资等，正规金融机构受法律约束，并且受到专门的银行监管机构监管；非正规金融机构包括向亲朋借款、向有交易关系的工商业主借款等，没有明确的规章制度与行为规范。农户借贷决策受到内外部条件的共同影响，而农户所处的外部环境和农户自身内部条件也同样会影响其借贷结果。影响农户借贷的外部环境因素包含农村地区经济、金融发展水平等。

2. 生产要素配置

西方经济学将生产要素划分为土地、劳动力及资本。农业生产要素是指在农业生产过程中，农户为获得农产品而投入的各种要素，本章的土地要素包括自有土地及流转土地。劳动力指可用于农业或者非农业生产的一切人力资源，不仅包括体力劳动，还包括脑力劳动，脑力劳动体现在劳动者的文化水平、技术熟练度等，本章劳动力要素包括自家劳动力及雇佣劳动力。资本要素指用于生产的基本要素，如资金、厂房、设备、材料等物质资本，本章中资本要素包括化肥、机械、种子、农药投入。生产要素配置基于资源配置的定义展开，学者对资源配置的定义为由于资源往往是稀缺的，为使得资源利用效率最大或收益最大化，对各种资源在不同单位间进行分配（厉以宁，1993）。马传栋（1994）认为资源配置表示人类在一定的社会条件下按照一定比例将各种资源进行结合再组合，生产和提供出各种产品和劳务以满足各种社会需要的经济活动。生产要素配置表现为要素在时间、空间及数量的要求（史忠良，2004）。本章对生产要素配置的定义为，一定时间空间上，为了满足家庭生产经营的需要，将具有一定质量和数量的生产要素（土地、劳动力、资本）按照一定的方式分布在农业生产中。

3. 生产技术效率

效率一词源起于物理学和工程学，是指有用功率对驱动功率的比值，而后经过不断地拓展，适用于各个领域，从经济学角度来看，效率用来表示生产要素投入与产出的关系，衡量资源投入转化为产出的绩效。生产技术效率是指在生产过程中投入要素被利用的效率，在总量上等于总产出与要素总投入的比值，即生产率＝总产出/总投入（李京文，1992）。早期经济学中只考虑劳动生产技术效率、资本生产技术效率等单要素生产率，在不断研究中，美国经济学家丁伯根（1942）首次提出全要素生产率，但忽略了教育等无形要素的投入，而后戴维斯（1954）指出全要素生产率应针对所有投入要素进行测算。经过不断发展，经济学家索洛（1957）将"技术进步"引入生产函数建立索洛模型，明确投入要素增长率、产出增长率和全要素生产率增长率之间的关系，后经济学家丹尼斯（1962）在此基础上指出产出增长率与投入增长率的差值就是全要素生产率的增长率。

而后查恩斯等（Charnes et al.，1978）从投入和产出两方面对生产技术效率的意义进行说明。投入方面，如果决策单元中减少某一投入要素，不必以增加其他投入要素为代价，仍然能够保持产出不会减少，那么该决策单元目前是有效率的；产出方面，如果决策单元中增加某一类产出，不必以减少另一类产出为代价，仍然能够保持生产要素投入不增加，那么该决策单元目前是有效率的。生产技术效率作为农业生产中各要素产出能力的重要指标，反映在现有生产条件之下一个国家有效利用资源的能力，展示出有限投入与产出因素之间的最佳配置状态。生产技术效率是经济增长理论的发展和深化，主要用来研究如何发挥生产技术的最大潜力，以达到提高产量、增加收益的目的，但随着我国农村劳动力不断转移、生产要素成本不断上升与风险提高，粮食生产技术效率提高的难度不断增加，迫切需要关注到粮食生产技术效率。本章将粮食生产技术效率定义为种粮农户在生产过程中为追求利益最大化，尽可能利用市场资源获得相应生产技术从而确保粮食达到最大产出能力，利用生产技术效率来衡量农户粮食生产资源配置能力，观察是否存在最佳配置状态，通过对农户粮食投入产出进行测算，利用随机前沿分析法得出的效率值。

5.3.2 理论基础

1. 农户行为理论

农户行为理论是探究农户借贷行为与否的重要基础。农户行为具体表现为农户在从事农业生产经营中所存在的各种相关决策，涵盖消费、经营、投资决策等行为。根据农户行为的特点、研究假设、研究视角等各方面的不同，农户行为理论主流学派主要分为三类，分别是组织与生产学派、理性小农学派和历史学派。

组织与生产学派又称实体小农学派，以俄罗斯著名农学家恰亚诺夫（1923）为代表，主张边际主义劳动——消费均衡理论，认为农民生产并不是为了追求利润最大化，而是为了满足家庭消费，从而得到家庭效用最大化，因此农民必然得付出一定的辛苦劳动，恰亚诺夫认为当两者均衡时，农民才能做出合适的决策行为。当农民家庭存在必要消费时，农民必须通过劳动获得，即使是以降低劳动生产率为代价；反之，如果农户家庭劳动已经完全满足其家庭的基本消费需求，那么农民将不再投入劳动，即使投入劳动会给家庭带来收益。因此从本质上讲，恰亚诺夫认为小农是非理性的而且低效率的，与资本主义经济不相吻合。李普顿（Lipton，1968）提出"风险小农"假说，认为贫穷小农的决策以生存为目标，因此会作出规避各种风险的行为。

理性小农学派的核心代表人物是美国经济学家西奥多·威廉·舒尔茨（1964），他推翻了小农是非理性这一传统偏见，通过考察分析东南亚国家的小农，发现农户生产决策行为是以合理配置资源及利润最大化为目标，小农会在购买生产资料时关注市场价格波动，也会在考虑劳动价值与工资水平后再决定是否雇佣劳动力，这些决策行为都反映了在特定情况下小农行为是完全理性的，其生产决策行为使得资源配置处于最佳水平。另外，舒尔茨仍认为小农并不是低效的代表，造成小农贫穷的原因不在于资源配置无效，而是在于农业边际收益递减的原因。波普金（Popkin，1979）对"理性小农"提出了更明确的论断，农户是理性的个人或者家庭福利的最大化者，农民根据自身调整来达到效用最大化。

历史学派以美国著名汉学家黄宗智为代表，他认为由于农户在生产决策过程中并不能掌握完全的信息、缺少外部市场环境，因此农户决策是介于理性与非理性之间的。黄宗智（1968；2000）以中国农民问题为研究对象深入分析，在其代表作《华北的小农经济与社会变迁》详细分析了华北区域小农经济与社会变迁中农村农民发展问题，并提出了小农经济"半无产化"和著名的"拐杖逻辑"。"半无产化"是指小农家庭由于对小农经济的眷恋导致剩余劳动力无法向外转移，农民对土地的情感浓重，因此必须通过进一步释放农村剩余劳动力从而开阔农业的发展空间。"拐杖逻辑"是指农民的农业收入是不可替代的，而非农收入只是农业收入的一种补充。

因此，农户行为理论对解释农户借贷行为具有一定的启示。学界普遍认为农户行为的"理性"是绝对的，但是"非理性"是相对的（雷硕，2020）。首先，根据实体小农学派观点，生存是小农的唯一目标，贫困农户即使在资金匮乏的情况下也不会作出借贷决策，即使借贷能为其带来收入的增加，因为其不能承担还贷过程中可能存在的风险。其次，根据理性小农学派的观点，农户在从事农业生产过程中会面临一定的资源环境约束，当部分农户存在资金约束时，其可能做出借贷决策从而使得自身资源配置处于最佳水平。最后，根据历史学派的观点，农户在生产过程中并不能完全掌握市场信息，农户的行为选择介于两者之间，小农户更有可能被排斥在农村金融机构之外；根据"拐杖逻辑"，农民借贷资金更大概率用于农业生产。

2. 农村金融发展理论

农村金融发展理论作为现代金融的重要组成部分，其特殊性在于始终以服务"三农"为目标。现代金融理论在"三农"领域运用并逐步形成了农业信贷补贴理论、农村金融市场理论、不完全竞争市场理论等，这些农村金融理论都推动了农村金融的发展，对农业、农村和农民都有重要的现实意义。

（1）农业信贷补贴理论。农业信贷补贴理论在20世纪80年代以前占据主导地位。该理论认为由于农业本身的弱质性导致农业储蓄、收入低且不稳定，与金融机构追逐利益最大化目标背道而驰，因此正规金融机构会对从事农业生产的农民存在一定的金融排斥。为缓解农户生产及借贷困境，从而实行农业信贷补贴。农业信贷补贴是在政府政策支持下，政策性金融机构借用外部资金进行合理配置，如实行低息农业借贷，以保证农户借贷可得性及降低农户生产成本。该理论还指出，在农村地区的非正规机构借贷并不利于农村经济发展。但随着农业信贷补贴的推行，农业信贷补贴理论暴露出一些不足之处，首先，由于贷款利息较低，导致部分农户借贷资金超过本身需求，导致另外一部分农户借贷需求不能够得到满足；其次，长期低息贷款对金融机构存在一定的负面影响，农民一旦预期能够持续获得廉价的资金支持，会造成其缺乏储蓄动力，从而导致农业信贷补贴转变为财政转移性支付；最后，金融机构很难监管农户是否将农业低息贷款用于农业生产，容易导致道德风险与逆向选择问题，阻碍了农村金融发展。

（2）农村金融市场理论。农村金融市场理论在20世纪80年代占据主导地位。该理论前提与农业信贷补贴理论正好相反，其认为向农村投入政策性资金并非必要的，原因在于农户有能力进行储蓄，即使是贫困地区的小农户也可以有大额存款，低息贷款只会阻碍储蓄，限制金融发展。在农村金融发展过程中应当尽可能减少政府干预，充分发挥市场机制的作用，有利于促进利率市场化从而平衡农村地区资金供需。另外，该理论并不认同非正规金融机构属于完全负面的，非正规金融机构在合理引导、有序规范条件下能够发挥其正面影响，能够促进农村地区储蓄转变为投资等。但农村金融市场理论仍然存在一定的不足，首先，部分农村地区金融发展水平滞后，贸然取消政府干预并不利于当地金融市场的稳定发展；其次，金融市场也存在信息不对称问题，仅仅依靠市场机制也可能会发生市场失灵等问题。

（3）不完全竞争市场理论。在经历了20世纪90年代的东南亚金融危机后，学者们意识到仅仅依靠农村金融市场机制是行不通的，政策适当干预对于解决市场失灵问题具有重大意义。因此，斯蒂格利茨提出不完全竞争市场理论。该理论认为，农村金融市场并非一个完全竞争的市场，该市场中各个经济主体存在不充分信息，金融机构无法识别借款人真实详细的信息情况，单纯依靠农村金融市场机制是难以实现高效、安全的金融市场。因此，在市场不完全竞争条件下，为了避免实际利率出现负值的情况发生，政府部门有必要介入农村金融市场，如适当管控利率和通货膨胀率，这也将大大降低信贷配置和信贷超需问题发生的可能性。同时，政府可以推动互助合作等信贷方式发展，如联保贷款，从而缓解金融机构可能面对的信息不对称风险，促进金融机构稳定发展。另外，政府应该对金融机构加以监管，确保农村金融机构有序发展，从而优化农村金融资源配置，提升农村金融供给效率。

3. 生产前沿面理论

法勒和洛弗尔（Fare and Lovell，1978）指出技术效率代表实际产出能够达到最大产出潜力的程度。理论上最大产出潜力即是生产前沿面，因此生产前沿面构成了技术效率研究的基础。生产前沿面代表一种最优产出的集合，而该集合必须满足一定条件。根据传统经济学理论，同时使用生产函数来构造投入产出关系，故在生产函数上的点（即要素组合）往往满足该理想化条件，在该条件下，生产者能够发挥出最佳生产、经营管理水平，从而实现产出及利益最大化。但是在现实生活中，总会存在一些不可控因素，会导致技术效率产生部分损失，从而导致并不能达到现有技术水平下的最大产出，生产过程并不总是最优结果，因此如果直接使用要素投入产出拟合生产函数，所得到的生产函数必然只能够反映投入要素组合与平均产出之间的关系，只是一种平均意义上的拟合。如图5-1所示，Y代表产出，X代表投入，曲线A代表平均生产函数，曲线F代表前沿生产函数。从图中可看出，平均生产函数始终位于前沿生产函数下方，充分说明生产过程中存在一定的效率损失。

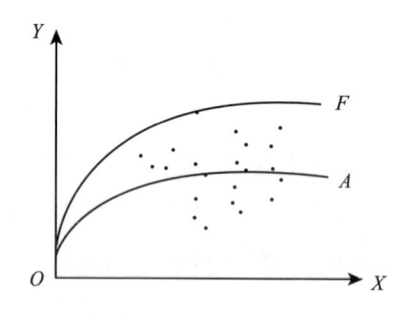

图5-1　生产函数曲线

通过利用前沿生产函数可计算出最优生产条件下投入要素能够达到的最高生产技术效率值，根据科埃利等（Coelli et al., 2002）和徐琼（2005）的研究可画出如图5-2所示的一个双因素投入单因素产出的生产前沿面模型。X_1、X_2分别代表两种不同的生产要素，SS'为等产量线，做SS'的切线得到AA'即是等成本线，从O点引出射线OP，OP为样本的规模扩张线，交AA'于点R，交SS'于点V，虽然点R与点Q'成本是相等的，但是并没有处于最优生产规模；比较点V与点Q'，即使两者处于相同产出水平，但是点V的生产成本高于Q'，只有生产组合位于点Q'，才能达到最理想的生产规模，此时生产是有效率的，技术效率即是 OV/OP。

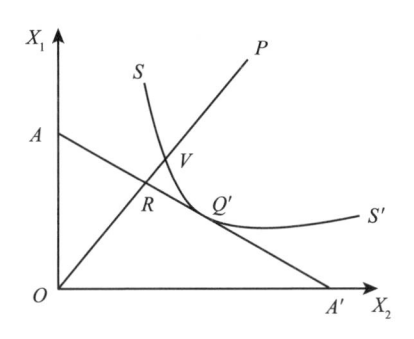

图 5-2 基于生产要素投入的生产技术效率

5.3.3 研究框架与基本假说

1. 农户借贷对粮食生产技术效率影响理论分析与假说

由图 5-3 进一步阐述生产前沿面理论，$F(x)$ 为生产前沿面即生产边界，此时生产技术效率等于 1，而农户实际产量为 Y，Y 与 $F(x)$ 之间的距离衡量农户生产技术无效率值，假设农户利益最大化目标为 Y^*，此时需要投入 X^*，农户原有资金为 X_0，在资金为 X_0 的水平上，农户仅能够达到 Y_0 的产出，为弥补资金约束，农户向正规金融机构或非正规金融渠道借贷金额 $M \leqslant (X^* - X_0)$，此时农户拥有 X_1 的投入量。当农户获得借贷资金时，会对生产前沿面、技术组合和要素组合均产生影响，从而影响农业生产。(1) 当农户不改变其生产技术边界及技术组合，仅仅改变其要素组合时，农户在 X_1 的投入量下获得 Y_2 的产出，生产技术效率保持不变；(2) 当生产前沿面不变，而技术组合发生改变时，农户投入 X_1 可获得 Y' 的产出，$Y_2 < Y' \leqslant Y_1$，此时农户生产技术效率得到提高，效率损失减少；(3) 当农户改变其生产前沿面时，资金的大量投入促使农户生产技术水平得到提高，生产前沿面由 $F(x)$ 变为 $F(x^*)$，此时农户生产技术效率是否提升要根据农户实际产出做决定。在农户理性人的前提下，从短期看，农户获得的借贷资金可以弥补阶段性资金缺乏，在现

有生产技术边界下,农户通过借贷行为缓解自身资金约束从而在一定程度上促进粮食生产技术效率的提升。从长期看,在新技术水平下的生产技术边界外移,在农户理性生产决策过程中,农户可以获得更高的粮食生产技术效率。综上提出假设1。

H1:农户借贷和粮食生产技术效率存在正相关关系,即农户借贷有利于粮食生产技术效率的提升。

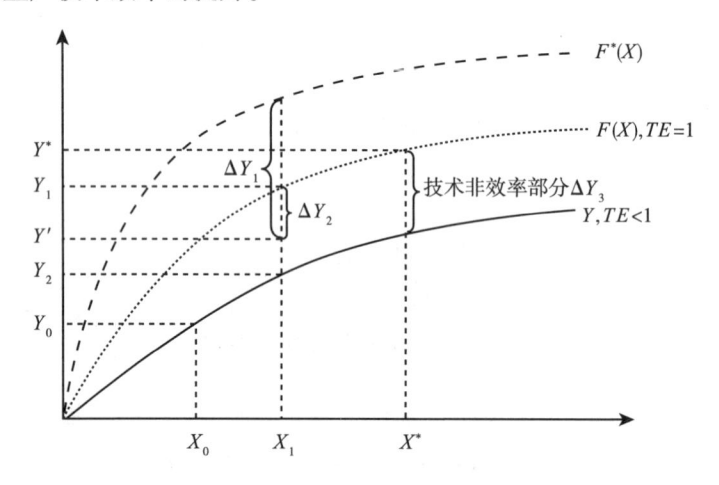

图 5-3 生产函数技术效率

2. 农户借贷对粮食生产技术效率的影响机制与假说

农户借贷对粮食生产技术效率的影响机制如图 5-4 所示。随着我国农村金融供给服务体系的不断完善,农户借贷可得性得到提高,农业弱质性导致的农户自有资金约束可以通过农村金融服务供给得到缓解。农户借贷资金配置主要可分为三个部分:生产投资决策、劳动资源配置决策及生活性消费决策。当农户借贷资金用于生产性消费决策时,虽然不能直接对农业生产发挥促进作用,但是可以通过缓解农户家庭自有资金约束,进而减少生产性资金缺乏的冲击所导致的粮食生产技术效率下降的风险。本章重点分析农户将借贷资金用于生产要素配置决策,农户生产投资决策包括农地流入规模决策及农用机械购入决策,劳动资源配置决策是对劳动力非农就业的分配。

第5章 农户借贷对粮食生产技术效率的影响研究

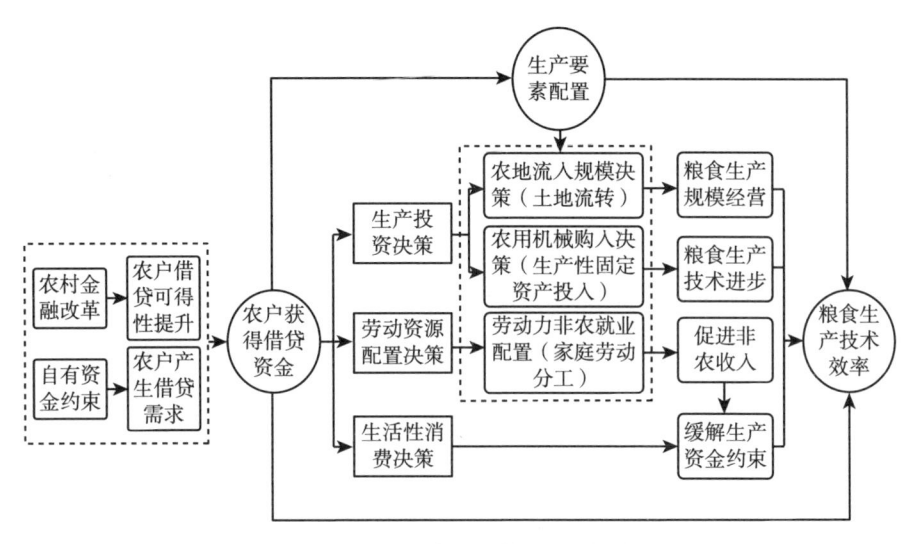

图 5-4 借贷对粮食生产技术效率影响机制

对于生产投资决策，假设一农户家庭原有生产投资为 K_0，农户愿意并可以获得的贷款为 M，农户实际农业投资额为 K，于是农户在借贷行为发生后的追加投资额为 $K_1 = K - K_0$。因此，农户借贷所产生的生产投资引致的农地流入和农用机械购入决策效应取决于农户借贷金额与生产经营资本需要的关系。当 $K_1 > M$ 时，表明农户借贷资金促进农户农地流入和农用机械购买的积极性，从而使得追加投资超出农户借贷总额，农户借贷对生产经营产生一定的扩大效应；当 $0 < K_1 \leq M$ 时，表明农户将部分借贷资金用于扩大土地生产经营；若 $K_1 = 0$，表明农户借贷并不能够扩大生产积极性（刘莎等，2021）。对于劳动资源配置，农村劳动力转移就业时往往更倾向于发达的东部沿海地区，而东部沿海地区生活成本较高，导致许多农村劳动力尤其是贫困家庭的劳动力由于缺乏必要的金融资本而无法外出滞留农村，借贷资金能够在一定程度上促进贫困家庭劳动力非农就业（汪三贵等，2021）。

理性农户在利用借贷资金去扩大种植规模时，充分考虑种植规模扩大带来的正向规模经济效应，即当扩大种植规模能够带来规模效应时，农户才会选择将借贷资金投入农地流入决策。在适度规模前提下，土地流转会促进农业生产技术效率的提高。土地经营权的流转往往是由低效率农户手

111

中转向至高效率农户（陈海磊等，2014），必定会提升农业生产技术效率，并且生产主体由原先小规模农户逐步变为大规模农户生产，从而形成规模经济，进一步优化土地资源配置（陈训波等，2011）。土地规模经营的实现也为农业机械化耕作创造了条件（范红忠等，2014），提高了农业机械作业效率。规模经营也减少了生产管理过程中的劳动投入，使土地、资本、劳动力等生产要素的配置更为合理。而当农户将借贷资金用于农用机械购买时，促使其生产技术边界由较低状态向较高生产边界状态转移，技术进步提升了粮食生产技术效率，机械化水平的推广和技术创新效率的提高是影响生产效率的关键（Armagan et al.，2010）。当农户将借贷资金用于劳动力非农就业配置时，即借贷资金能够促进农村劳动力转移就业，农村剩余劳动力转移不仅不会对粮食生产造成负面影响，反而能够通过非农就业收入缓解家庭自有资金约束，劳动力非农就业也会促进粮食机械化生产，从而对粮食生产技术效率产生促进作用。因此提出假设2至假设4。

H2：农户借贷资金促进土地流转从而提升粮食生产技术效率；

H3：农户借贷资金促进生产性固定资产投入从而提升粮食生产技术效率；

H4：农户借贷资金调整家庭劳动分工从而提升粮食生产技术效率。

5.4 我国农户借贷供需现状及问题分析

5.4.1 农户借贷需求状况分析

1. 宏观层面

涉农贷款规模稳步增长。近十年，我国对于农业发展越来越重视，涉农贷款规模一直处于稳定增长的状态，为我国农村经济发展做出重要贡献。《2020年金融机构贷款投向统计报告》显示，到2020年底，我国本外币涉农贷款余额39.0万亿元，与上年同期相比增长10.7%。2020年我国涉农贷款规模是2010年的3.3倍，年均增长率达到39.1%。分别从农村、农业和农户角度看，2020年末，我国农村（县及县以下）贷款余额32.3万亿元，与上年同期相比增长11.9%。我国农户贷款余额11.8万亿元，与上年同期相比增长14.2%。农业贷款余额4.3万亿元，与上年同期相比增长7.5%。具体如图5-5所示。

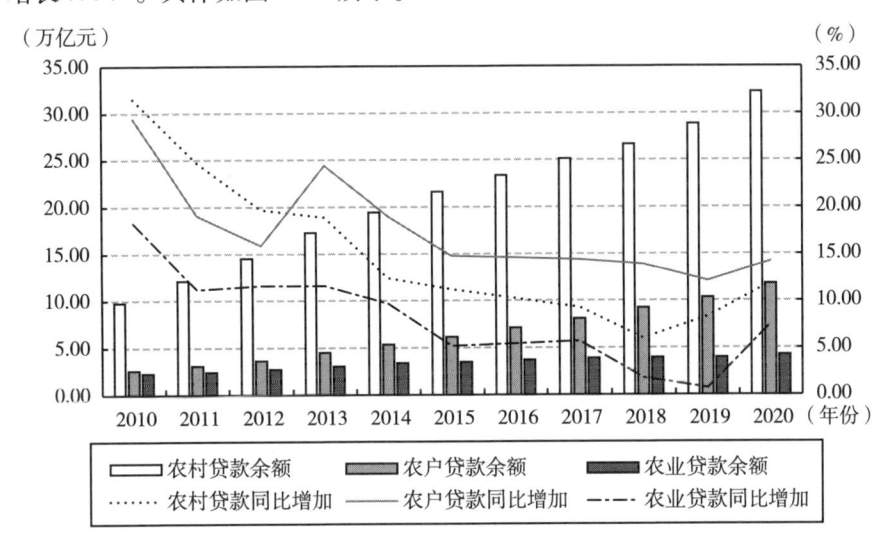

图5-5 2010~2020年全国农村、农户及农业贷款余额及增长率

资料来源：根据中国人民银行历年《金融机构贷款投向统计报告》数据整理。

2. 微观层面

本部分根据不同学者的微观调查结果，归纳目前我国农户借贷需求特征，主要从农户借贷获得情况、借贷渠道、借贷金额及借贷期限、借贷用途四个方面进行概括。

从农户借贷获得情况看，农户借贷需求较为普遍，但部分农户受到明显借贷约束。不同学者对各地区农户的调研结果都表明农户存在明显的借贷约束。例如，何广文等（2018）对山东、河南及广西三省（区）农户进行调研，发现存在借贷需求的农户占比达到40.8%，而其中能够获得贷款的农户占到68.8%，不能从任何渠道获得借贷的农户占比达到31.2%。童馨乐等（2015）对山东、湖北、安徽、江西、江苏及河南六省（区）农户进行调研，发现受到正规金融机构融资约束的农户占到30.96%。张晓琳等（2017）基于山东762户农户调研，发现有40.0%的农户在生产过程中存在借贷行为，在生活方面借贷的农户占比为34.8%，而存在借贷需求但并未发生实际借贷的农户占比达到63.6%，农户存在明显的需求型借贷约束，主要由于存在借贷约束或担心还贷风险。相较于小农户，规模户的借贷需求更为强烈（蔡海龙等，2018）。

从农户借贷渠道看，非正规借贷渠道仍然是我国农户借贷的主体渠道，但农户从银行等正规金融机构借贷比例不断攀升。余舒婷等（2019）对2003~2018年浙江农村固定观察点调研数据进行描述分析，发现向民间借贷渠道贷款的农户占比达到68.8%，从银行贷款的农户占比11.8%，从农村信用社贷款的农户占比为15.9%，农户对非正规借贷渠道依赖性较强。但随着农村金融服务的不断完善，农户从银行等正规机构借贷的比例呈现出明显增长，而从民间借贷等非正规渠道所占比例不断下降。宋全云等（2017）基于2015年CHFS数据对存在正规信贷需求的农户进行研究，发现仅有11.9%的家庭信贷需求得到满足，其中有51.7%的农户寻求非正规借贷渠道。彭小辉等（2018）利用1986~2012年农村固定观察点的农户数据，发现在1993~2012年农户民间借贷比例高达87.6%，从银行等正规机构借贷仅仅占比11.6%，但同时农户从银行等正规机构借贷占比不断提高，到2005年这一比例上升至22.21%。

从农户借贷金额及借贷期限看，随着农户生产经营规模的不断扩大以及新型农业经营主体的涌现，农业生产经营主体对于资金的需求也逐步增加。张晓琳等（2017）对山东省762个农户进行调查发现，有39.4%的农户期望贷款额度为20000~50000元，期望贷款期限是1~5年的占比达到71.2%。周小刚等（2017）对江西726户农户调研发现，三年间农户非正规借贷渠道借款金额均值为29804元，从银行等正规金融机构贷款额均值为52761元。

从农户借贷用途看，农户借贷用途呈现出多样性，其中生产性投入仍然在农户借贷需求中占比较重。张晓琳等（2017）发现农户借款资金主要用于生产性投入、盖房及子女教育，分别占比41.6%、36.7%和30.2%，其他方面如看病与婚丧嫁娶，分别占18.5%和15.2%。王振红等（2016）对山东省革命老区961户农户的调研数据描述得出，将借贷资金用于家庭消费的农户家庭占到56.2%，用于子女教育的占51.0%，购买种子、化肥等生产资料的占46.2%，借贷资金用于建造房屋的占21.6%，因治疗疾病而借贷的农户占15.61%。

5.4.2 农户借贷供给现状分析

1. 农户借贷供给体系的构成

我国农户借贷供给体系主要可以分为正规金融机构和非正规借贷渠道（见图5-6）。目前，我国正规金融机构主要包括以政策性为导向的中国农业发展银行，以商业性为导向的中国农业银行，以合作性为导向的农村信用合作社及农村商业银行，新型金融机构如村镇银行和农村资金互助社，以及非银行类的贷款公司、小额信贷公司等，而非正规借贷渠道主要以民间借贷和亲友借贷为主（Adams et al., 1992）。随着我国农村金融体系的

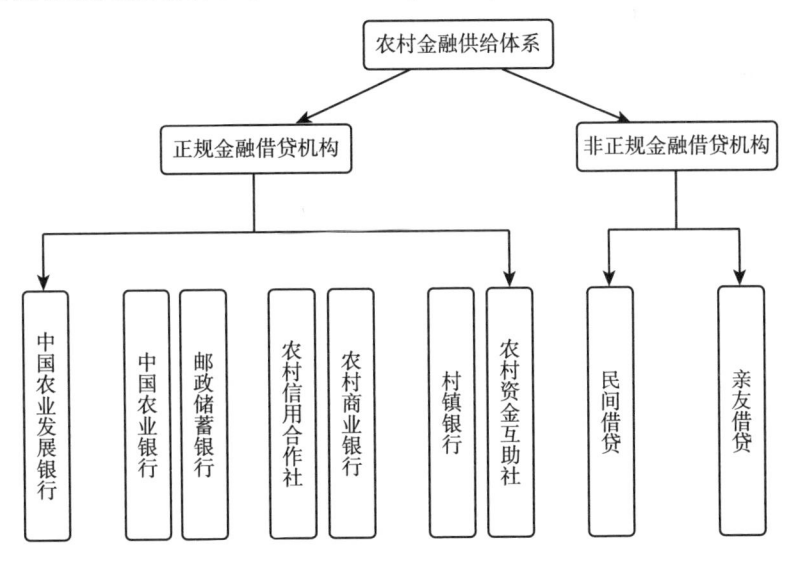

图5-6 我国农村金融供给体系框架

不断改革与完善，大部分农村地区借贷服务基本形成以农村信用社为主，中国农业银行等银行为辅，以民间借贷为补充的农村金融借贷供给体系（王菲菲，2016）。

2. 农户借贷供给情况

农户借贷的正规金融机构供给来源主要依靠中资小型银行，如农村信用社和村镇银行。随着我国农户借贷供给体系的不断完善，涉农贷款渠道呈现多样化发展态势，表5-1为2018年我国农业（包括农林牧渔业）贷款、农村贷款、农户贷款以及涉农贷款来源渠道。2018年我国涉农贷款金额达到32.68亿元，同比增长5.6%，主要来源于中资全国性大型银行和中资小型银行，是我国农民主要借贷渠道以及大型农业发展基础设施建设贷款渠道。2018年我国农林牧渔业贷款金额为3.94万亿元，主要来源于中资小型银行，其中农村商业银行是农林牧渔业贷款的主要渠道，农村信用合作社也是农业贷款的重要渠道之一。2018年我国农村（县及县以下）贷款金额达到26.64万亿元，由于县及县以下农村贷款用途多样，如农村大中小型农业基础设施建设或农户家庭的生产需求，故贷款渠道呈现多样化，其中，从中资全国性大型银行贷款占比达到37.4%，而从中资中型银行贷款占比达到18.5%，从中资小型银行贷款占比36.8%，其中农村商业银行是中资小型银行贷款的最主要渠道，占比达到67.3%。2018年我国农户贷款达到9.23万亿元，主要来源于中资全国性大型银行和中资小型银行，占比分别为35.1%和50.0%。

表5-1　2018年我国金融机构本外币涉农贷款统计（分机构）

项目	农林牧渔业贷款 余额（万亿元）	农林牧渔业贷款 同比增长（%）	农村(县及县以下)贷款 余额（万亿元）	农村(县及县以下)贷款 同比增长（%）	农户贷款 余额（万亿元）	农户贷款 同比增长（%）	涉农贷款 余额（万亿元）	涉农贷款 同比增长（%）
全金融机构	3.94	1.8	26.64	6.0	9.23	13.9	32.68	5.6
中资全国性大型银行	0.64	0.0	9.96	4.5	3.24	15.9	11.78	4.4

续表

项目	农林牧渔业贷款 余额（万亿元）	同比增长（%）	农村（县及县以下）贷款 余额（万亿元）	同比增长（%）	农户贷款 余额（万亿元）	同比增长（%）	涉农贷款 余额（万亿元）	同比增长（%）
中资中型银行	0.27	12.0	4.93	0.7	0.19	1.3	7.72	2.2
中资小型银行	2.22	8.7	9.79	15.5	4.62	21.4	10.98	14.2
农村商业银行	1.75	11.4	6.59	17.1	3.71	22.5	7.44	15.7
农村合作银行	0.05	19.1	0.10	20.5	0.06	23.3	0.12	20.0
村镇银行	0.21	6.5	0.62	10.2	0.46	16.7	0.70	9.9
农村信用合作社	0.80	14.7	1.85	13.9	1.17	10.7	2.06	13.5
中资财务公司	0.01	41.7	0.11	19.2	0.02	34.6	0.14	24.5

资料来源：《中国金融年鉴（2019）》。

5.4.3 农户借贷供需存在问题

1. 农户借贷供给端

我国农户借贷供给端存在的问题主要表现在总量供给不足以及结构性失衡。农户借贷供给总量不足主要有两点原因。一是目前我国农村中小金融机构数量仍然不足，尤其缺少特色鲜明、立足当地的中小金融机构。随着我国农村金融改革的不断推进，村镇银行、小额贷款公司等正规金融机构数量增多，但准入门槛依然较高，农村金融机构市场竞争仍不充分，特别是在广大中西部地区，农村信用社或农村商业银行占主导地位，这也进一步导致正规金融机构利率偏高、供给不足的情况，尽管非正规金融渠道在一定程度上提高了农村金融覆盖率，但存在管理不完善、缺乏监管、发展差异大、抗风险能力差等问题（张晓琳，2018）。二是由于我国农业的弱质性，导致金融机构在"三农"贷款服务中具有成本高、收益低和风险大的特点，金融机构为更好地获益往往会偏向其他领域，同时由于农业生产经营者素质不高造成的信用不足问题带来的借贷壁垒，因此，对于农户借贷而言政策性金融的支持十分重要，与政策性金融配套发展的商业性以及合作性金融都将需要不断的完善。

我国农户借贷供给结构性不足主要表现在两个方面。一是与目前我国农业生产经营主体日益丰富多样的资金需求相比，我国农户借贷供给服务相对较为单一，农户借贷供给体系的多元化还有较大提升空间。目前，我国银行贷款模式以传统的信用贷款、抵押贷款、担保贷款和联保贷款为主，借贷门槛高、手续复杂，使得部分农户产生明显借贷约束。以农村信用社为例，研究发现农村信用社多采用五户或十户联保作为借款条件，并且借款额度不得高于10万元，这对不能找到联保的种粮户形成了借贷壁垒。对于规模户而言，10万元的借贷额度不足以解决生产需求，而且农村信用社规定当年借款必须在当年10月还款，逾期未还利息较高。然而收粮基本都在10月之后，农户无法准时还款，这也导致农户不选择向农村信用社借款。二是随着我国农业不断向现代化生产模式发展，规模化、机械化的生产在慢慢取代小农生产模式，农户对于资金的需求不仅局限于小规模的生产物质资料投入，而且需要更多资金投入土地流转以及生产性固定资产购入等，规模户对于资金的需要不断扩大，仅仅依靠传统小农贷款模式远远不能满足。

2. 农户借贷需求端问题

我国农户借贷需求端主要存在三方面问题。

一是由于农业生产过程中容易受到自然因素、市场因素、社会因素及制度因素的影响，从而带来的不确定性及不完全性导致农业生产经营主体借贷能力薄弱，传统金融机构对农业生产者的借贷需求持谨慎态度。从自然因素看，气候变化及自然灾害对农业产出影响极大，也导致农户的农业收入不确定性增强，不利于正规金融机构对于农户借贷评估。从市场因素看，随着部分粮食价格的市场化，也使得农户农业收入存在很大的不确定性。从制度因素看，农户往往缺乏有效的抵押担保财产从而导致融资能力较低。我国多数农民信用水平较低，并且国内缺少完整的信用记录评级体系，导致借贷双方信息不对称，从而影响农户借贷行为的发生。从社会因素看，农户由于自身知识水平较低，缺乏对于正规金融机构的了解，同时农户的社会网络较为闭塞，这些都会影响农户的借贷能力。

二是我国农户缺乏借贷风险管理能力，这表示农户可能存在还贷风险。由于农业生产本身具有较多不确定性，加之农户受教育程度较低，从而导致农户对自身是否能够按时还款不能准确地判断，并且目前我国农村金融机构缺乏准确的信用评级体系，难以对农户偿债能力做出准确评估。在这样的情况下，农户很可能会出现借贷金额过多的情况，从而导致未来还贷风险。由于目前我国缺乏对农户借贷违约行为的惩罚执行力度，这使得农户借贷行为缺乏一定约束，从而更加重了农户过度举债行为。

三是农户借贷需求具有分散化、多样化特征。随着农业现代化的推进，农户在生产经营规模上逐渐出现分化，新型农业经营主体规模不断扩大，由于生产经营规模的扩大导致新型经营主体对资金的需求量相比普通农户而言高很多，同时新型经营主体往往拥有更先进的机械设备，这也对资金产生极大的需求。相对而言，金融机构为自身利益考虑，在贷款用途、还款时间和期限等方面会设定严格要求，因此农户借贷需求的多样性和分散化也导致部分农户受到借贷约束。

5.5 模型设定与数据说明

5.5.1 模型设定

1. 粮食生产技术效率测算

本章构建随机前沿模型测算 2012~2018 年三省农户粮食生产技术效率。相比其他方法，随机前沿模型将由管理不善等人为造成的影响分割开，并用技术非效率项来表示，因此随机前沿模型的误差项由随机误差以及技术非效率项共同组成。考虑到本研究数据为面板数据，因此选用巴特斯和科利（Battese and Coelli，1992）提出的面板数据随机前沿模型（BC92模型），基本形式如式（5.1）和式（5.2）：

$$y_{it} = x_{it}\beta + (v_{it} - u_{it}), i = 1, 2, \cdots, N; t = 1, 2, \cdots, T \quad (5.1)$$

$$u_{it} = u_i \exp[-\omega(t - T)] \quad (5.2)$$

其中，y_{it} 是第 i 个农户在第 t 期的产值；x_{it} 是第 i 个农户在第 t 期投入数量；β 是未知参数系；v_{it} 是随机误差项，假设 $v_{it} \sim N(0, \sigma_v^2)$，并与 u_{it} 互不相关；u_{it} 表示技术无效率项。

由于超越对数生产函数自身较为灵活并且极具包容性，因此本章选择超越对数生产函数来表示随机前沿模型，进一步农户粮食生产函数设定为式（5.3）：

$$\begin{aligned}
\ln Y_{it} &= \beta_0 + \beta_1 \ln L_{it} + \beta_2 \ln B_{it} + \beta_3 \ln F_{it} + \beta_4 \ln J_{it} + \frac{1}{2}\beta_5(\ln L_{it})^2 + \\
&\quad \frac{1}{2}\beta_6(\ln B_{it})^2 + \frac{1}{2}\beta_7(\ln F_{it})^2 + \frac{1}{2}\beta_8(\ln J_{it})^2 + \beta_9 \ln L_{it} \ln B_{it} + \\
&\quad \beta_{10} \ln L_{it} \ln F_{it} + \beta_{11} \ln L_{it} \ln J_{it} + \beta_{12} \ln B_{it} \ln F_{it} + \beta_{13} \ln B_{it} \ln J_{it} + \\
&\quad \beta_{14} \ln F_{it} \ln J_{it} + \beta_{15} t + \beta_{16} t^2 + \beta_{17} t \ln L_{it} + \beta_{18} t \ln B_{it} + \\
&\quad \beta_{19} t \ln F_{it} + \beta_{20} t \ln J_{it} + (\mu_{it} - v_{it})
\end{aligned} \quad (5.3)$$

其中，$\ln Y_{it}$ 为第 i 个农户在第 t 期的粮食实际总产值的对数值，$\ln L_{it}$、$\ln B_{it}$、$\ln F_{it}$、$\ln J_{it}$ 为第 i 个农户在第 t 期粮食生产过程中的劳动力投入、粮食种植总面积、化肥种子等生产资料投入以及机械投入；t 为技术变化时间趋势，用以衡量技术的变化；$\ln x_i$、$(\ln x_i)^2$、$\ln x_i \times \ln x_m$ 向量表示劳动力、土地以及资本投入的一次项、平方项及交互项，β_i 分别是其待估计参数；μ_{it} 是第 i 个农户的粮食生产技术效率损失项；v_{it} 为第 i 个农户的随机扰动项。

2. 农户借贷对粮食生产技术效率的影响

本章根据前文的分析建立如下基准回归模型：

$$TE_{i,t} = \beta_0 + \beta_1 lend_{i,t} + \beta_2 X_{i,t} + \mu_i + \varepsilon_{i,t} \quad (5.4)$$

其中，$TE_{i,t}$是第 i 个农户在第 t 期的粮食生产技术效率，$lend_{it}$ 表示第 i 个农户在第 t 期是否存在借贷行为，β_0、β_1、β_2 为待估计参数，X_{it} 为控制变量，μ_{it} 为误差项。

5.5.2　数据说明

本章所用数据来源于中国农业科学院农业经济与发展研究所的中国农村微观经济固定观察点数据库，时间跨度从 2012 年至 2018 年，选用 2012~2018 年吉林、河北及河南三个省份共计 3255 个农户观察数据。问卷涵盖三大模块（问卷见本书附录 2）：第一模块是农户个人及家庭基本情况，如受访农户年龄、受教育年限、健康状况、家庭劳动力人数、家中是否有党员等；第二模块是农户生产经营粮食种植的投入产出情况，包括种植规模、生产资料投入、劳动力投入、粮食销售收入等；第三模块是农户借贷情况，包括是否借贷、借贷金额、借贷渠道等。由于本章采用的数据库数据是分板块存放，第一模块农户个人及家庭基本情况涉及 1 个分表（×××省家庭成员基本特征），第二模块农户经营种植业投入产出数据涉及 4 个分表（×××省农户家庭收入（1）、×××省农户家庭收入（2）、×××省种植业表 1、×××省种植业表 3），第三模块农户借贷情况涉及 1 个分表（×××省土地、家庭信贷及其他情况），因此首先需要进行数据处理。

数据处理步骤具体如下。第一步，将不同指标的农户信息分表分省份汇总到农户表，得到云南 2996 个观察值，河北 3346 个观察值，河南 3038 个观察值，吉林 3493 个观察值，山东 3031 个观察值，新疆 2947 个观察值。第二步，根据所用指标筛选各省份观察值，由于云南、山东及新疆指标缺失较多，且异常值偏多，难以进行粮食生产技术效率的核算，所以剔除上述三个省份的观察值，得到吉林、河北、河南 3 个省份 3703 个观察值的平衡面板数据。第三步，进一步在三省份中剔除指标缺失的观察值，最终得到共计 3225 份农户问卷，吉林、河南及河北三省问卷数量分别为 985

份、900份和1370份，2012~2018年问卷分别有456份、465份、486份、500份、465份、434份和440份。

5.6 实证结果及讨论

5.6.1 实证结果

1. 粮食生产技术效率测算结果

从总体情况看，通过随机前沿分析方法测算得出受访农户粮食生产技术效率均值为0.692，存在一定的效率损失，有较大改进空间。如表5-2及图5-7所示，2012~2018年三省粮食生产技术效率总体呈现上升趋势，虽然2018年吉林省存在明显下降，但其仍远高于均值水平，可见近些年来我国粮食生产技术效率得到稳步提升。从不同省份视角看，吉林粮食生产技术效率均值最高，河北次之，河南最低，但自2016年以来河北粮食生产技术效率得到快速提升，2016年与吉林粮食生产技术效率持平，到2018年一度超越吉林位于第一。

表5-2　　　　2012~2018年吉林、河南及河北粮食生产技术效率

年份	吉林	河南	河北	合计
2012	0.707	0.648	0.675	0.678
2013	0.706	0.649	0.677	0.679
2014	0.709	0.650	0.688	0.684
2015	0.720	0.652	0.697	0.692
2016	0.717	0.653	0.717	0.699
2017	0.733	0.653	0.727	0.707
2018	0.722	0.654	0.727	0.705
合计	0.716	0.651	0.701	0.692

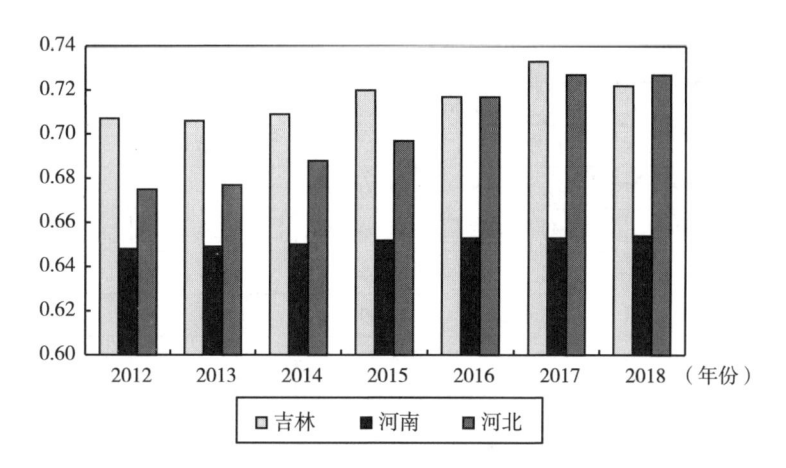

图 5-7　2012~2018 年吉林、河南及河北粮食生产技术效率变动情况

2. 借贷视角下农户粮食生产技术效率差异分析

从农户借贷角度看，如表 5-3 所示，首先，存在借贷行为的农户粮食生产技术效率为 0.784，不存在借贷行为的农户粮食生产技术效率为 0.685；其次，存在借贷样本组与不存在借贷样本组的粮食生产技术效率最高值基本一致，但最小值相差甚远，农户借贷更可能是提升了低效率农户的粮食生产技术效率。从不同生产技术效率区间看，存在借贷样本组的农户粮食生产技术效率更多处于 0.7~0.9 区间，占比达到 63.04%，粮食生产技术效率在 0.6 以下只有一户农户。而不存在借贷的农户粮食生产技术效率各区间数量较为平均，生产技术效率在 0.6 以下达到 28.13%，与存在借贷农户的生产技术效率差距较大。而不存在借贷样本组的农户粮食生产技术效率处于 0.8~1.0 区间，占比达到 24.10%，反观存在借贷样本组，该区间农户占比达到 42.61%。由此可见，借贷对农户粮食生产技术效率存在一定促进作用。

表 5-3　　　　农户是否借贷粮食生产技术效率差异

生产技术效率区间	存在借贷		不存在借贷	
	户数	占比（%）	户数	占比（%）
TE<0.5	1	0.43	395	13.06

续表

生产技术效率区间	存在借贷 户数	存在借贷 占比（%）	不存在借贷 户数	不存在借贷 占比（%）
0.5≤TE<0.6	0	0.00	456	15.07
0.6≤TE<0.7	49	21.30	596	19.70
0.7≤TE<0.8	82	35.65	850	28.10
0.8≤TE<0.9	63	27.39	466	15.40
0.9≤TE<1.0	35	15.22	262	8.66
最大值	0.967		0.966	
最小值	0.444		0.180	
平均数	0.784		0.685	
标准差	0.096		0.155	
样本数	230		3025	

3. 农户借贷对粮食生产技术效率影响的实证结果

本章应用 Stata 15.0 软件分析农户借贷对粮食生产技术效率的影响。所得结果如表 5-4 所示。表中（1）、（2）、（3）列分别对应混合 OLS、固定效应模型和随机效应模型的回归结果。对模型进行 Hausman 检验，可见 Prob > chi2 = 0.0044，因此拒绝原假设，故本章选择固定效应模型进一步分析。

表 5-4　农户借贷对粮食生产技术效率影响的回归估计结果

解释变量	（1）OLS	（2）FE	（3）RE	（4）IV-2SLS
借贷行为	0.584*** (8.90)	0.00186*** (3.36)	0.00187*** (3.33)	0.0167** (2.34)
年龄	-0.0113*** (-5.89)	-0.000101 (-0.71)	-0.000121 (-0.83)	-0.0002 (-1.22)
健康（患有大病）	-0.477** (-2.29)	-0.00546* (-1.73)	-0.00548* (-1.71)	-0.0332 (-0.63)
教育	0.00253 (0.27)	-0.000228* (-1.65)	-0.000227 (-1.61)	-0.0002 (-1.00)

续表

解释变量	(1) OLS	(2) FE	(3) RE	(4) IV-2SLS
党员	-0.116** (-2.52)	0.00500*** (2.86)	0.00497*** (2.80)	0.0063*** (2.76)
村干部	-0.0741 (-1.25)	0.000900 (1.37)	0.000901 (1.35)	0.0012 (1.51)
农业培训	0.343*** (8.82)	0.000295 (0.86)	0.000301 (0.87)	0.0008* (1.73)
非农培训	0.127** (2.00)	0.000569 (1.00)	0.000568 (0.98)	-0.0006 (-0.77)
劳动力	-0.0310 (-1.48)	-0.000701*** (-4.58)	-0.000701*** (-4.51)	-0.0006*** (-3.02)
非农劳动力	-0.0199 (-0.82)	0.000628*** (3.66)	0.000628*** (3.61)	0.0006*** (2.63)
兼业（非农为主）	-0.117** (-2.05)	0.00154*** (2.70)	0.00154*** (2.65)	-0.0080 (-1.39)
合作社	-0.0665 (-0.88)	0.000736 (1.29)	0.000736 (1.27)	0.0015** (2.26)
地区效应	YES	YES	YES	Yes
时间效应	YES	YES	YES	Yes
样本量	3255	3255	3255	2664
Hausman		15.14 (0.0044)		
Anderson LM 统计量		18.680 (0.0000)		
Cragg-Donald Wald F 统计量		18.633		

注：*、**、*** 分别表示在10%、5%、1%水平上显著。

从表5-4中可看出不论是何种回归模型，农户借贷行为对粮食生产技术效率都存在明显的促进作用，在固定效应模型中，参与借贷的农户粮食生产技术效率比未参与借贷的农户高0.00186。由此能够验证H1，农户借贷能够促进粮食生产技术效率的提升。除此之外，农户健康问题、受教育程度及家庭劳动力数量对粮食生产技术效率存在负面影响；而党员身份、非农劳动力数量及非农兼业对粮食生产技术效率都存在明显的促进效应；受访农户年龄、是否是村干部、是否参加过农业技术培训、非农业技术培训以及是否加入合作社都对粮食生产技术效率没有显著的影响。

5.6.2 内生性处理

进一步对固定效应模型中可能存在的内生性进行分析。首先，模型设置中可能存在不随时间变动的遗漏变量从而产生误差；其次，农户借贷与粮食生产技术效率之间可能存在明显的双向因果关系，农户借贷在一定程度上会影响粮食生产技术效率，但粮食生产技术效率也会影响农户借贷行为。因此本章选择工具变量法解决内生性问题，该工具变量必须满足与农户借贷相关，而与扰动项无关。

根据现有研究对于内生性的解决方法，本章选用农户借贷变量的滞后一期来控制潜在内生性。农户借贷行为存在连续性，滞后一期借贷行为往往会影响农户当期是否借贷的决策，而当期粮食生产技术效率与滞后一期农户借贷行为并不存在作用关系。考虑到本章仅选用一个工具变量，为检验所选工具变量的有效性，仅对农户借贷滞后一期进行不可识别和弱工具变量检验。从表5-4可以看到，首先，Anderson LM 统计量通过1%显著性检验，拒绝工具变量识别不足的原假设，表明农户借贷滞后一期和农户当期借贷行为是显著相关的；其次，Cragg-Donald Wald F 统计量值为18.633，拒绝"工具变量弱识别"的假定。因此本章所选用农户借贷滞后一期作为农户借贷对粮食生产技术效率的工具变量是具有合理性的。

本章利用两阶段最小二乘回归法（2SLS）进一步分析，所得结果见表5-4的第（4）列。第二阶段中可见农户借贷行为对粮食生产技术效率有显著的促进作用，研究结果通过内生性检验，并且当控制模型内生性问题后，农户借贷行为对粮食生产技术效率的影响效果明显增强，存在借贷行为的农户粮食生产技术效率比未存在借贷行为的农户高0.0167，内生性问题低估了农户借贷对粮食生产技术效率的影响。在控制变量中，党员身份、农业技术培训、非农劳动力人数以及加入合作社对粮食生产技术效率都存在明显的促进作用，而劳动力人数对粮食生产技术效率有显著抑制作用，可见农业劳动力数量对粮食生产技术效率产生负面影响。主要原因在于我国农业有效劳动力供给不足，农业劳动力随着年龄增长而体力逐渐衰减，相应地，劳动参与率和从事农业劳动的强度也会有所降低，减少了有效劳动的供给规模，从而对粮食生产技术效率产生负面影响（刘皇等，2022）。除此之外，农户年龄、健康问题、村干部身份、非农业技术培训及兼业行为对粮食生产技术效率的影响并没有通过显著性检验。

5.6.3 稳定性检验

本章利用替换核心变量以及子样本方法来检验模型的稳定性。首先，利用农户借贷金额替代原先模型中的农户借贷行为，从而进一步对粮食生产技术效率进行实证分析。从表5-5中可看到农户借贷金额对粮食生产技术效率存在显著的促进作用，农户借贷金额每提高1万元，农户粮食生产技术效率增加0.013。可见农户借贷对粮食生产技术效率是存在一定的正向促进作用的，因此通过稳定性检验。其次，分别对吉林、河南及河北进行回归分析，发现农户借贷依旧对粮食生产技术效率有显著促进作用，进一步表明模型通过稳定性检验，农户借贷可以促进粮食生产技术效率的提升。

表5-5　　　　　　　　稳定性检验结果

解释变量	(1)	地区异质		
		(2) 吉林	(3) 河南	(4) 河北
借贷金额	0.0551 *** (6.37)	—	—	—
借贷行为	—	0.519 *** (4.97)	0.508 *** (5.08)	0.716 *** (5.81)
年龄	-0.0116 *** (-6.02)	-0.0137 ** (-3.15)	0.00114 (0.41)	-0.0134 *** (-4.57)
健康（患有大病）	-0.497 * (-2.37)	-0.454 * (-2.13)	-0.398 * (-2.27)	-0.477 *** (-3.86)

续表

解释变量	(1)	地区异质		
		(2) 吉林	(3) 河南	(4) 河北
教育	0.00428 (0.45)	0.0451* (2.20)	-0.0585*** (-5.48)	0.0328* (2.02)
党员	-0.123** (-2.64)	-0.262* (-2.56)	0.153* (2.56)	-0.262*** (-3.66)
村干部	-0.0906 (-1.52)	-0.0262 (-0.22)	0.0722 (1.02)	-0.221* (-2.04)
农业培训	0.343*** (8.79)	0.356*** (4.77)	0.0181 (0.34)	0.444*** (6.86)
非农培训	0.140* (2.18)	0.0302 (0.24)	0.225** (3.18)	-0.135 (-1.09)
劳动力	-0.0276 (-1.31)	0.0201 (0.25)	-0.144*** (-5.15)	0.00698 (0.24)
非农劳动力	-0.0239 (-0.97)	0.0188 (0.19)	0.0286 (0.72)	-0.0676* (-2.11)
兼业（非农为主）	-0.112* (-1.96)	0.916** (3.10)	0.151* (2.01)	-0.403*** (-4.88)
合作社	-0.0578 (-0.76)	-0.0646 (-0.60)	0.353** (3.07)	-0.622*** (-3.37)
地区效应	Yes	Yes	Yes	Yes
时间效应	Yes	Yes	Yes	Yes
样本量	3255	985	900	1370

注：*、**、***分别表示在10%、5%、1%水平上显著。

5.6.4 异质性分析

考虑到不同规模农户借贷用途、借贷规模等存在明显差异，因此本章进一步对农户借贷对粮食生产技术效率的异质性进行分析，将全样本农户分为小规模农户、中等规模及大规模户三类：小规模户种植面积在5亩以下，中等规模户种植面积在5~25亩，大规模户种植面积在25亩以上。利用固定效应模型分别对三个不同样本组进行回归，得到结果如表5-6所示。

表 5-6　　　　　　　　　　异质性分析结果

变量	小规模户 (1)	中等规模户 (2)	大规模户 (3)	全样本 (4)
农户借贷	0.00282** (2.17)	0.00166** (2.19)	0.00131 (1.10)	0.00186*** (3.36)
控制变量	Yes	Yes	Yes	Yes
地区效应	Yes	Yes	Yes	Yes
时间效应	Yes	Yes	Yes	Yes
样本数	1162	1737	356	3255

注：*、**、*** 分别表示在10%、5%、1%水平上显著。

可见，农户借贷对粮食生产技术效率的作用结果受到种植规模异质性的影响。在小规模以及中等规模农户样本中，农户借贷对粮食生产技术效率的促进作用通过显著性检验，而在大规模农户样本中农户借贷对粮食生产技术效率的正向影响并没有通过显著性检验，并且随着农户种植规模的不断扩大，农户借贷对粮食生产技术效率的促进作用在不断下降。造成该现象的原因可能是，首先，由于农户正规金融借贷规模有限且手续复杂，对于规模户而言，正规金融机构的借贷上限并不能够满足规模户生产经营，因此规模户往往寻求民间高利率借款投入生产，这对粮食生产技术效率可能会产生一定的负面影响。其次，对于规模户而言，当种植规模已经达到一定程度后，如果借贷资金仍然投入农业生产，例如扩大种植面积，则可能会使得农户超过其最适种植规模，从而带来管理效率下降等问题，进而使得粮食生产技术效率下降。

5.7 研究结论与政策建议

5.7.1 研究结论

1. 我国涉农借贷规模不断扩大，但农户借贷约束仍较明显

随着我国农村金融改革的不断加深，农户借贷供需得到进一步改善，农村、农户、农业借贷规模逐渐扩大；农户借贷呈现出需求量大、依赖非正规渠道、生产性投资占比大、借贷约束明显的特征；农户借贷的正规金融机构供给来源主要依靠中资小型银行，如农村信用社和村镇银行。然而我国农户借贷供需两端仍面临许多问题，供给端的问题体现在农户借贷供给总量不足以及结构性失衡；需求端的问题体现在农业自身的弱质性、风险性导致融资能力差，以及农户金融风险管理能力不足和农户借贷具有分散化、多样化特征，降低了金融机构借贷的可获得性。

2. 粮食生产技术效率逐年提高，但仍有较大改进空间

通过随机前沿分析方法测算得出农户粮食生产技术效率均值为0.692，存在一定的效率损失，有较大改进空间。从时间视角看，2012~2018年三省粮食生产技术效率总体呈现上升趋势；从地域视角看，吉林粮食生产技术效率均值最高，河北次之，河南最低；从农户借贷视角看，存在借贷行为的农户粮食生产技术效率为0.784，不存在借贷行为的农户粮食生产技术效率为0.685，农户借贷行为一定程度上促进了粮食生产技术效率的提升。

3. 农户借贷行为、农业技术培训以及家庭非农劳动力人数对粮食生产技术效率有显著促进作用

通过IV-2SLS方法实证得出农户借贷行为能够提高粮食生产技术效率，存在借贷行为的农户粮食生产技术效率比未存在借贷行为的农户高0.0167。除此之外，农户党员身份、农业技术培训、家庭非农劳动力人数以及加入合作社对粮食生产技术效率都存在明显的促进作用，而家庭劳动力人数对粮食生产技术效率有显著抑制作用。农户年龄、健康问题、村干部身份、非农业技术培训及兼业行为对粮食生产技术效率的影响并没有通过显著性检验。小规模农户借贷对粮食生产技术效率的促进作用更为明显。

5.7.2 政策建议

1. 实现农村金融服务个性化设计，满足生产经营主体多样化借贷需求

为进一步完善我国农村金融服务体系，首先，应当满足农业生产经营主体借贷总量需求，通过鼓励政策性金融机构对农业生产经营主体的资金支持，加大商业银行等金融机构对农业领域的资金投放，发挥农村信用社、村镇银行等中小型金融机构支农的重要作用。其次，应当满足农业生产经营主体融资多样化需求。一是创新农村金融服务产品，对普通农户借贷资金规模、用途、利率、期限、还贷时间宽泛化，有针对性地解决各类农业生产经营主体融资难、融资贵的问题；二是创新农户抵押贷款方式，缓解农户因缺乏抵押物而带来的借贷约束；另外通过构建农户信用评级体系，降低道德风险带来的借贷配给，建立更为精准的农村金融信息管理系统。最后，由于农户借贷更倾向于提高低效率农户的粮食生产技术效率，因此应持续鼓励加大普惠金融在农村地区的实施力度与覆盖广度。

2. 鼓励和规范非正规金融渠道发展，提高生产经营主体融资覆盖率

在农业生产经营主体面对正规金融约束时，非正规金融渠道借贷能够缓解农户生产资金需求，从而带来粮食生产技术效率的改善。因此，应当鼓励和规范非正规借贷渠道的发展。首先，相关部门应引导非正规借贷主体规范自身服务项目，适当对受到正规金融排斥的低风险农户增加融资服务，从而提高农业生产经营主体融资覆盖率，进而补齐农村正规金融市场短板。其次，监管机构应当动态监管农村非正规金融市场，防止出现高利贷情况对农民造成财产损失，对非正规金融借贷渠道合规性的供给服务项目采取一定的激励措施。例如，可以通过对非正规金融机构的适当补贴，提高受正规金融排斥农户的借贷可得性，在能够满足农户借贷需求的同时，降低农户还贷风险，保障民间借贷健康有序运行。

3. 开展农业相关技术培训，优化生产经营主体借贷资金配置效率

合理配置生产要素投入能够有效提升生产技术效率，提高农户自身素质对优化生产过程中的要素配置至关重要。对于存在借贷行为的农户，自身素质的提升更能够提高借贷资金的配置效率，从而获得更为高效的生产。因此，首先，通过向农户开展农业生产相关知识培训，包括新技术、新知识的推广，培养农户自主优化生产要素配置的能力，确定自身最适种植规模以及进行农用机械购买决策，最大化借贷资金的配置效率，自身素质的提升也提高了农户借贷可得性。其次，加大农村政府部门、金融机构等对农户借贷资金生产用途的有效指导，全面推广优质、高产、防虫害的作物品种，引导农户选择污染少、效果好的农药、化肥，指导其使用频率，降低因自然环境恶化造成的农民收入损失的风险，以及劣质化肥、农药过度使用导致的土壤板结、质量恶化的情况，从而进一步提升粮食生产技术效率。最后，增加对农业生产经营主体农用低息贷款使用的监管，防止农业资金非农用问题的发生，确保农用资金合理有效配置在农业生产环节，对粮食生产技术效率的促进作用发挥到最大。

4. 完善土地流转及生产性服务体系建设，促进规模化机械化经营

针对土地流转，首先，健全我国农村土地流转交易机制，解决目前我国土地流转比例不高、过程不正式、流转不连片、流转价格高、流转对象局限等问题，充分发挥市场力量的作用，促使土地向生产效率高的农业经营主体流动。其次，建立配套法律法规约束土地流转行为，加强农民对土地流转相关政策法律法规的认知，鼓励农户在土地流转时签订相关合同，从而减少土地流转过程中可能存在的不确定性，鼓励农户延长土地流转年限，强化土地耕地质量保护。最后，完善土地流转信息化平台建设，依托村集体收集农户土地流转信息，引入第三方专业机构评估各土地租金价格，减少土地转入农户和转出农户之间存在的信息不对称风险，使得农户土地流转更便利化，促进规模化生产。针对生产性服务体系，增加农村生

产性服务供给，缓解农户生产性固定资产投入的资金压力，提高新型经营主体的带动作用，为普通农户提供便利的生产性服务。

5. 鼓励农村家庭劳动力非农就业，缓解农户家庭生产性资金约束

农户家庭非农劳动力数量对粮食生产技术效率的提升有显著促进作用，因此应当鼓励农户家庭劳动力非农就业，通过缓解家庭生产性资金约束进而提高粮食生产技术效率。首先，通过积极宣传非农就业相关信息，当地政府相关部门可以加大对非农就业岗位等信息的宣传，鼓励农村剩余劳动力参与非农就业，缓解家庭自有资金约束。其次，对农户进行非农技术培训，提高农村劳动力个人资本，有关部门应当精准识别非农技术培训对象，合理制订非农技术培训方案提升培训质量，从而提高农村劳动力非农就业的可能性。最后，在乡村振兴战略发展的背景下，农村地区可以大力扶持非农产业的发展，为农村就地非农就业提供机会。通过进一步转移农村剩余劳动力，可以改善我国人地关系矛盾、小农经营为主的生产方式，为我国农业生产规模化、机械化提供条件，更能促进我国农业生产技术效率的提升以及产业竞争力的改善。

参考文献

［1］蔡海龙、关佳晨：《不同经营规模农户借贷需求分析》，载于《农业技术经济》2018年第4期。

［2］曹瓅、罗剑朝、房启明：《农户产权抵押借贷行为对家庭福利的影响——来自陕西、宁夏1479户农户的微观数据》，载于《中南财经政法大学学报》2014年第5期。

［3］陈飞、田佳：《农业生产投入视角下农户借贷的福利效应研究》，载于《财经问题研究》2017年第10期。

［4］陈思、罗尔呷、聂凤英：《正规借贷对农户收入的影响及作用路径——基于西部贫困地区710户农户面板数据的实证分析》，载于《江汉论坛》2020年第12期。

［5］何广文：《中国农村金融供求特征及均衡供求的路径选择》，载于《中国农村经济》2001年第10期。

［6］宦梅丽、侯云先：《农机服务、农村劳动力结构变化与中国粮食生产技术效率》，载于《华中农业大学学报（社会科学版）》2021 年第 1 期。

［7］黄龙俊江、刘玲玉、肖慧等：《农业科技创新、农业技术效率与农业经济发展——基于向量自回归（VAR）模型的实证分析》，载于《科技管理研究》2021 年第 12 期。

［8］蓝金平：《农户信贷对农户土地流转行为的影响研究——基于江西省调查数据的实证》，江西农业大学，2016 年。

［9］李庆海、李锐、汪三贵：《农户信贷配给及其福利损失——基于面板数据的分析》，载于《数量经济技术经济研究》2012 年第 8 期。

［10］梁虎、罗剑朝：《供给型和需求型信贷配给及影响因素研究——基于农地抵押背景下 4 省 3459 户数据的经验考察》，载于《经济与管理研究》2019 年第 1 期。

［11］刘辉煌、吴伟：《家庭信贷状况及其收入效应——基于处理效应模型》，载于《首都经济贸易大学学报（双月刊）》2015 年第 2 期。

［12］栾健、韩一军：《农地规模经营能否实现农业增效与农民增收的趋同？》，载于《中国土地科学》2020 年第 9 期。

［13］罗明忠：《农村劳动力转移的"三重"约束：理论范式及其实证分析》，载于《山东经济》2008 年第 6 期。

［14］马宏、张月君：《不同社会关系网络类型对农户借贷收入效应的影响分析》，载于《经济问题》2019 年第 9 期。

［15］彭超、张琛：《农业机械化对农户粮食生产效率的影响》，载于《华南农业大学学报（社会科学版）》2020 年第 5 期。

［16］彭魏倬加：《农村劳动力老龄化对农户技术选择与技术效率的影响》，载于《经济地理》2021 年第 7 期。

［17］彭小辉、史清华：《农户借贷行为及变迁——以山西十村千户为例》，载于《新疆农垦经济》2018 年第 8 期。

［18］曲小刚、池建宇、罗剑朝：《正规借贷与民间借贷对农户生产的影响》，载于《农业技术经济》2013 年第 9 期。

［19］戎爱萍：《贷款对农户收入影响分析》，载于《经济问题》2013 年第 11 期。

［20］宋全云、吴雨、尹志超：《金融知识视角下的家庭信贷行为研究》，载于《金融研究》2017 年第 6 期。

［21］童馨乐、杜婷、徐菲菲等：《需求视角下农户借贷行为分析——以六省农户

调查数据为例》，载于《农业经济问题》2015年第9期。

[22] 汪三贵、孙俊娜：《互助资金政策对贫困村劳动力流动的影响——基于5省10县准实验研究的DID分析》，载于《中国人口·资源与环境》2021年第2期。

[23] 汪险生、李宁：《提高金融可得性能否促进土地流转——来自CHFS数据的证据》，载于《山西财经大学学报》2021年第1期。

[24] 王菲菲：《农业信贷对苹果全要素生产率的作用研究——基于黄土高原苹果主产区调研的实证分析》，西北农林科技大学，2016年。

[25] 王文成、周津宇：《农村不同收入群体借贷的收入效应分析——基于农村东北地区的农户调查数据》，载于《中国农村经济》2012年第5期。

[26] 王振红、曹俊杰：《革命老区农户借贷行为及影响因素分析——基于山东省961户农户的调查数据》，载于《江苏农业科学》2016年第9期。

[27] 韦克游：《中国农村金融对农户生产经营的支持——基于时间序列的经验证据》，载于《金融论坛》2014年第11期。

[28] 吴笑语、蒋远胜：《社会网络、农户借贷规模与农业生产性投资——基于中国家庭金融调查数据库CHFS的经验证据》，载于《农村经济》2020年第12期。

[29] 徐忠：《农户借贷与资本投入——土地流转的影响》，载于《南京农业大学学报（社会科学版）》2021年第1期。

[30] 许荣、肖海峰：《农牧户兼业、规模异质与生产技术效率变化——基于5省452户细毛羊养殖户的实证研究》，载于《中国农业资源与区划》2019年第9期。

[31] 许秀川、高远东、梁义娟：《借贷能力、风险收益与新型农业经营主体经营效率》，载于《华中农业大学学报（社会科学版）》2019年第1期。

[32] 杨丹丹、罗剑朝：《农地经营权抵押贷款可得性对农业生产效率的影响研究——以宁夏平罗县和同心县723户农户为例》，载于《农业技术经济》2018年第8期。

[33] 杨子、张建、诸培新：《农业社会化服务能推动小农对接农业现代化吗——基于技术效率视角》，载于《农业技术经济》2019年第9期。

[34] 余舒婷：《浙江农户借贷行为及其变化》，载于《农银学刊》2019年第3期。

[35] 余新平、熊皛白、熊德平：《中国农村金融发展与农民收入增长》，载于《中国农村经济》2010年第6期。

[36] 曾雅婷、吕亚荣、刘文勇：《农地流转提升了粮食生产技术效率吗？——来自农户的视角》，载于《农业技术经济》2018年第3期。

[37] 张晓琳：《普惠金融视角下农户信贷供需障碍及改进研究——以山东省为例》，山东农业大学，2018年。

[38] 张晓琳、董继刚：《农户借贷行为及潜在需求的实证分析——基于762份山东省农户的调查问卷》，载于《农业经济问题》2017年第9期。

[39] 张应良、欧阳鑫：《农户借贷对土地规模经营的影响及其差异——基于土地转入视角的分析》，载于《湖南农业大学学报（社会科学版）》2020年第5期。

[40] 赵立新：《社会资本与农民工市民化》，载于《社会主义研究》2006年第4期。

[41] 周小刚、陈熹：《关系强度、融资渠道与农户借贷福利效应——基于信任视角的实证研究》，载于《中国农村经济》2017年第1期。

[42] 周月书、陈慧宇：《规模农户异质性债务融资的治理效应研究》，载于《农业技术经济》2020年第10期。

[43] 朱熹、李子奈：《我国农村正式金融机构对农户的信贷配给——个联立离散选择模型的实证分析》，载于《数量经济技术经济研究》2006年第3期。

[44] ABATE G T, RASHID S, BORZAGA C, GETNET K, 2016. Rural Finance and Agricultural Technology Adoption in Ethiopia: Does the Institutional Design of Lending Organizations Matter? World Development, 84: 235 – 253.

[45] ABBAS ALI CHANDIO, YUANSHENG JIANG, ABRHAM TEZERA GESSESSE, RAHMAN DUNYA, 2019. The Nexus of Agricultural Credit, Farm Size and Technical Efficiency in Sindh, Pakistan: A Stochastic Production Frontier Approach. Journal of the Saudi Society of Agricultural Sciences, 18 (3): 348 – 354.

[46] ABDALLAH, ABDUL – HANAN, 2016. Agricultural Credit and Technical Efficiency in Ghana: Is There a Nexus? Agricultural Finance Review, (76): 309 – 324.

[47] ABDUL SABOOR, MAQSOOD HUSSAIN, MADIHA MUNIR, 2009. Impact of micro credit in alleviating poverty: an insight from rural Rawalpindi, Pakistan. Pakistan Journal of Life and Social Sciences, 7 (1): 90 – 97.

[48] ADAMS D W, FITCHETT D A, 1992. Informal finance in low income countries. Boulder: Westview Press.

[49] BARSLUND M, TARP E, 2008. Formal and Informal Credit in Four Provinces of Vietnam. Journal of Development Studies, (4): 485 – 503.

[50] BATTESE G E, COELLI T J, 1992. Frontier Production Function, Technical Effi-

ciency and Panel Data: With Application to Paddy Farmers in India. Journal of Productivity Analysis, 3 (1/2): 153 – 169.

[51] CARTER M R, 1989. The impact of credit on peasant productivity and differentiation in Nicaragua. Journal of Development Economics, 31 (1): 13 – 36.

[52] CHAOVANAPOONPHOL Y, BATTESE G E, CHANG H S, 2005. The Impact of Rural Financial Services on the Technical Efficiency of Rice Farmers in the Upper North of Thailand. No. 416 – 2016 – 26257.

[53] CHARNES A, COOPER W W, RHODES E, 1978. A Data Envelopment Analysis Approach to Evaluation of the Program Follow through Experiment in U. S. Public School Education.

[54] FOLTZ J D, 2004. Credit market access and profitability in Tunisian agriculture. Journal of Economic Theory, 30 (3): 229 – 240.

[55] KHANDKER S R, FARUQEE R R, 2005. The impact of farm credit in Pakistan. Agricultural Economics, 28 (3): 197 – 213.

[56] KUMAR S M, 2012. Evaluating the impact of agricultural credit: A matching approach.

[57] LE K L, LE V T, NGUYEN T H, PHAM T T T, 2020. Data envelopment analysis for analyzing technical efficiency in aquaculture: The bootstrap methods. Aquaculture Economics & Management, 24 (4): 422 – 446.

[58] OMONONA B T, AKINTERINWA A T, AWOYINKA Y A, 2008. Credit constraint condition and output supply of COWAN farmers in Oyo State, Nigeria. Editorial Advisory Board, 6 (3): 382 – 390.

[59] RAHMAN M T, NIELSEN R, KHAN M A, ASMILD M, 2019. Efficiency and production environmental heterogeneity in aquaculture: A meta – frontier DEA approach. Aquaculture, 509: 140 – 148.

[60] SANDIP M, AKHTARUZZAMAN K, RASMUS N, 2019. Credit constraints and aquaculture productivity. Aquaculture Economics & Management, 23 (4): 410 – 427.

[61] Shah M K, Khan H, Jehanzeb, Khan Z, 2008. Impact of agricultural credit on farm productivity and income of farmers in mountainous agriculture in northern Pakistan: A case study of selected villages in district Chitral. Sarhad J. Agric, 24 (4): 713 – 718.

第6章 世界主要玉米生产国生产与出口潜力研究

6.1 引言

"粮安天下",粮食安全问题是十分重要的经济问题与政治问题。2013年中央农村工作会议明确要求,实施"以我为主、立足国内、确保产能、适度进口、科技支撑"的国家粮食安全新战略,并提出确保"谷物基本自给、口粮绝对安全"的国家粮食安全新目标,全球化背景下利用国际粮食市场资源是保障中国粮食安全的必要补充。2016年,在玉米"三高"背景下,国家将玉米临时收储政策调整为"市场化收购+补贴",玉米价格走向市场化(纪媛,2018;董璐,2019;卢建宁,2017)。随着国家取消玉米临时收储制度,玉米价格由市场供需状况决定,2017/18年度首次出现了产不足需的情况。从长远来看,玉米的饲用需求和工业需求将越来越旺盛,而随着国内玉米种植面积调减以及玉米库存消化结束后,供需缺口将会增加,尤其是今后中国玉米供需矛盾将越来越突出。然而中国发展粮食生产面临的资源束缚将更加凸显(程国强,2013;程国强等,2014)。如2020年中国玉米净进口量为1130万吨,按目前国内玉米6.32吨/公顷的生产技术水平进行测算，相当于利用国外 178.80 万公顷的种植面积，即 2682 万亩耕地。若进口的玉米全部由国内生产代替，则意味着要以减少口粮总产为代价确保玉米供需平衡，这不符合科学持续发展的要求，在开放程度日趋扩大的贸易环境下，依赖国际玉米市场弥补国内缺口是不可避免的选择。

因此，围绕"两个市场、两种资源"，保障玉米长期供应安全，在立足国内生产的同时要对国际市场资源摸清家底，搞清楚世界主要玉米生产国生产资源可获得性以及市场可利用性有多大，也就是"能否生产得出"和"能否买得到"的问题。本章测算不同国家的玉米生产潜力和出口潜力，了解主要玉米生产国的可利用情况，将重点玉米生产区域进行分类，根据不同地区类型的国家采取不同的合作方式，为中国发展多边贸易、实施全球农业战略、建立多元化粮食供应体系以及找到稳定、可靠、持续的玉米供应来源提供政策建议。本章对于把握利用国际玉米市场的方向，提高中国统筹利用"两个市场、两种资源"的能力，保障国内玉米供需平衡有较强的现实意义。

6.2 文献回顾

6.2.1 国内外粮食生产潜力研究

国外对粮食生产潜力研究起步较早，相对侧重对粮食生产潜力测算模型的研究。1840 年德国有机化学家李希比（Liebig）提出了最小养分律，后来泰勒（Tyler）将其发展到更大范围的环境因子中，奠定了作物生产潜力测算方法的基础。密切里希（Mitcherlich）最早尝试了生产潜力估算模型，19 世纪 20 年代初，随着作物生产潜力的发展，辐射、反射、呼吸消耗、光照等因素慢慢被考虑到作物生产潜力的模型当中。20 世纪 60 年代，学者们开始大规模深入研究作物生产潜力。20 世纪 80 年代之后，学者们进一步补充和发展了作物生产潜力的研究（齐力，2012）。有学者使用遥感观测数据估算了全球初级生产潜力（Mingkui et al.，2004）；模拟了1987~1994年不同土地利用方式下全球初级生产力的变化（Scott et al.，1999）；把气候和土壤属性作为输入变量，运用生产模拟模型分析了作物的生长潜力（Iwasa，1987）。预计到2050年，世界人口将达到90亿人，全球范围内55%的农业用地将用于粮食生产，粮食产量将增加50%~70%（Wolf et al.，2000；Diaz-Ambrona et al.，2014）。

国内对粮食生产潜力的研究起步较晚，但发展比较迅速，学者们用不同的测算方法对中国及世界未来的粮食生产潜力进行了研究。1938年，任美锷对土地承载力的估算研究迈出了中国对作物生产潜力研究的第一步。20世纪70年代，黄秉维提出了太阳总辐射与换算系数的乘积是光合生产潜力的概念和公式。80年代，学者们较多地用水分修正函数来剖析光温水生产潜力。后期地理信息系统（Geographic Information System，GIS）发展较为迅速，随之学者们广泛应用GIS技术研究作物的生产潜力（潘文博，2009）。中国的光合、光温生产潜力研究体系趋于完善。孙致陆等（2017）利用GAEZ v3.0方法测算出"一带一路"国家的粮食发展潜力幅度为40.34%~43.29%，具体来看有3.82亿~4.10亿吨的粮食增产潜力。王兴华等（2017）采用FAO-GAEZ模型从耕地面积增加和单产增加两个方面测算出"一带一路"国家粮食生产潜力巨大。杜国明等（2018）运用GAEZ模型从整体状况、县域差异、年际变化等视角测算了三江平原的粮食生产潜力。

6.2.2 粮食生产潜力研究方法综述

国内外学者从不同的角度对粮食生产潜力进行了研究，测算方法也较为丰富，可分为模型模拟方法、高产纪录法、田间试验产量法和高产农户法。

1. 模型模拟法

该方法通过选择合理的作物生长发育模型对作物生长周期内的生理过

程进行模拟，进而估算国家或地区间的粮食产量潜力，是目前测算粮食生产潜力运用最多的方法。主要包括统计—计量模型、机制法模型、作物模型和经验公式模型（余强毅，2010）。统计—计量模型以粮食产量的统计数据为基础，通过构建计量经济模型，研究耕地面积、劳动力、政策、科技等因素对粮食产量的影响。主要包括时间序列外推法、投入产出预测法、灰色模型法、回归模型法、综合指数法等。机制法模型以作物能量转化和生长的过程为基础，主要包括光温阶乘模型和综合模型（齐跃普，2008）。光温阶乘模型中的各级生产潜力订正系数选取比较灵活。综合模型有严格的推导过程，以 Wagenigen 模型和全球农业生态区域（global agro-ecological zones，GAEZ）法为代表。Wagenigen 模型在各种气候条件下通过分类和检验大量试验资料以后确定了小麦、玉米、高粱、苜蓿的干物质产量，该模型适用的作物仅有四种，不利于推广。GAEZ 模型是评价土地资源及其生产潜力的方法，且对作物的预期产量进行了量化，由于其结果的可视度较高，因此被广泛应用于学术研究。作物模型是以作物的生长为基础条件，通过建立模型来模拟作物生长和影响其生长环境因素的关系，如 SUCROS 模型、CERES 模型、EPIC 模型等。当下粮食生产潜力研究的热点问题是作物模型与 GIS 技术相结合，但二者的构成和运行环境不同，两者的结合存在困难，因此作物模型法还有待进一步深入研究。经验公式模型主要是归纳总结出影响作物生产潜力变化的环境因素与作物生产潜力间关系的经验公式，只有温度和降水量两个因素，测算方法简便，以迈阿密（Miami）模型为主要代表。但在实际生产中，作物生产潜力同时还会受到作物品种、化肥投入、田间管理等因素的影响，因此该模型在现实运用中的测算精确程度比较低。

2. 高产纪录法

该方法是通过分析某一高产田地的环境资源、人力资源等生产条件的投入水平，将高产田地的产量作为规划末期其他田地可以达到的普遍产量来计算作物的生产潜力，适用于小区域田地，不适合大规模测算。

3. 田间试验产量法

该方法是在田间土壤、气候等自然条件下栽培农作物和其他植物进行科学研究的试验方法，通过总结在随机试验田中投入不同要素组合获得的不同产量来确定最大生产力。

4. 高产农户法

该方法是指在足够数量的农户当中，选择出产量较高的那部分农户所达到的实际产量水平作为作物生产潜力的标准，通常以产量在前5%~10%的农户为界（刘保花等，2015）。

6.2.3 粮食贸易潜力研究方法综述

学术界对农产品贸易潜力的研究在一定程度上可以为粮食贸易潜力的研究提供一定的参考意义，讨论贸易潜力实际上是对产品出口潜力进行分析和研判。贸易潜力是通过借助合理的测算工具，对相关产品出口的拟合值进行估计，进而分析得到国家或地区之间的贸易潜力（施炳展等，2009；Zhang et al.，2019）。因此本章将贸易潜力纳入出口潜力的视角，研究世界主要玉米生产国的玉米出口潜力情况。目前，贸易潜力的研究方法主要有两种：一是基于引力模型及其扩展形式的模型估计方法，对贸易潜力进行定量分析，包括传统的引力模型方法和随机前沿引力模型方法。学者们最早使用随机前沿模型主要是对生产效率进行估算，后来德赖斯代尔等（Drysdale et al.，2000）将随机前沿方法与引力模型进行结合，以此解决贸易效率、贸易潜力等相关问题（关添渊，2019；张静，2020）。二是指数测算法，利用相关贸易数据计算出反映贸易潜力的显示比较优势指数、贸易一体化指数、出口相似性指数、贸易互补性指数等指标。萨吉尔等（Saghir et al.，2015）通过显性比较优势指数分析了印度的农业贸易情况，研究表明印度在出口大米、小麦、油籽等农产品方面和发展中国家之间具有较大的贸易潜力。孙致陆等（2021）采用G-L指数、BI指数、MIIT指数和 VIIT 指数研究后认为，中国与"一带一路"国家农产品产业内贸易增量的主要源泉是垂直型产业内贸易。

6.2.4 文献述评

从整体上看，国内外学者对粮食生产潜力进行了比较丰富的研究，不同之处在于国外相对较为侧重粮食生产潜力测算模型方面的研究，而国内学者则用不同的测算方法对中国及世界未来的粮食生产潜力进行了一定研究。同时，学者对农产品贸易潜力的研究范围在不断扩大，层次也更加深入，模型估计法和指标测算法在对国家或地区间贸易潜力方面的研究中得到了充分应用，但现有的研究地域范围主要集中在"一带一路"国家和东盟、北欧、美洲部分农业国家，对世界主要粮食生产国，尤其是世界主要玉米生产国的研究并不多见。无论在生产潜力还是出口潜力方面，现有研究多关注于中国或某一国家或地区的粮食生产或出口潜力，针对粮食单一品种的聚焦不够，而玉米作为饲料粮，具有与其他粮食品种不同的特性与地位，需要独立进行研究。因此在综合前人研究的成果之上，本章将研究对象从局部区域国家转向以玉米品种为主的世界主要玉米生产国家，研究视角也从单一的生产潜力、出口潜力转向生产潜力与出口潜力相结合的层面，分别测算中国和世界主要玉米生产国的玉米生产潜力与出口潜力，并探究主要玉米生产国生产潜力释放的限制性因素，在此基础上对各个国家进行区域分类，为中国采取更具针对性的玉米合作方式，实施多元化的玉米贸易策略提出政策建议。

6.3 研究理论基础及主要研究方法

6.3.1 理论基础

1. 资源禀赋理论

H-O（Heckscher-Ohlin）模型为资源禀赋理论的理论模型。此理论包括广义和狭义两种：广义的资源禀赋理论认为，商品生产要素价格与市场价格相同的两个存在国际贸易活动的国家，在生产同一种产品的技术密集度或技术水平相同的情况下，国家的生产要素禀赋决定着其进行国际贸易的产品，即表现在每个国家会将生产结构的重点放在与本国有相对禀赋优势生产要素的产品中（周梅妮，2005）；狭义的资源禀赋理论认为，两个国家生产同一种产品的价差来自成本差异，成本差异主要是由生产要素价格差造成的，其价格差取决于各国在同种生产要素上的相对丰裕程度，也就是相对禀赋差异，这是全球产生国际贸易与分工的主要原因（唐晓，2015；仲伟周等，2009）。在资源禀赋理论的基础上，对世界主要玉米生产国的玉米生产潜力和出口潜力进行研究，找出各国潜力的差异，有利于中国把握世界玉米资源的利用方式和方向。

2. 经济增长理论

研究经济增长的内在规律和影响因素是经济增长理论中的主要内容。拉姆齐在1928年发表的经典论文是经济增长理论发展的分水岭，以此为界可将经济增长理论发展分为奠基阶段和成熟阶段。1928年以前可称为古典增长理论，包括了很多特征不相同的增长理论，先后跨越了古典经济学与新古典经济学两个范式（陈琴琴，2012）。1928年以后称为现代经济增长理论，现代经济增长理论对经济增长问题的研究成果是通过不断采用标准化和主流化的研究方法形成的。经济学家索洛认为经济长期增长率来自劳动力增加和技术进步，长期经济增长除了要有资本以外，更重要的是靠技术进步，打破了"资本积累是经济增长的最主要因素"的理论（李隐煜，2013）。后来西水（Nishimizu）和帕赫（Page）将技术效率加入经济增长模型中，对索洛经济增长理论进行了完善，这样一来，经济增长源自要素投入增长、技术进步和技术效率提高三个方面。本章基于玉米播种面积增加和单产水平提高两个方面分析世界主要玉米生产国家的玉米生产潜力，为中国利用国际玉米市场资源提供依据。

3. 比较优势理论

比较优势理论认为每一个国家都应生产本国与其他国家相比而言更具

优势的产品种类。换言之，该国具有比较劣势的产品应该通过集中进口获得，具有比较优势的产品应该重点生产并出口，促使专业化分工，提高劳动生产率（曹均学等，2018；潘春阳，2018）。比较优势理论解释了贸易产生的基础与利得，两国比较优势差距越大，则贸易的空间越大。大卫·李嘉图认为只要参与产品生产，就必然会消耗时间，而时间是一种稀缺资源，应当用来生产高效率的产品。

6.3.2 主要研究方法概述

1. GAEZ 模型

（1）概述。为评价土地资源和生产能力的情况，联合国粮食及农业组织（Food and Agriculture Organization of the United Nations，FAO）与国际应用系统分析研究所（International Institute for Applied Systems Analysis，IIASA）合作开发了全球农业生态区域（GAEZ）方法（刘琦，2019）。GAEZ 模型提供了一个用来保护环境质量标准化和分析选择性使用农业资源进行粮食生产的框架。它利用土地资源，对土地资源有可能的利用方式进行评估，一定程度上使得土地利用的合理规划成为可能。同时它以规范化的作物相关参数和环境匹配参数作为前提，包括某一时期气候、地形、土壤等因素对作物生产的限制，计算过程较为严谨，输入和输出数据都以栅格形式储存，能够较好地反映研究区域的粮食生产潜力分布情况，是一个成熟可靠的模型（蒲罗曼，2020），在国内外生产潜力研究方面得到了广泛的应用。GAEZ 方法的整体结构与数据分析流程如图 6-1 所示。

（2）GAEZ 模型数据分析过程。GAEZ 模型在数据分析的每个部分均考虑进了不同等级的投入和管理水平，主要使用了逐级限制法。

第一，农业—气候数据的分析。包括温度、降水、风速、太阳辐射、雨天频率、相对湿度、土壤持水能力、坡度等，最终得到参考蒸散量、实际蒸散量、作物熟制区、温度增长期等各种农业—气候因素。

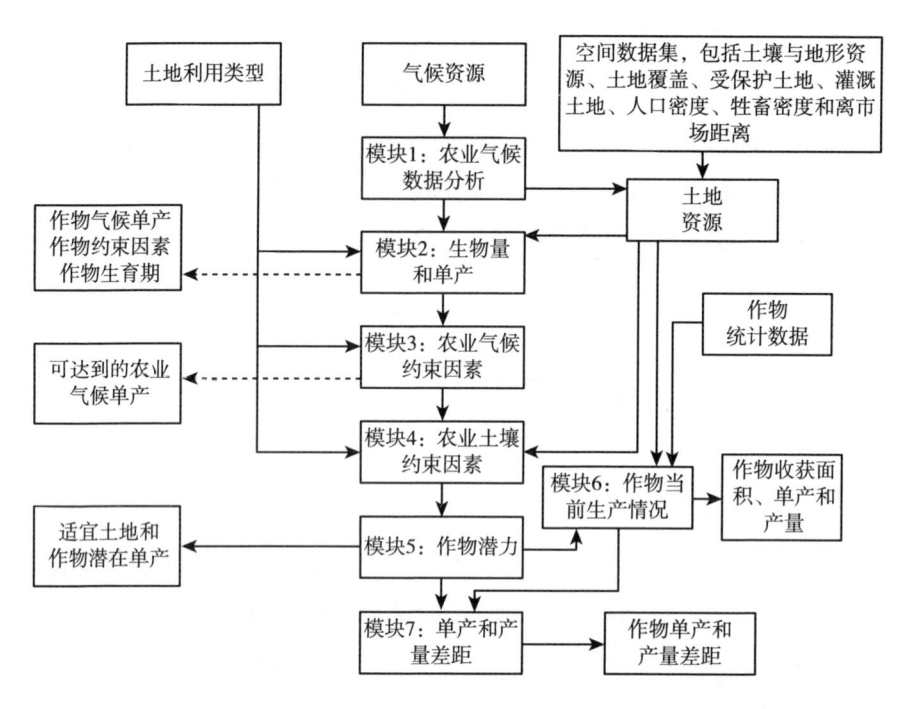

图 6-1　GAEZ 方法整体结构与数据分析流程

资料来源：IIASA 和 FAO（2012）。

第二，生物量和产量的计算。这部分的计算包括两个方面：一是仅考虑光、温条件的生物量和产量；二是考虑水分条件对作物生长的限制。最终计算了不同种类的作物，分别在雨养和灌溉条件下，采取不同投入与管理水平时能够获得的农业气候生物量与产量。

第三，农业—气候的限制。这部分主要考虑农业—气候的限制因素直接或间接对作物造成的产量减少情况，根据 GAEZ 模型的相关说明，此处农业—气候限制因素主要包括五个方面：一是由于常年降雨不均匀而导致的水分缺失对相关作物造成的不确定性影响；二是由于病虫害引起的对相关作物生长造成的不确定性影响；三是由于病虫害的出现对相关作物品质造成的不利影响；四是由于气候变化因素对相关农业耕作活动造成的不确定性影响；五是由于霜冻对相关作物造成的不确定性影响。

第四，农业—土壤地形的适宜性。这部分主要考虑作物产量受土壤因素和地形因素的影响情况。土壤适宜性评估是根据养分有效性、养分保持能力、根系条件、根系氧气可利用性、高盐、毒性和适耕性这七个主要的土壤特性进行判断的。地形适宜性评估方面考虑的是坡度因素，一方面，较大的坡度会影响作物吸收土壤内的水分，主要原因在于过大的坡度会引起土壤侵蚀；另一方面，过大的坡度会造成土壤养分流失。因此不同农作物对不同坡度的土地适宜性不同。

第五，作物潜在生产力。由于前面四个步骤对土地的假设均为耕地，而实际情况中，土地利用类型包括耕地、建设用地、森林地、草地和林地、荒芜疏生地、内陆水体、雨养耕地、灌溉耕地等，因此在计算最终作物潜在生产力时有必要考虑到土地单元内的土地利用类型。

（3）GAEZ 模型参数设定。本章利用 GAEZ v3.0，同时结合 FAOSTAT 数据库的相关数据分析中国和世界主要玉米生产国的玉米生产潜力，其中各个参数的设定情况如表 6-1 所示。

表 6-1　　　　GAEZ v3.0 在特定情境下的参数设定

参数	设定	说明
作物（crop）	玉米（maize）	本章选定"玉米"作物，首先对面积和潜在产量分别加总，进一步得到玉米的总体潜在产量
水供给（water supply）	雨养（rain-fed）、灌溉（irrigation）	本章分别选定"雨养"和"灌溉"两种水供给状态，依据输出的结果对其面积和潜在产量分别进行加总，从而获得玉米总体潜在单产
投入水平（input level）	高投入水平（high-level input）	指在当下先进管理模式假定下，基于改良或者高产品种，劳动密度最低，使用最优化的营养配比和病虫害防治方法得到的产量
CO_2 施肥效应（CO_2 fertilization）	存在（yes）	植物自身能够进行光合作用，此处将光合作用的过程认为是 CO_2 施肥效应
时期（time period）	CCCma CGCM2 A2 大气循环模式下的 2020S	2020S 对应 2011~2040 年
土地覆盖类型（land cover class）	雨养耕作用地（rain-fed cultivated land）、灌溉耕作用地（irrigated cultivated land）	分别对应"雨养"和"灌溉"两种水供给状态

续表

参数	设定	说明
保护类型（protection class）	全部土地（total land）	考虑到上文已经设定了"土地覆盖类型"，此处选定"全部土地"
适宜性类型（suitability class）	VS + S + MS + mS	适宜性类型分为非常适宜（VS）、适宜（S）、中等适宜（MS）、勉强适宜（mS）、不适宜（NS）和建筑用地（HSG）六个类型，VS、S、MS和mS这四种耕作类型总体被认为是适宜耕作土地

（4）生产潜力测算过程。在GAEZ v3.0数据库中通过设定以上参数，输出中国和世界主要玉米生产国的玉米潜在生产数据，结合联合国粮农组织数据库（FAOSTAT）中中国和世界主要玉米生产国的玉米实际生产数据，基于玉米播种面积潜力、单产提升潜力两种假设对中国和世界主要玉米生产国的玉米生产潜力进行定量测算，具体如下。

第一，播种面积潜力测算。即在单产不变的前提下，由玉米播种面积增加带来的产量增加。首先，根据GAEZ数据库适宜耕作土地面积，分析中国和世界主要玉米生产国的潜在耕地分布情况。其次，根据各个国家相应的法律法规，减去不可开发利用的潜在耕地面积，从而得到可开发潜在耕地面积。在当下可开发潜在耕地面积之上，提高复种指数能够增加玉米播种面积，因此，在考虑各个国家熟制的情况下，假设未来一段时期内，该国的种植结构不发生改变，进而测算出玉米的潜在播种面积。最后，为了减少天气等偶然因素的影响，以2016~2018年三年平均玉米单产作为不变单产水平，计算中国和世界主要玉米生产国的玉米播种面积潜力。具体计算公式为

$$S_{pc} = (S_{vc} - S_{dc} - S_{uc}) \times I_{mc} \times P_{cc} \quad (6.1)$$

$$P_{sc} = S_{pc} \times Y_{ac} \quad (6.2)$$

其中，S_{pc}和P_{sc}分别为一国玉米潜在播种面积和玉米播种面积潜力；S_{vc}为一国适宜耕作的土地面积；S_{dc}为一国实际已经开发利用的耕地面积；S_{uc}为一国处于保护区内森林区和非森林区的面积；I_{mc}为一国作物的复种指数；P_{cc}为一国玉米在主要粮食作物（玉米、小麦、稻米和大豆）种植结构中的

比重；Y_{ac} 为一国玉米现有单产水平。

第二，单产提升潜力测算。即在玉米播种面积不变的前提下，由单产提高带来的产量增加。首先，根据上述模型参数设定情景，得到中国和世界主要玉米生产国在 2020S 的潜在单产数据；其次，结合国家统计局和联合国粮农组织数据库中各个国家在 2016～2018 年实际玉米单产的平均数据，分别计算得到各个国家的玉米潜在单产差距；最后，根据玉米潜在单产差距数据和国家统计局与联合国粮农组织数据库中 2016～2018 年各个国家实际玉米播种面积的平均数据，计算得到中国和世界主要玉米生产国由玉米单产提升带来的增产潜力。具体计算公式为

$$P_{Yc} = (Y_{pc} - Y_{ac}) \times S_{ac} \qquad (6.3)$$

其中，P_{Yc} 为一国玉米单产提升潜力；Y_{pc} 为一国玉米潜在单产；S_{ac} 为一国现有的玉米播种面积。若玉米潜在单产大于实际单产，说明该国的玉米单产有提升空间，则认为该国有依靠单产提升增加玉米产量的潜力；若玉米潜在单产小于实际单产，说明该国玉米单产未来提升的空间有限，依靠单产提升而增加玉米产量的潜力较小，由于计算原因，这种情况下的增产潜力记为 0。

2. 计量模型实证分析法

本章通过构建随机前沿引力模型对影响世界主要玉米生产国玉米出口的影响因素及其对中国的玉米出口贸易潜力进行实证分析。末奥森等（Meeusen et al.）将传统引力模型与随机前沿生产函数模型结合起来构建了随机前沿引力模型（王亚南，2019；陈继勇等，2019）。目前随机前沿引力模型通常使用经济规模、地理距离、人口等估计中短期内不会改变的自然因素进行贸易前沿估计；使用制度环境、关税、贸易规则等人为因素进行贸易效率估计（王原雪，2018；常向阳等，2018；周曙东等，2018）。自然因素限制了贸易潜力能够达到的最高水平，实际贸易值与贸易潜力存在差异主要是由人为因素造成的。本章使用的是时间面板数据，分别用 i 和 j 表示国家，用 t 表示时间，则国家之间的实际贸易额可以表示为

$$Y_{ijt} = f(X_{ijt}, \beta) \exp(\upsilon_{ijt} - \mu_{ijt}), \ \mu_{ijt} \geq 0 \qquad (6.4)$$

其中，Y_{ijt}表示为t时期i国对j国产生的实际贸易额；X_{ijt}表示为影响双边贸易的相关自然因素，例如国家GDP、人口数量、距离远近等；β表示为待估参数；υ_{ijt}表示为随机影响因素；μ_{ijt}表示为贸易非效率项，即人为因素影响双边贸易，且与υ_{ijt}相互独立，一般服从半正态分布。

对式（6.4）取对数，得到

$$\ln Y_{ijt} = \ln f(X_{ijt}, \beta) + \upsilon_{ijt} - \mu_{ijt}, \mu_{ijt} \geq 0 \quad (6.5)$$

在随机前沿引力模型中，贸易潜力公式为

$$Y_{ijt}^* = f(x_{ijt}, \beta) \exp(\upsilon_{ijt}) \quad (6.6)$$

其中，Y_{ijt}^*表示为t时期i国和j国之间的贸易潜力是t时期i国和j国之间的最大贸易量，在这个时候$\mu_{ijt}=0$，也就是贸易非效率项为零，此时双方不存在相关的贸易摩擦。

贸易效率公式为

$$TE_{ijt} = Y_{ijt}/Y_{ijt}^* = \exp(-\mu_{ijt}) \quad (6.7)$$

其中，TE_{ijt}表示t时期i国与j国的贸易效率。若$\mu_{ijt}=0$，表示i国与j国不存在贸易非效率项，此时$Y_{ijt}=Y_{ijt}^*$；若$\mu_{ijt}>0$，表示i国与j国之间存在贸易非效率项，此时$Y_{ijt}<Y_{ijt}^*$。

贸易非效率项的表达式定义为

$$\mu_{ijt} = \alpha Z_{ijt} + \delta_{ijt} \quad (6.8)$$

其中，Z_{ijt}表示为影响贸易效率的主要因素；α表示为待估参数；δ_{ijt}表示为随机扰动项。将式（6.8）代入式（6.4）中得到式（6.9），即

$$\ln Y_{ijt} = \ln f(X_{ijt}, \beta) + \upsilon_{ijt} - (\alpha Z_{ijt} + \delta_{ijt}) \quad (6.9)$$

其中，$\alpha Z_{ijt} + \delta_{ijt}$服从半正态分布，且与$\upsilon_{ijt}$之间是互相独立的，式（6.9）采用一步法对变量影响因素进行回归分析。

6.4 中国及世界玉米供需与贸易现状分析

随着全球化发展和气候的变化，世界玉米供需与贸易形势都将发生新的变化。本章利用国家统计局、美国农业部等数据库相关数据，对中国和

世界的玉米供需与贸易现状进行梳理，为后文的生产潜力分析做铺垫。

6.4.1 中国玉米供需状况及进口贸易变化趋势

1. 中国玉米生产状况

中国玉米播种面积和产量在2003/04—2015/16年度呈直线上升态势，2016/17—2020/21年度有所下降（见图6-2）。2003/04—2015/16年度，中国玉米播种面积由2406.82万公顷增加至4496.80万公顷，产量由11583.00万吨增加至26499.20万吨，年均增幅分别为7.24%、10.73%。自2016年开始，中国玉米播种面积和产量开始出现下降，2020年玉米播种面积为4126万公顷，产量为26067万吨，四年降幅分别为6.60%、1.12%。分析原因：2003年受持续阴雨、洪涝灾害以及高温干旱天气影响，国内玉米产量受损严重，2004年开始国家逐步减免农业税，提高了农民玉米种植的热情，玉米播种面积开始直线增加，直到2016年中国玉米产量实现了十二连增。自2016年玉米播种面积开始缩减，产量出现下降，主要原因是农业供给侧结构性改革持续推进、玉米临储政策取消以及大豆振兴计划出台，而产量并没有因播种面积下降而减少，原因在于单产提高。中

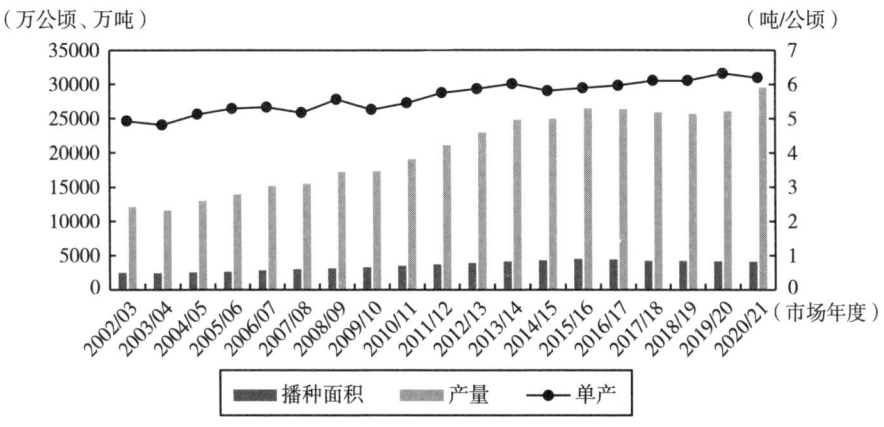

图6-2 2002/03—2020/21年度中国玉米播种面积、产量及单产变化
资料来源：国家统计局、国家粮油信息中心。

国玉米的单产总体在波动中上升。随着中国农业管理水平的提升，种子、农药、化肥、机械等物质投入的加大，玉米单产总体波动幅度趋缓，上升趋势明显，2020年国内玉米单产为6.32吨/公顷，较2016年提高了5.86%。

2. 中国玉米消费状况

玉米消费总量整体呈增长趋势。其中，用于饲用消费和工业消费的数量较多，且二者的消费量在逐年上升，而食用和种用消费的数量一直较少且较为稳定（见图6-3）。饲用消费方面，2002/03年度以来玉米的饲用消费量呈先升后降、再升再降的变化趋势。2002/03—2013/14年度饲用消费量年均增幅7.34%，2014/15—2017/18年度年均增幅12.69%。2014年中央八项规定进一步实施，猪肉高端消费受到抑制，增速放缓，价格下跌，生猪存栏量下降，玉米饲用消费受到抑制。2018年非洲猪瘟疫情开始在国内蔓延，用粮企业和贸易商采购临储玉米积极性明显下降；2019年中国饲用消费17500万吨，同比减少5.41%；临储玉米竞价交易实际成交2191万吨，同比减少78.12%；2020年中国生猪养殖呈恢复增长，整体饲料粮需求明显回升；2021年国内玉米价格上涨，相关玉米替代产品进口量增加，粮食品种之间的比较价格发生变化，从结构上看，玉米饲用消费预计有所下降。工业消费方面，2002/03年度以来中国玉米的工业消费量在

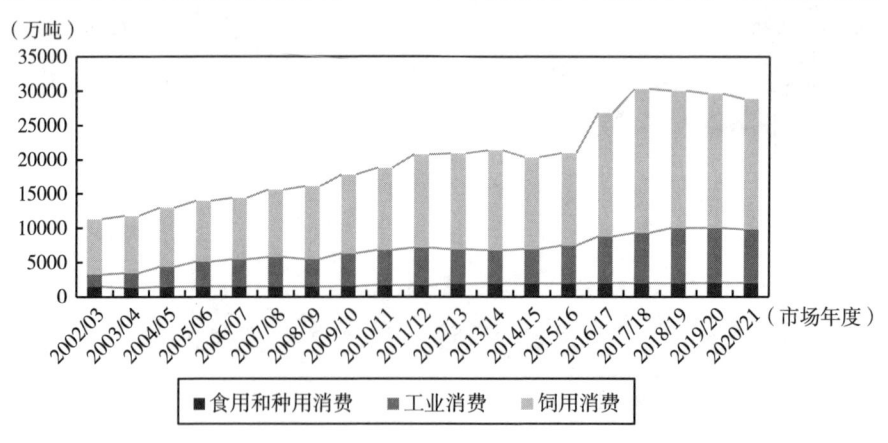

图6-3 中国玉米食用和种用、工业、饲用消费变化

资料来源：国家粮油信息中心。

不断增加，趋势较为平稳，由 2002/03 年度的 1749 万吨增加至 2019/20 年度的 8000 万吨，年均增长 21.02%。食用和种用消费方面，2002/03 年度以来中国的玉米食用和种用消费量也在不断增加，但是其增长的数量较小，增速缓慢。

3. 中国玉米进口贸易状况

2010 年中国由玉米净出口国变为净进口国，玉米进口贸易发生了变化。一是玉米进口规模不断扩大。近年来随着国内玉米供需格局偏紧持续，进口呈扩大趋势。自中国加入世界贸易组织，可以将中国玉米进口贸易分为两个阶段：2002/03—2008/09 年度为玉米进口平稳期，2008/09—2020/21 年度为玉米进口增长期（见图 6-4）。2002/03 年度中国玉米进口量最低，仅为 0.01 万吨，之后玉米进口量开始小幅度增长。从 2008/09 年度开始，中国玉米进口量出现阶段式递增特征，2019 年中国共进口玉米479.11 万吨，较 2016 年增加 162.41 万吨，三年总增长 51.28%。二是玉米进口来源结构较为单一。1995~1997 年中国形成了以美洲为主的玉米进口贸易格局，20 世纪以来，中国进口玉米的国家不断增加，但进口结构较为分散，每年进口玉米的数量和国别差异较大，主要以东南亚国家和美洲国家为主。如图 6-5 所示，2014 年之前中国主要从美国进口玉米，2014

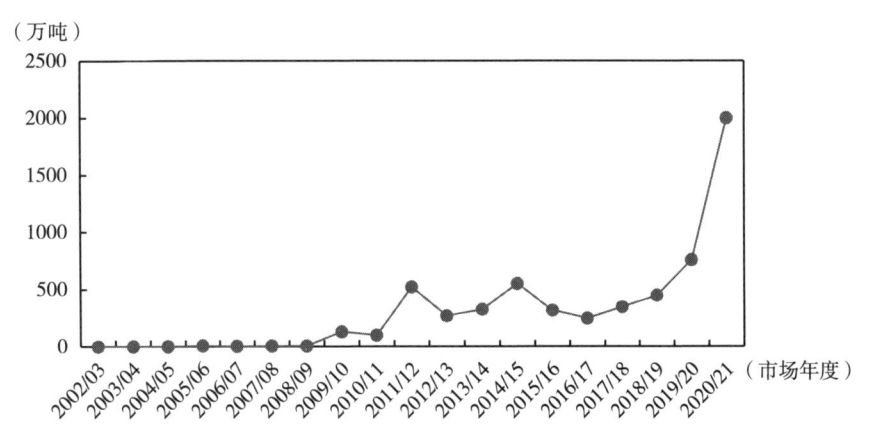

图 6-4 中国玉米进口量变化

资料来源：中华人民共和国海关总署。

年之后玉米进口主要来源国转向乌克兰。其中，从美国进口的玉米量占比由 2013 年的 90.98% 下降到 2019 年的 6.63%，从乌克兰进口的玉米量占比由 2013 年的 3.34% 上升到 2019 年的 86.36%。

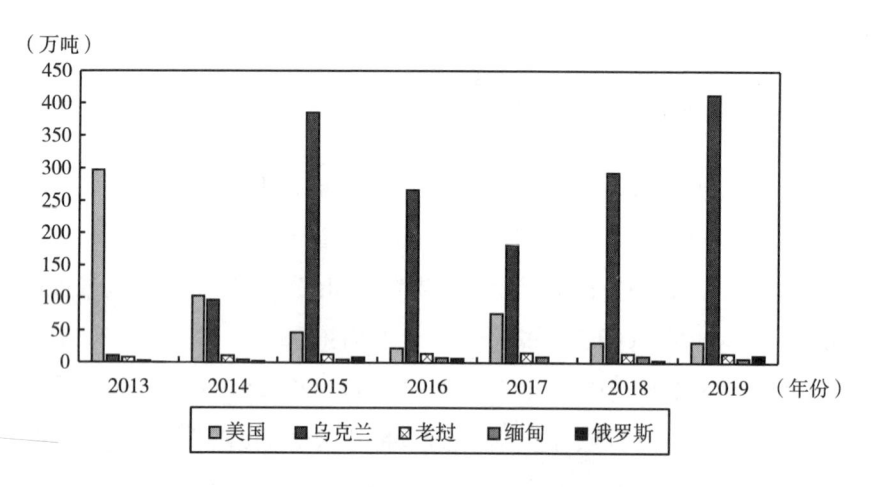

图 6-5　中国玉米分国别进口数量变化

资料来源：中华人民共和国海关总署。

4. 中国玉米供需状况

随着中国加入世界贸易组织以及经济全球一体化的发展，中国玉米与国际玉米市场的相关性越来越强。2002/03—2011/12 年度中国玉米供需基本平衡，2011/12—2016/17 年度玉米存在阶段性供给过剩，从 2016/17 年度开始，玉米消费量高于生产量，产需缺口有扩大趋势（见图 6-6）。2016 年玉米收储制度改革，加之国内去库存速度加快，玉米产需缺口呈现"鳄鱼嘴"现象。从生产端看，2016~2019 年由于面积调减等原因玉米产量下降，未来产量的恢复性增加需要经历一个过程，短期内仍然产不足需；从需求端看，随着生猪生产逐步恢复，加之工业需求的产能扩张，未来玉米需求量增速将快于产量增速，产需缺口将有扩大趋势，供需紧平衡格局依然持续。从国家粮食安全战略考虑，为了保证口粮绝对安全，由于土地等资源有限，适当放开饲料粮进口是必然的选择，未来玉米净进口将是常态化。

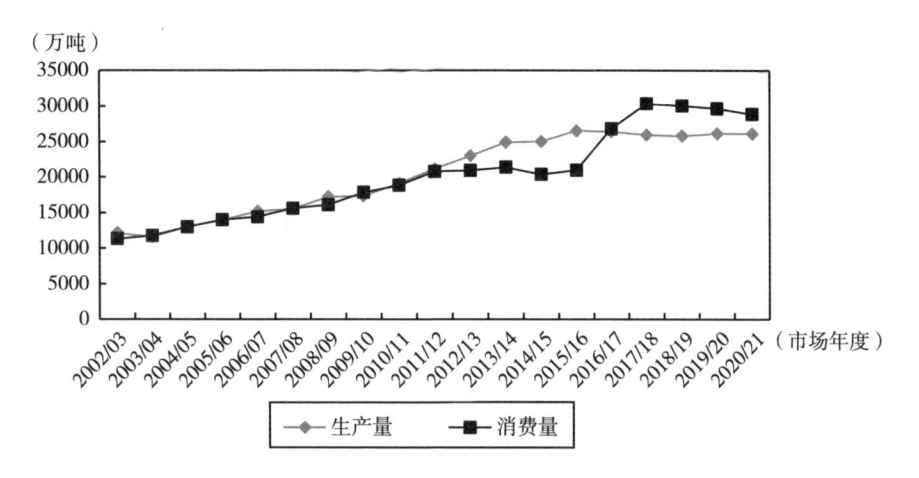

图 6-6 中国玉米产需缺口变化

资料来源：国家统计局、国家粮油信息中心。

6.4.2 世界玉米供需形势及贸易状况变化

1. 世界玉米生产状况

一是玉米种植区域广泛，收获面积、单产和产量总体不断增加。从玉米种植区域看，世界有100多个国家生产玉米，种植面积最大的是北美洲，其次是亚洲、非洲和拉丁美洲（张丽娜，2017）。2002/03—2020/21年度世界玉米的收获面积、单产和产量呈上升态势（见图6-7）。玉米收获面积由2002/03年度的13729.30万公顷增加至2019/20年度的19238.20万公顷，总增幅40.13%；单产由2002/03年度的4.39吨/公顷增加至2018/19年度的5.79吨/公顷，总增幅31.82%；产量由2002/03年度的60302万吨增加至2019/20年度的111362.90万吨，总增幅84.68%。二是世界玉米生产格局正在发生改变。以巴西、阿根廷为代表的南美洲国家、以乌克兰为代表的黑海地区国家所占份额上升趋势明显，而美国所占份额则有下降趋势。据美国农业部2020年6月发布的数据，美国玉米产量占世界玉米产量的份额由2002/03年度的37.78%下降到2019/20年度的31.3%；巴西、阿根廷则由2002/03年度的7.38%、2.57%上升到

2019/20 年度的 9.1%、4.5%；乌克兰由 2002/03 年度的 0.69% 上升到 2019/20 年度的 3.2%。

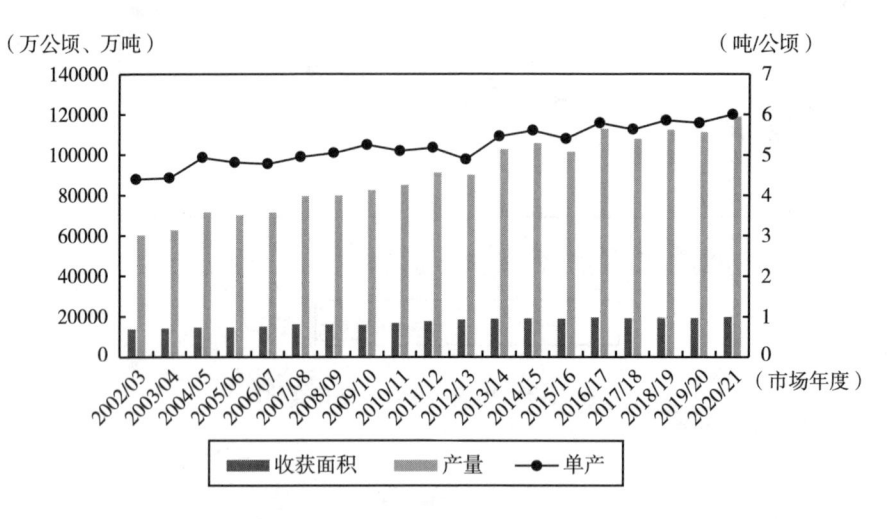

图 6-7 世界玉米收获面积、单产和产量变化
资料来源：美国农业部。

2. 世界玉米消费状况

一是消费量不断增加。世界玉米消费量呈刚性增长，饲用消费量与食用、种用和工业消费量均逐年增加（见图 6-8）。2002/03—2019/20 年度玉米消费量由 62640.30 万吨上升至 112096.80 万吨，总增幅为 78.95%；食用、种用和工业消费由 19363.20 万吨上升至 41463.00 万吨，占总消费量的份额由 30.91% 增加至 36.99%；饲用消费由 43277.10 万吨上升至 70633.80 万吨，占总消费量的份额由 69.09% 下降至 63.01%。世界玉米食用、种用和工业消费份额的提升实则是工业消费量增加的结果。二是不同国家消费结构存在差异化。当下作为食用需求的玉米消费量呈增长态势，主要是人口自然增长所致，但不同发展水平的国家玉米消费结构存在较大差异。工业欠发达国家的玉米食用消费量较大，以非洲国家居多；饲用玉米消费的增长更多来自发展中国家；工业消费主要集中在工业化水平较高的发达国家。

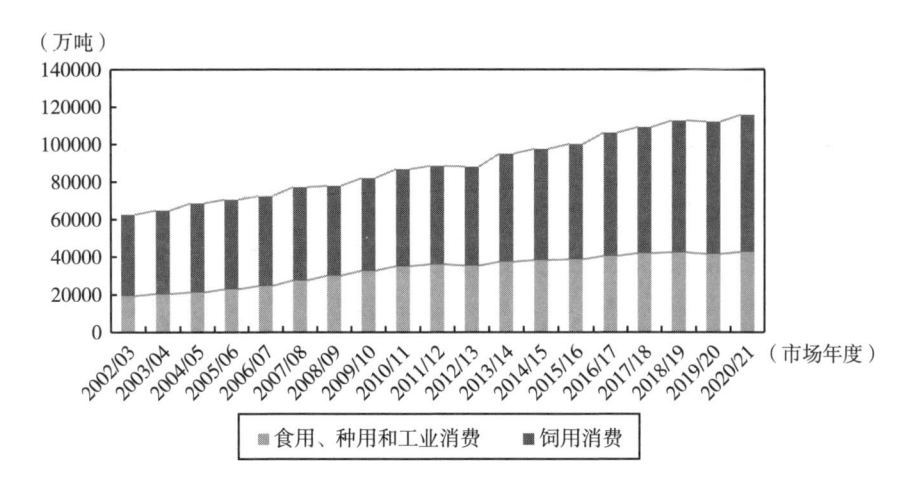

图 6-8 世界玉米消费方式变化

资料来源：美国农业部。

3. 世界玉米贸易状况

一是世界玉米贸易量在不断增长，2019/20 年度世界玉米贸易量为 17492.90 万吨，比 2013/14 年度增加了 4410 万吨。二是贸易格局有所变化，进口方面，玉米进口集中度要低于出口，新兴发展国家的肉类消费增长，玉米需求量较大，玉米进口将会继续增加。墨西哥、伊朗、越南、中国、埃及等国玉米进口将较快增长，日本、韩国、欧盟等玉米进口量基本稳定，仍将保持主要进口国家或地区的地位；出口方面，世界玉米出口量高度集中，巴西、阿根廷和乌克兰玉米出口份额明显增加，三国在国际玉米市场上的出口竞争力逐渐增强，虽然美国玉米出口规模依然最大，但其玉米出口份额在减少，国际玉米出口市场"美国一家独大"的局面正在改变。

4. 世界玉米供需状况

世界玉米总供给整体大于总需求，供需格局向宽松转变（见图 6-9）。2002/03—2011/12 年度玉米产量与消费量基本持平，个别年份产量低于消费量，库存消费比呈波动下降趋势，2003/04、2006/07、2010/11、2011/12 年度库存消费比甚至低于联合国粮农组织确定的 17% 警戒线水平，世界玉米供需格局在这一阶段较为紧张。自 2011/12 年度以来，世界玉米供需紧张的形势在慢慢改变，玉米产量高于消费量，库存消费比在波动中上升，2016/17—2019/20 年度虽然连续三年下降，但是 2019/20 年度世界玉米库存消费比依然在 27.92%，处于较高水平，供需仍然维持宽松格局。

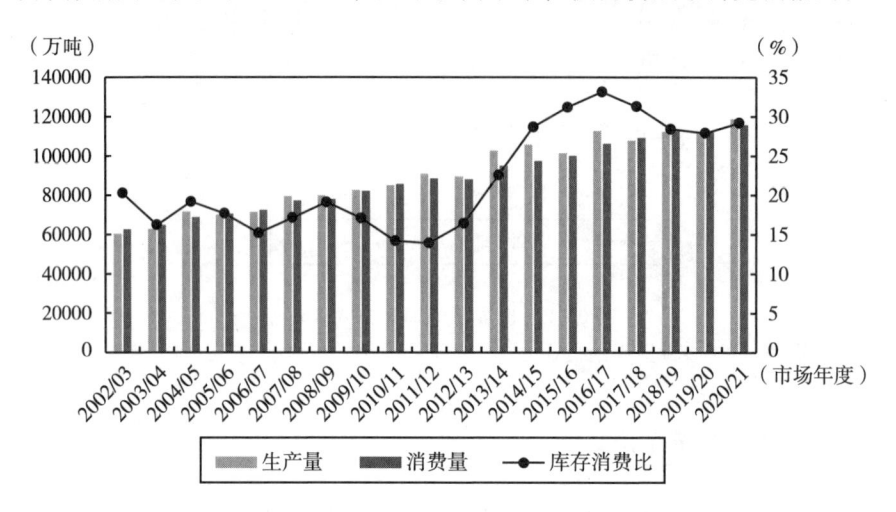

图 6-9 世界玉米生产量、消费量及库存消费比变化
资料来源：美国农业部。

综上所述，一方面中国玉米需求量增速将快于产量增速，产需缺口将有扩大趋势，供需紧平衡格局依然持续；另一方面世界较为宽松的玉米供需格局有利于中国利用国际市场资源，但世界各国对玉米需求量的持续增长加剧了中国进口玉米的难度，中国将面临更加严峻的玉米进口形势。鉴于此，加强对国际玉米市场可利用性的研究，对主要国家玉米生产潜力和出口潜力进行分析，显得十分必要。

6.5 中国玉米生产潜力分析

本节运用 GAEZ 模型从玉米播种面积潜力和单产提升潜力两个方面对中国玉米的生产潜力进行分析。由于中国玉米生产具有明显的区域性特点，因此重点对六大玉米主产区（北方春播玉米区、黄淮海平原夏播玉米区、西南山地玉米区、南方丘陵玉米区、西北灌溉玉米区、青藏高原玉米区）的玉米生产潜力进行分析，探讨不同玉米主产区的玉米生产潜力差异情况，为了解中国玉米未来的增产空间和地区分布提供一定的参考。

6.5.1 中国玉米生产潜力分析

1. 玉米播种面积潜力测算

（1）中国潜在耕地面积。[①] 适宜耕作土地面积减去现有耕地面积、适宜耕作土地位于各类保护区的面积、建筑用地面积之后即为潜在耕地面积。GAEZ将全球土地按照适宜耕作程度划分为非常适宜（VS）、适宜（S）、中等适宜（MS）、勉强适宜（mS）、不适宜（NS）和建筑用地（HSG）六个类型，VS、S、MS和mS这四种耕作类型总体被认为是适宜耕作土地[②]（田甜，2017；赵明正等，2015；赵明正，2016）。从表6-2可以看出，中国的潜在耕地面积为1387.8万公顷，占适宜耕作土地面积的87.97%，其中34.18%的潜在耕地面积位于森林区非保护区，65.82%的潜在耕地面积位于非森林区非保护区。

表6-2　　　　　　　中国潜在耕地分布情况　　　　　　单位：万公顷

潜在耕地	森林区		非森林区	
	非保护区	保护区	非保护区	保护区
1387.8	474.3	1.6	913.5	188.2

资料来源：根据GAEZ、联合国粮农组织数据库（FAOSTAT）数据计算所得。

（2）可开发潜在耕地面积。虽然潜在耕地反映了一个国家未来的粮食生产潜力，但出于对生态环境保护的考虑，各国对耕地开发有一定的条件

[①] 此处潜在耕地面积等于森林区不在保护区耕地面积与非森林区不在保护区耕地面积之和，其中非森林区不在保护区耕地面积已经减去现有耕地面积，现有耕地面积使用的是FAO数据库中2017年耕地面积。

[②] GAEZ数据库根据不同的投入水平（低投入、中等投入、高投入）和水资源来源（雨养、灌溉、雨养+灌溉）评价土地类型，本章选择在雨养+灌溉、高水平投入条件下的土地评价结果。

限制，因此潜在耕地并不是都能被开发为耕地，潜在耕地面积减去不可开发的潜在耕地面积即为可开发潜在耕地面积。若一国中有法律规定适度、限制或禁止开发本国森林资源，则可开发潜在耕地面积中只包含该国位于非森林区非保护区的面积；若一国对森林开发无明显限制，则可开发潜在耕地面积等于潜在耕地面积。《中华人民共和国土地管理法》中明确规定禁止毁坏森林和草原开垦耕地，《中华人民共和国森林法》规定禁止毁林开垦和毁林采石、采砂、采土以及其他毁林行为，因此中国的可开发潜在耕地面积为减去位于森林区和非森林区保护区的面积，即可开发潜在耕地面积是非森林区非保护区的474.3万公顷土地面积。

（3）潜在播种面积。在可开发潜在耕地的基础上考虑到土地复种情况之后得到的播种面积即为潜在播种面积。一国的农业熟制是由自然条件和人地关系共同决定的，一般情况下农业熟制变化不大，作物复种指数较为稳定。由于数据可获得性有限，本章假设2020S中国的可开发潜在耕地面积与当前熟制相同。表6-3显示了中国六大玉米主产区的潜在播种面积和熟制情况，黄淮海平原夏播玉米区的潜在播种面积最大，为370.0万公顷，西南山地玉米区和北方春玉米区次之，分别占中国潜在总播种面积的23.21%和18.53%；南方丘陵玉米区的潜在播种面积居中，占潜在总播种面积的10.11%；西北灌溉玉米区、青藏高原玉米区由于玉米播种面积占全国玉米播种面积的比重较小，因此潜在播种面积较小，分别为24.9万公顷和11.9万公顷。

表6-3　　　　　　　　中国玉米潜在播种面积及熟制情况

地区	排序	潜在播种面积（万公顷）	一年一熟（%）	一年两熟（%）	一年三熟（%）
北方春玉米区	3	156.5	100.00	0.00	0.00
黄淮海平原夏播玉米区	1	370.0	0.00	100.00	0.00
西南山地玉米区	2	196.1	8.33	25.00	66.67
南方丘陵玉米区	4	85.4	0.00	0.00	100.00
西北灌溉玉米区	5	24.9	50.00	50.00	0.00
青藏高原玉米区	6	11.9	100.00	0.00	0.00

（4）玉米播种面积潜力。复种指数和玉米种植比例均会影响一国玉米潜在播种面积的大小，考虑到某一年种植结构变化造成的偶然影响，本节以 2016~2018 年中国玉米在玉米、水稻、小麦、大豆这四种主要粮食作物中的种植比重为当前玉米种植比重。同时考虑到天气等自然环境的偶然因素影响，中国的玉米单产采用国家统计局 2016~2018 年六大玉米主产区所在省份①的移动平均单产数据，依据式（6.1）、式（6.2）测算出中国玉米的播种面积潜力，如表 6-4 所示。黄淮海平原夏播玉米区的播种面积潜力最大，为 900.7 万吨；其次是北方春玉米区和西南山地玉米区，玉米播种面积潜力分别为 451.2 万吨和 423.6 万吨；南方丘陵玉米区和西北灌溉玉米区的玉米播种面积潜力分别占中国玉米播种面积潜力的 7.97% 和 3.55%；青藏高原玉米区由于玉米播种面积最小且玉米单产水平较低，其玉米增产潜力最小，为 32.8 万吨，主要原因在于该区的玉米潜在播种面积较小。由此可以看出，未来中国玉米播种面积增长的地区主要在黄淮海平原夏播玉米区、北方春玉米区和西南山地玉米区。

表 6-4　　　　　　　　中国玉米播种面积潜力

地区	排序	播种面积潜力（万吨）	玉米潜在播种面积（万公顷）	种植面积比重（%）	单产（吨/公顷）
北方春玉米区	2	451.2	68.4	43.69	6.60
黄淮海平原夏播玉米区	1	900.7	161.6	43.69	5.57
西南山地玉米区	3	423.6	85.7	43.69	4.95
南方丘陵玉米区	4	162.9	37.3	43.69	4.37
西北灌溉玉米区	5	72.5	10.9	43.69	6.67
青藏高原玉米区	6	32.8	5.2	43.69	6.34

资料来源：根据国家统计局数据计算所得。

2. 玉米单产提升潜力测算

（1）玉米潜在单产及单产差距。潜在单产差距的大小反映了未来 2020S

---

① 北方春玉米区包括黑龙江、吉林、辽宁、内蒙古、宁夏、山西 6 个省（区）；黄淮海平原夏播玉米区包括山东、河南、河北、陕西、江苏、安徽 6 个省；西南山地玉米区包括四川、贵州、广西、云南、湖北、湖南 6 个省（区）；南方丘陵玉米区包括广东、海南、福建、浙江、江西、台湾 6 个省；西北灌溉玉米区包括新疆、甘肃 2 个省（区）；青藏高原玉米区包括青海、西藏 2 个省（区）。

中国玉米主产区单产增加的空间,若单产差距为负数,则说明该主产区当前的玉米单产水平高于2020S的玉米单产水平,2020S依靠单产提升增加玉米产量的潜力较小,并非没有空间。表6-5显示了中国六大玉米主产区的玉米潜在单产及差距。黄淮海平原夏播玉米区的玉米单产提升空间最大,为3.81吨/公顷,其次是南方丘陵玉米区和西南山地玉米区,分别为2.57吨/公顷和2.39吨/公顷,这三个玉米主产区未来的玉米单产提升空间均在2.00吨/公顷以上,北方春玉米区的玉米潜在单产差距为1.55吨/公顷,西北灌溉玉米区为0.48吨/公顷。青藏高原玉米区目前的玉米单产水平已高于2020S的玉米单产,未来2020S依靠单产提升增加玉米产量的潜力较小。

表6-5　　　　　　　　中国玉米潜在单产及差距　　　　　　　单位:吨/公顷

地区	2016~2018年平均单产	2020S潜在单产	2020S潜在单产差距
北方春玉米区	6.60	8.15	1.55
黄淮海平原夏播玉米区	5.57	9.39	3.81
西南山地玉米区	4.95	7.33	2.39
南方丘陵玉米区	4.37	6.93	2.57
西北灌溉玉米区	6.67	7.15	0.48
青藏高原玉米区	6.34	5.82	-0.51

资料来源:根据国家统计局数据计算所得。

(2)玉米单产提升潜力。假设未来2020S中国六大玉米主产区的玉米播种面积保持不变,以2016~2018年各个玉米主产区所在省份的移动单产平均数据为依据,根据式(6.3)计算中国的玉米单产提升潜力,仅计算玉米潜在单产高于2016~2018年实际平均单产的玉米主产区的玉米增产潜力。表6-6显示了中国玉米单产提升潜力,黄淮海平原夏播玉米区未来依靠单产提升增加玉米产量的潜力最大,为924.2万吨;北方春玉米区次之,为526.9万吨;接下来是西南山地玉米区,为249.5万吨。这三个玉米主产区的玉米单产提升潜力均在200.0万吨以上,西北灌溉玉米区的单产提升潜力为49.5万吨。在玉米潜在单产高于2016~2018年实际平均单产的主产区中，南方丘陵玉米区的单产提升潜力最小，为12.8万吨，主要原因在于现有玉米的播种面积较小。

表6-6　　　　　　　　　中国玉米单产提升潜力

地区	排序	单产提升潜力（万吨）	2016~2018年玉米平均播种面积（万公顷）
北方春玉米区	2	526.9	339.6
黄淮海平原夏播玉米区	1	924.2	242.3
西南山地玉米区	3	249.5	104.5
南方丘陵玉米区	5	12.8	5.0
西北灌溉玉米区	4	49.5	103.2
青藏高原玉米区	6	0.0	1.2

资料来源：根据国家统计局数据计算所得。

3. 玉米总生产潜力测算

玉米总生产潜力是指由玉米播种面积潜力与单产提升潜力带来的玉米增产潜力之和，根据前文的测算，中国玉米总生产潜力如表6-7所示。黄淮海平原夏播玉米区的玉米总增产潜力最大，为1824.9万吨，占中国玉米总生产潜力的47.94%；北方春玉米区和西南山地玉米区次之，分别为978.0万吨和673.1万吨，占中国玉米总生产潜力的25.69%和17.68%；南方丘陵玉米区和西北灌溉玉米区的玉米总生产潜力也均在100.0万吨以上，分别为175.7万吨和122.1万吨，占中国玉米总生产潜力的4.62%和3.21%；青藏高原玉米区的玉米总增产潜力最小，为32.8万吨，仅占中国玉米总生产潜力的0.86%。其中，黄淮海平原夏播玉米区和北方春玉米区的单产提升潜力对玉米总生产潜力的贡献高于播种面积潜力，二者单产提升潜力贡献率分别为50.64%和53.87%；西南山地玉米区、南方丘陵玉米区、西北灌溉玉米区和青藏高原玉米区的播种面积潜力对玉米总生产潜力的贡献高于单产提升潜力；南方丘陵玉米区的播种面积潜力贡献率达到了92.73%；青藏高原播种面积潜力对其玉米总生产潜力的贡献最大。

表 6-7　　　　　　　　　中国玉米总生产潜力及贡献率

地区	排序	总生产潜力（万吨）	播种面积潜力贡献率（%）	单产提升潜力贡献率（%）
北方春玉米区	2	978.0	46.13	53.87
黄淮海平原夏播玉米区	1	1824.9	49.36	50.64
西南山地玉米区	3	673.1	62.93	37.07
南方丘陵玉米区	4	175.7	92.73	7.27
西北灌溉玉米区	5	122.1	59.44	40.56
青藏高原玉米区	6	32.8	100.00	0.00

整体来看，播种面积和单产提升对中国玉米总生产潜力均有不同程度的贡献，未来2020S中国国内有一定的玉米生产潜力，但将玉米生产潜力转变为现实的生产力需要不同程度地增加现有玉米播种面积和提升玉米单产水平，在转化过程中会受到不同因素的制约，这些因素一定程度上在短期内较难完全被克服，尤其是在坚守"谷物基本自给，口粮绝对安全"的战略底线下，大范围增加玉米播种面积的可能性较小，在国内玉米供需缺口拉大、长期供求紧平衡的形势下，充分利用国际玉米市场进行余缺调剂将成为常态。

6.5.2　中国玉米生产制约因素分析

1. 玉米播种面积潜力制约因素

一是政府政策引导。一方面，由于玉米单位面积产量较大豆等其他作物品种要高，政府出台相关政策将会对玉米播种面积的变化产生较大影响。虽然中国玉米播种面积在一定时期内大幅度增长，但其播种面积增加的背后是通过挤占其他农作物种植面积实现的，特别是大豆播种面积。2016年，《中共中央　国务院关于落实发展新理念加快农业现代化　实现全面小康目标的若干意见》中，明确提出要通过稳定水稻和小麦的生产，适当调减非优势区的玉米面积来提高农业的综合效益。另一方面，总耕地面积受国家城镇化进程的影响，承受的压力日益增大。按照发达国家城市化率80%计算,中国城镇化在未来20年仍然需要保持每年1个百分点的速度增长,还将有2.5亿至2.8亿人口进城,需要占用大量土地。

二是收益变化。第三次农业普查数据显示,中国农业经营主体的98%以上是小农户,总耕地面积的70%由小农户耕种,但规模化经营率仅有30%,这反映了小农户在有限的土地资源条件下获得高收益的空间有待提升(杨博琼等,2020)。2018年家庭承包经营面积的37%是流转的承包土地,平均每个农户的经营规模仅为7.8亩。在当前土地流转效率不高、社会化服务组织不健全、规模化经营度低、标准化专业化水平低的现实情况下,种粮的比较效益较低,尤其是当玉米种植的比较收益低于其他农作物的收益时,会减轻农户选择种植玉米的积极性,影响玉米的播种面积。因此,玉米与其他农作物价格的比较优势变化是影响玉米面积变化的重要原因。

2. 玉米单产提升潜力制约因素

一是技术潜力。极端天气使得农业生产面临的不确定影响越发严重,旱涝灾害频发,病虫害加重,同时降水的不确定性也加剧了水资源的供需矛盾。中国由于地域广阔、气候差异大、自然灾害频繁、土壤肥力下降等因素,提高粮食单产长期依靠大量使用化肥、农药来实现,在化肥、农药使用量偏高的情况下,小的技术改进已不足以使粮食生产迈上新的台阶,短期内没有农业技术的重大突破,进一步提高粮食单产潜力有限。且中国中低产田约占现有耕地的2/3,粮食单产不稳定;水资源利用率不高,浪费现象严重;高抗病虫害和适应性广的良种推广使用不足,农业生产抵抗自然灾害的能力差等,都限制了中国玉米单产的提升。

二是转基因玉米种植。世界卫生组织提到过,转基因作物能够明显改善原有作物的品质和产量,可以作为普通作物的补充,对解决世界粮食问题有正向作用。2018年种植转基因作物面积超过5000万公顷的国家是美国和巴西,阿根廷、加拿大和印度三个国家种植面积紧随其后(侯军岐等,2020)。从全球转基因玉米产业发展来看,推广转基因玉米对玉米单产增加具有显著的积极影响。中国农业农村部在 2019 年 7 月发布《农业农村部办公厅关于组织转基因生物新品种培育重大专项课题调增研究任务申报的通知》，此项政策的出台标志着中国将加快转基因玉米和大豆的产业化进程。2021 年 1 月，农业农村部发布《2021 年农业转基因生物监管工作方案》，明确指出各级政府要支持农业转基因生物安全事业的发展。目前中国的转基因技术处于推广的初期，推广适应性广、抗病虫害能力强的转基因玉米是未来中国玉米产业的发展。但是，转基因玉米的推广是一项长期工作，即使未来短期内应用到生产中，考虑到农户接受程度、地方种植政策、市场管理等风险的影响，其种植范围将会是有限的，仅靠局部地区利用转基因玉米达到增产目的来弥补国内越来越大的玉米供需缺口可能是一件比较困难的事情。

6.6 世界主要玉米生产国玉米生产潜力分析

根据联合国粮农组织数据库，将玉米产量和出口量在前 25 位的国家分别进行排序，最后综合考虑产量和出口量的情况，本章将世界主要玉米生产国的范围界定为美国、巴西、阿根廷、乌克兰、俄罗斯、加拿大、罗马尼亚、法国、匈牙利、墨西哥、巴拉圭和南非这 12 个国家。这 12 个国家的玉米总产量占世界玉米总产量的 57.92%，玉米总出口量占世界玉米总出口量的 92.64%，对世界玉米市场的影响较大。

6.6.1 世界主要玉米生产国玉米生产潜力测算

1. 玉米播种面积潜力测算

（1）潜在耕地面积。从表 6-8 可以看出，巴西的潜在耕地面积最大，为 35119.2 万公顷，占世界主要玉米生产国潜在总耕地面积的 39.07%；其次是美国和俄罗斯，分别为 21080.2 万公顷和 14880.3 万公顷，占世界主要玉米生产国潜在总耕地面积的23.45%和16.56%；阿根廷和加拿大的潜在耕地面积均在5000万~6000万公顷，分别占世界主要玉米生产国潜在总耕地面积的6.39%和5.94%；墨西哥、乌克兰、巴拉圭和法国的潜在耕地面积均在1000万~2000万公顷，四国潜在总耕地面积为5949.4万公顷，占世界主要玉米生产国总耕地面积的6.62%；南非、罗马尼亚和匈牙利的潜在耕地面积较小，均低于1000万公顷，三国潜在总耕地面积为1853.7万公顷，占世界主要玉米生产国总耕地面积的2.06%。

表6-8　　　　　世界主要玉米生产国潜在耕地分布情况　　　　单位：万公顷

国家	排序	潜在耕地	森林区 非保护区	森林区 保护区	非森林区 非保护区	非森林区 保护区
美国	2	21080.2	7463.3	143.1	13616.9	268.8
巴西	1	35119.2	16182.3	769.9	18936.9	1416.1
阿根廷	4	5744.2	355.3	16.4	5388.9	36.8
乌克兰	7	1578.2	257.1	3.5	1321.1	21.6
俄罗斯	3	14880.3	7408.4	12.2	7471.9	45.7
加拿大	5	5253.5	2981.6	60.7	2271.9	83.7
罗马尼亚	11	625.8	109.1	2.0	516.7	42.3
法国	9	12289.0	139.3	19.2	1089.6	257.6
匈牙利	12	305.6	47.0	0.9	258.6	11.1
墨西哥	6	1767.7	8689.0	81.1	898.8	90.1
巴拉圭	8	1374.6	53.1	0.0	1321.5	2.6
南非	10	922.3	8.8	0.0	913.5	29.9

资料来源：根据GAEZ、联合国粮农组织数据库数据计算所得。

（2）可开发潜在耕地面积。表6-9展示了世界各个主要玉米生产国关于森林开发的相关法律和内容，除阿根廷和巴拉圭之外，其他国家对森林资源开发都有不同程度的限制。其中，美国、巴西、乌克兰、加拿大和罗马尼亚对国内森林资源开发与利用的法律法规限制比较严格，因此潜在耕地面积的开发可能会成为其玉米生产潜力释放的制约性因素。表6-10

显示了世界主要玉米生产国的可开发潜在耕地面积，在除去限制因素以后，巴西和美国的可开发潜在耕地面积依然排在前两位，分别是18936.9万公顷和13616.9万公顷，占世界玉米生产国可开发潜在总耕地面积的34.80%和25.02%；俄罗斯和阿根廷次之，可开发潜在耕地面积分别是7471.9万公顷和5744.2万公顷，占世界玉米生产国可开发潜在总耕地面积的13.73%和10.56%；加拿大可开发潜在耕地面积位于第5位，为2271.9万公顷，占世界玉米生产国可开发潜在总耕地面积的4.18%；巴拉圭、乌克兰和法国的可开发潜在耕地面积在1000万~1500万公顷，三国可开发潜在总耕地面积占世界玉米生产国可开发潜在总耕地面积的6.96%；南非、墨西哥、罗马尼亚和匈牙利的可开发潜在耕地面积均在1000万公顷以下，四国可开发潜在总耕地面积占世界玉米生产国可开发潜在总耕地面积的4.76%，其中匈牙利的可开发潜在耕地面积最小，为258.6万公顷。

表6-9　　　　　　　世界主要玉米生产国相关法律内容

国家	相关法律	相关内容
美国	《天然林保护法》	禁止开发森林和荒地
巴西	《森林法》	禁止开发原始森林
阿根廷	《森林投资法》	无明显制约
乌克兰	《森林法》	实行严格的森林采伐限额制度
俄罗斯	《俄罗斯联邦林业局森林可持续经营标准和指示条例》	不同类型的林区可适度开始使用
加拿大	《加拿大森林协议》	以维护生态系统为目的管理森林
罗马尼亚	《森林法》	严格限制林区开发
法国	《森林法》	可适度开发私有林地
匈牙利	新《森林法》	加大荒山造林支持力度
墨西哥	《森林持续发展法》	鼓励植树造林，退耕还林
巴拉圭	《森林法》	开发尚未利用的森林地带
南非	《森林法》	促进林业部门兴旺发达，大力发展人工林

资料来源：中国林业网。

表 6-10　　世界主要玉米生产国可开发潜在耕地面积　　单位：万公顷

国家	排序	可开发潜在耕地面积
美国	2	13616.9
巴西	1	18936.9
阿根廷	4	5744.2
乌克兰	7	1321.1
俄罗斯	3	7471.9
加拿大	5	2271.9
罗马尼亚	11	516.7
法国	8	1089.6
匈牙利	12	258.6
墨西哥	10	898.8
巴拉圭	6	1374.6
南非	9	913.5

（3）潜在播种面积。表6-11显示了世界主要玉米生产国的潜在播种面积和熟制情况。巴西的潜在播种面积最大，为43996.1万公顷，占世界主要玉米生产国潜在总播种面积的42.31%；美国和阿根廷次之，潜在播种面积分别为27785.3万公顷和12204.7万公顷，占世界主要玉米生产国潜在总播种面积的26.72%和11.74%；俄罗斯和巴拉圭的潜在播种面积在世界主要玉米生产国中位居第4位、第5位，分别为7539.1万公顷和3721.4万公顷，占世界主要玉米生产国潜在总播种面积的7.25%和3.58%；加拿大、墨西哥、南非、乌克兰和法国的潜在播种面积在1000万公顷至2300万公顷之间，五国潜在总播种面积占世界主要玉米生产国潜在总播种面积的7.45%；罗马尼亚和匈牙利的潜在播种面积较小，均在650万公顷以下，两国潜在总播种面积仅占世界主要玉米生产国潜在总播种面积的0.96%。俄罗斯、乌克兰、加拿大、法国由于一年一熟的比例较大，因此潜在播种面积和可开发潜在耕地面积差距较小，墨西哥、巴拉圭和南非由于一年两熟或三熟的比例较大，潜在播种面积均提高到了1000万公顷以上。

表 6-11　　世界主要玉米生产国潜在播种面积及熟制

国家	排序	潜在播种面积（万公顷）	一年一熟（%）	一年两熟（%）	一年三熟（%）
美国	2	27785.3	23.40	49.12	27.47
巴西	1	43996.1	5.79	56.09	38.12
阿根廷	3	12204.7	25.23	37.04	37.72
乌克兰	9	1321.1	100.00	0.00	0.00
俄罗斯	4	7539.1	99.10	0.90	0.00
加拿大	6	2274.2	99.90	0.10	0.00
罗马尼亚	11	639.5	76.21	23.78	0.00
法国	10	11480.0	94.64	5.36	0.00
匈牙利	12	363.8	59.32	40.68	0.00
墨西哥	7	1540.5	42.90	42.80	14.30
巴拉圭	5	3721.4	5.09	19.00	75.88
南非	8	1461.3	42.72	54.74	2.59

资料来源：根据 GAEZ 数据计算所得。

（4）玉米播种面积潜力。表 6-12 显示了世界各个主要玉米生产国的玉米播种面积潜力，其中美国的玉米播种面积潜力最大，为 128817.7 万吨，占世界主要玉米生产国玉米总播种面积潜力的 53.39%；巴西次之，玉米播种面积潜力为 65686.2 万吨，占世界主要玉米生产国玉米总播种面积潜力的 27.23%；阿根廷居于第 3 位，玉米播种面积潜力为 18524.6 万吨，占世界主要玉米生产国玉米总播种面积潜力的 7.68%，玉米播种面积潜力排在前三位的国家主要得益于国内玉米潜在播种面积远远高于其他主要玉米生产国；墨西哥和南非的玉米播种面积潜力分别位于第 4 位、第 5 位，两国玉米总播种面积潜力占世界主要玉米生产国玉米总播种面积潜力的 4.27%，主要原因在于两国国内玉米种植比重较大；巴拉圭、俄罗斯和乌克兰的玉米播种面积潜力在 3000 万吨至 4000 万吨之间，三国玉米总播种面积潜力占世界主要玉米生产国玉米总播种面积潜力的 4.15%；加拿大和法国的玉米播种面积潜力在 2000 万吨至 2500 万吨之间，两国玉米总播种面积潜力占世界主要玉米生产国玉米总播种面积潜力的1.89%；罗马尼亚和匈牙利的玉米播种面积潜力在1000万~2000万吨，两国玉米总播种面积潜力仅占世界主要玉米生产国玉米总播种面积潜力的1.39%。

表6-12　　　　世界主要玉米生产国玉米播种面积潜力

国家	排序	播种面积潜力（万吨）	玉米潜在播种面积（万公顷）	种植面积比重（%）	单产（吨/公顷）
美国	1	128817.7	10889.1	39.19	11.83
巴西	2	65686.2	13137.2	29.86	5.00
阿根廷	3	18524.6	2631.3	21.56	7.04
乌克兰	8	3065.2	460.9	34.89	6.65
俄罗斯	7	3088.5	609.1	8.08	5.07
加拿大	9	2402.5	238.1	10.47	10.09
罗马尼亚	11	1977.8	334.1	52.24	5.92
法国	10	2147.2	236.5	20.6	9.08
匈牙利	12	1376.7	173.0	47.54	7.96
墨西哥	4	5158.5	1368.3	88.82	3.77
巴拉圭	6	3861.1	731.3	19.65	5.28
南非	5	5153.8	979.9	67.05	5.26

资料来源：根据联合国粮农组织数据库数据计算所得。

2. 玉米单产提升潜力测算

（1）玉米潜在单产及单产差距。表6-13显示了世界主要玉米生产国的玉米潜在单产及差距，墨西哥的玉米单产提升空间最大，为3.20吨/公顷；巴拉圭、罗马尼亚、阿根廷和南非的玉米单产提升空间在1.30~1.90吨/公顷之间；在当前的玉米单产水平低于2020S玉米单产水平的国家中，巴西玉米单产提升空间最小，为0.08吨/公顷。加拿大、乌克兰、匈牙利、法国、美国和俄罗斯目前的玉米单产水平已经高于2020S的玉米单产，未来这六个国家依靠玉米单产增加产量的空间较小，而其他六个国家的玉米单产均有不同程度的提升空间。

表 6-13　世界主要玉米生产国玉米潜在单产及差距　　单位：吨/公顷

国家	2016~2018年平均单产	2020S 潜在单产	2020S 潜在单产差距
美国	11.83	7.86	-3.97
巴西	5.00	5.08	0.08
阿根廷	7.04	8.69	1.65
乌克兰	6.65	6.32	-0.33
俄罗斯	5.07	4.89	-0.18
加拿大	10.09	4.15	-5.94
罗马尼亚	5.92	7.74	1.82
法国	9.08	6.70	-2.38
匈牙利	7.96	7.03	-0.93
墨西哥	3.77	6.97	3.20
巴拉圭	5.28	7.14	1.86
南非	5.26	6.65	1.39

资料来源：根据联合国粮农组织数据库数据计算所得。

（2）玉米单产提升潜力。表6-14显示了世界主要玉米生产国依靠单产提升的玉米增产潜力，墨西哥依靠单产提升增加玉米产量的潜力最大，为2352.8万吨，占世界主要玉米生产国玉米单产提升潜力的52.48%；阿根廷次之，为1043.8万吨，占世界主要玉米生产国玉米单产提升潜力的23.28%；接下来是罗马尼亚，为450.1万吨，占世界主要玉米生产国玉米单产提升潜力的10.04%；南非的玉米单产提升潜力为319.3万吨，占世界主要玉米生产国玉米单产提升潜力的7.12%；巴拉圭和巴西的玉米单产提升潜力分别为183.8万吨和133.6万吨，两国玉米单产总提升潜力占世界主要玉米生产国玉米单产提升潜力的7.08%。加拿大、乌克兰、匈牙利、法国、美国和俄罗斯未来2020S依靠玉米单产增加产量的空间较小。

表 6-14　世界主要玉米生产国玉米单产提升潜力

国家	排序	单产提升潜力（万吨）	2016~2018年玉米平均播种面积（万公顷）
美国	7	0.0	3388.9
巴西	6	133.6	1617.3

续表

国家	排序	单产提升潜力（万吨）	2016~2018年玉米平均播种面积（万公顷）
阿根廷	2	1043.8	633.9
乌克兰	7	0.0	443.2
俄罗斯	7	0.0	261.8
加拿大	7	0.0	138.5
罗马尼亚	3	450.1	247.5
法国	7	0.0	143.3
匈牙利	7	0.0	98.1
墨西哥	1	2352.8	735.0
巴拉圭	5	183.8	99.0
南非	4	319.3	229.8

资料来源：根据联合国粮农组织数据库数据计算所得。

3. 玉米总生产潜力测算

根据前文的测算，世界主要玉米生产国玉米总生产潜力如表6-15所示。美国的玉米总增产潜力最大，为128817.7万吨，占世界主要玉米生产国玉米总生产潜力的52.42%；巴西和阿根廷次之，分别为65819.8万吨和19568.4万吨，占世界主要玉米生产国玉米总生产潜力的26.78%和7.96%；墨西哥、南非和巴拉圭的玉米总生产潜力在4000万~7600万吨，三国玉米总生产潜力之和占世界主要玉米生产国玉米总生产潜力的6.93%；俄罗斯和乌克兰的玉米总生产潜力在3000万吨以上，分别为3088.5万吨和3065.2万吨，两国玉米总生产潜力之和占世界主要玉米生产国玉米总生产潜力的2.50%；罗马尼亚、加拿大和法国的玉米总生产潜力均在2000万~2500万吨，三国玉米总生产潜力之和占世界主要玉米生产国玉米总生产潜力的2.84%；匈牙利的玉米总增产潜力最小，为1376.7万吨，仅占世界主要玉米生产国玉米总生产潜力的0.56%。其中，美国、乌克兰、俄罗斯、加拿大、法国和匈牙利这六个国家的玉米生产潜力主要依靠潜在可开发玉米播种面积的增加，巴西、阿根廷、墨西哥、南非、巴拉圭、罗马尼亚的玉米增产潜力中，既有潜在可开发玉米播种面积的增加，又有单产提升的空间。

表6-15　世界主要玉米生产国玉米总生产潜力及贡献率

国家	排序	总生产潜力（万吨）	播种面积潜力贡献率（%）	单产提升潜力贡献率（%）
美国	1	128817.7	100.00	0.00
巴西	2	65819.8	99.80	0.20
阿根廷	3	19568.4	94.67	5.33
乌克兰	8	3065.2	100.00	0.00
俄罗斯	7	3088.5	100.00	0.00
加拿大	10	2402.5	100.00	0.00
罗马尼亚	9	2427.9	81.46	18.54
法国	11	2147.2	100.00	0.00
匈牙利	12	1376.7	100.00	0.00
墨西哥	4	7511.3	68.68	31.32
巴拉圭	6	4044.9	95.46	4.54
南非	5	5473.2	94.17	5.83

6.6.2　世界主要玉米生产国玉米生产制约因素分析

1. 基础设施因素

落后的基础设施建设会增加包括生产、运输、销售、储藏等在内的总生产成本，降低农业生产效率。美国、加拿大、法国等发达国家的基础设施建设较为成熟，而巴西、阿根廷、俄罗斯等南美国家和黑海地区国家的农业基础设施无法满足农业生产发展的需要，特别是铁路交通条件差导致粮食运输成本过高，同时农业生产所需要的物资难以及时运入，港口设施、农田水利等建设尚不完备，使得粮食生产与输出效率较低，粮食仓储条件差，浪费现象较为普遍，上述因素是制约当地粮食生产潜力释放的重要方面。例如，巴西基础设施落后老化，尤其是交通设施还较为欠缺，铁路覆盖不足，机场设施落后，现有的农业设施非常老旧，急需改造，阻碍了潜在土地的开发和使用。阿根廷铁路和公路等交通设施建设不足，现有的粮食港口和码头等基础设施被欧美等企业投资者所垄断，其他生产者难以使用，存在运输成本障碍。存储不易、运输困难等问题是制约俄罗斯农业发展的最主要因素，尤其是远东等土地资源丰富地区的仓储、码头、运输体系发展滞后，火车车皮不足问题尤为严重，俄罗斯每年造成包括玉米在内的谷物损失为1500万~2000万吨。

2. 物资投入因素

一方面，农业机械和化肥投入都是对土地和人力的替代，是发展中国家保障粮食生产规模、提高粮食产出效率的必要条件。另一方面，科技是第一生产力，农业技术投入与推广和农民教育问题对提高土地利用率和粮食综合生产能力具有重要意义。发达国家的物资投入较为充足，而限制发展中国家粮食生产潜力开发的重要原因之一在于生产要素投入不足。例如，巴西农民的受教育水平处于低层次状态，2/3的农民受教育年限少于6年，降低了其对现代化农业生产方式的接受程度，农业生产效率不佳，存在滥用化肥农药等问题，制约了粮食单产水平（徐萌等，2018）。俄罗斯的农业技术潜力较低，一是农业科技投入不足，2014~2015年俄罗斯农业科技投入在科技总投入中所占比重约为1.6%；二是农业技术装备薄弱，目前俄罗斯每1000公顷的耕地中只配备了1.6台联合收割机和2台拖拉机，与美国（25.9台和17.9台）、德国（65台和11.5台）等主要国家存在较大差距；三是农业教育基础较差，难以满足农业整体的发展需要，目前俄罗斯致力于农业教育的大学仅有54所（高际香，2020）。南非财政对农业的支持水平较低，从资金流向看，2016年公共财政对包括农业在内的经济发展支出比例为10%，这意味着国家政策对灌溉、仓储、道路等农业公共基础设施建设的支持度不高，农业发展条件不乐观（何蕾等，2019）。

3. 劳动力因素

人口老龄化已经成为困扰许多国家经济发展与社会进步的重要因素，而人口老龄化必然导致农业劳动力质量下降，影响农业技术的推广与使用，加之农业二元结构和不平衡状况使得农业的比较效益低，农业劳动力向第二、第三产业转移，造成土地资源闲置和浪费，由此产生的农业劳动力结构老化和短缺问题不利于粮食生产潜力的开发。例如，美国家庭农场主老龄化问题较为严重，农场经营者的老龄化将直接影响农场规模，进而降低规模效益，会限制农场作物产量的提升。匈牙利25%的人口在60岁以上，其中17.5%的人口在65岁以上，农业劳动力极度短缺，劳动力价格不断上涨，粮食生产成本增加使得粮食收益下降，农业劳动力短缺和粮食生产出现恶性循环。

4. 自然环境因素

自然环境的改变是影响粮食生产的重要因素，其不仅能够直接影响作物生长，还能造成粮食种植面积的减少，进而影响粮食产量。无论是发达国家还是发展中国家，粮食生产都因自然环境变化而受到不同程度的影响。例如，自然气候风险是制约加拿大农业潜力释放的主要原因，从地理气候分区来看，加拿大暴风雪、冰雹等自然灾害较多，一些重要的谷类作物的产地又特别集中，谷物产量受到严重影响，作物单产波动系数很大（柳一桥，2020）。阿根廷国土狭长，气候跨越热带、亚热带和温带气候，农业受降水和气温影响较大，曾多年出现因天气原因减产或是停止种植的情况。乌克兰黑土流失问题严重，由于曾经大规模的机械垦殖、农药施用，大平原地表植被受到严重破坏，失去植被保护的黑土地极易被风力剥蚀，乌克兰国内部分黑土损失超过20厘米，严重影响到黑土的肥力，粮食产量下降。同时乌克兰受到全球变暖的影响，许多农业主产区的作物品种因不能适应气候条件变化而减产。南非粮食生产受降水影响较大，干旱是其最普遍的自然灾害，加之土地沙化和水土流失问题比较严重，南非粮食生产潜力开发受到较大制约。

5. 其他因素

除基础设施、物资投入、劳动力和自然环境等因素之外，部分国家的粮食生产潜力还受到法律约束、土地细碎化、贸易政策等其他一些因素的制约。例如，美国实行严格的森林保护制度，从20世纪90年代开始美国对林地的利用进行严格的限制，增加了土地资源开发的难度，虽然国内有较高的玉米播种面积潜力，但因法律约束释放潜力的能力有限。墨西哥在农业生产转型过程中，为了追求最大限度的利润，该国私人农场主已经不再种植玉米和豆类等基本粮食农作物，而是种植利润较为丰厚的大豆、高粱、苜蓿等饲料作物，或者从事与畜牧业相关的农业活动，这意味着越来越多的自然资源、人力和财力被用于畜牧业生产，可供大多数人消费的传统农作物的种植面积越来越小。两者之间形成的利益竞争关系导致饲料作物与玉米、豆类等粮食作物"争"地，与玉米相比，高粱的较高的产量、较低的投入成本和较低的风险等因素都导致许多农民选择种植高粱而放弃了玉米。罗马尼亚土地细碎化现象普遍，农户平均经营的土地面积不超过3公顷，远低于欧洲农场14公顷的平均规模，全国900万公顷的耕地被分割成了4800万块，细碎化的土地现状使得农户无法使用很多现代化的农业机械设备，粮食生产效率低下。

6.7 世界主要玉米生产国玉米出口潜力分析

6.7.1 世界主要玉米生产国玉米出口潜力测算

1. 模型设定

引力模型现已成为国际贸易领域研究贸易流量问题的基准模型，国家间的贸易规模与双方之间的经济总量呈正向关系，与地理距离则呈反向关系是该模型的主要内容。学者常常用贸易引力模型来测算国家或地区间的贸易潜力，用实际贸易和贸易潜力的比值来测算贸易效率。通过对文献的整理可知，随机前沿引力模型相比于传统引力模型更具有优势，主要原因在于随机前沿引力模型中假定了贸易阻力，在现实贸易交易中确实会存在各种阻碍或促进贸易的因素，而利用传统引力模型估计的贸易潜力是平均值，忽视了双方贸易过程中可能出现的阻力问题，结果可能出现更大的误差。与生产函数中出现的"前沿"水平相似，无任何贸易摩擦而达到的最大可能数量才是真正意义上的贸易潜力，由此可见，传统引力模型中使用随机前沿的分析方法会使得实证分析结果更加客观、有效。因此，本章将使用随机前沿的方法对主要玉米生产国的玉米出口贸易潜力（即玉米出口贸易额的最大值）进行估计。

本章将 GDP、人口规模、地理距离等自然因素引入随机前沿引力模型中，并认为这些因素在短期内不会发生改变。贸易非效率模型中则加入政府效率、基础设施水平等因素用于估计贸易阻力情况。

（1）随机前沿引力模型的构建。将世界主要玉米生产国的玉米出口额设为被解释变量，将其与中国的 GDP、人口规模和距离作为核心变量纳入随机前沿引力模型，并将双方的经济规模、人口和地理距离进行对数化处理，根据式（6.5），可得到以下模型：

$$\ln EXP_{ijt} = \beta_0 + \beta_1 \ln FGDP_{it} + \beta_2 \ln CGDP_{jt} + \beta_3 \ln DIS_{ij} + \beta_4 \ln FPOP_{it} +$$
$$\beta_5 \ln CPOP_{jt} + v_{ijt} - \mu_{ijt}, \mu_{ijt} \geqslant 0 \qquad (6.10)$$

其中，EXP_{ijt} 为 t 时期世界主要玉米生产国出口的玉米贸易额，i 表示世界主要玉米生产国，j 表示中国；$FGDP_{it}$ 和 $CGDP_{jt}$ 为 t 时期世界主要玉米生产国和中国的经济规模；$FPOP_{it}$ 和 $CPOP_{jt}$ 为 t 时期世界主要玉米生产国和中国的人口数量；DIS_{ij} 为世界主要玉米生产国首都和北京的地理距离；v_{ijt} 表示随机扰动项，μ_{ijt} 表示贸易非效率项。

（2）贸易非效率模型的构建。由于有很多因素影响贸易非效率项，本章主要考虑了政府工作效率、贸易便利化水平、海运效率、铁路效率和航空效率这五个因素，根据式（6.9），采用一步法构建如下所示的贸易非效率模型：

$$\mu_{ijt} = \alpha_0 + \alpha_1 GE_{it} + \alpha_2 TF_{it} + \alpha_3 SE_{it} + \alpha_4 RE_{it} + \beta_5 AE_{it} + \delta_{ijt} \qquad (6.11)$$

其中，GE_{it} 表示世界主要玉米生产国的政府工作效率；TF_{it} 表示世界主要玉米生产国的贸易便利化水平；SE_{it} 表示世界主要玉米生产国的海运效率；RE_{it} 表示世界主要玉米生产国的铁路运输效率；AE_{it} 表示世界主要玉米生产国的航空运输效率；α_0是常数项；δ_{ijt}是随机扰动项。

2. 变量说明及数据来源

（1）经济规模常常用来反映一个国家的经济状况，国家或地区的经济规模由国内生产总值决定，它能够体现一个国家或地区的出口实力与潜力。一般情况下，经济规模和潜在的出口能力、双边或单边的贸易额成正比关系。

（2）距离是阻碍贸易的重要原因之一，常常被用于衡量贸易的运输成本问题，国家或地区间的距离与运输成本成反比，距离越远，贸易成本则越高，越不利于两国的贸易活动。对于距离的测算方式，本章以两个国家首都之间的直线距离为准。

（3）人口数量的变化会对一个国家或地区产品的供给和需求产生重要的影响。各个主要玉米生产国的人口数量增加，一方面，其国内对玉米产品的需求可能就会提升，与出口相比，国内贸易更加具有成本优势，在保障国内供给需求的前提下，玉米产品的出口可能会有所下降；另一方面，若生产的玉米供给量大于本国人口增加的数量，多余的玉米产品就会更多用于出口。

（4）政府工作效率能够在一定程度上反映出该国人民对本国相关政府机构的信任与尊重程度，同时也折射出该国政府制定和实施政策的能力情况。一般来说，一国的政府效率越高，表示该国的制度环境越好，越有利于两国贸易效率的提高。

（5）贸易便利化水平可以反映一个国家对进口商品和服务的开放程度，以及国内人民在国际市场上作为买方或卖方的自由交流能力。一国的贸易便利化水平与贸易阻力成反比，与出口贸易效率成正比。

（6）基础设施主要包括交通运输、机场、港口、通信等方面，交通运输建设是影响贸易发展和经济增长的重要因素。良好的基础设施建设可以促进劳动力、商品等资源要素的流动和聚集，降低运输成本、提高运输效率，有利于国家之间的贸易往来。

随机前沿引力模型和贸易非效率模型变量说明如表6-16所示。

表6-16　　　　　　随机前沿引力模型和贸易非效率模型变量

变量名称	符号	变量说明	数据来源
玉米出口贸易额	EXP	世界主要玉米生产国的玉米出口贸易额	FAOSTAT 数据库
贸易国 GDP	FGDP	世界主要玉米生产国的经济规模	WB 数据库
中国 GDP	CGDP	中国的经济规模	WB 数据库
地理距离	DIS	世界主要玉米生产国首都与北京的距离	CEPII 数据库
贸易国人口数量	FPOP	世界主要玉米生产国的人口规模	《2019年世界人口报告》
中国人口数量	CPOP	中国的人口规模	《2019年世界人口报告》
政府效率	GE	世界主要玉米生产国的政府效率水平指数	WGI 数据库
贸易便利化水平	TF	世界主要玉米生产国的贸易自由度指数	美国传统基金会
海运效率	SE	世界主要玉米生产国的货运码头吞吐量	WB 数据库
铁路运输效率	RE	世界主要玉米生产国的铁路货运量	WB 数据库
航空运输效率	AE	世界主要玉米生产国的航空货运量	WB 数据库

3. 实证分析

（1）假设检验。在设定模型后需要对模型在文中的适用性进行考量，本章依次检验了模型中是否存在贸易非效率项和贸易效率是否随时间变化而改变。由表6-17可以看出，两种情况下LR在0.05的显著性水平下拒绝了不存在贸易非效率项和不存在时变性的原假设，说明存在贸易非效率项，且贸易效率随时间变化而变化，时变随机前沿引力模型适用于分析世界主要玉米生产国和中国的玉米贸易潜力。

表6-17　　　　　　　　　LR检验结果

原假设	约束模型	非约束模型	LR 统计量	检验 P 值	检验结果
不存在贸易非效率	-320.15	-200.46	239.38	0.00	拒绝
不存在时变性	-200.46	-198.27	4.39	0.03	拒绝

（2）估计结果分析。本章运用 Rstudio 4.0 对式（6.10）进行参数估计，并将最终的估计结果整理至表6-18中。由表6-18可知，在0.01的显著性水平下，世界主要玉米生产国GDP对玉米出口贸易具有显著的积极

影响，其经济规模每提高1%，出口规模相对上升1.179%，说明主要玉米生产国的经济规模越大，玉米供给能力越强，在其他因素不变的情况下，有利于出口贸易的增长。世界主要玉米生产国与中国之间的距离在0.05的显著性水平下对双方贸易具有显著的抑制作用，表示双方的距离每增加1%，贸易额将减少4.372%。世界主要玉米生产国的人口规模在0.01的显著性水平下对其玉米出口贸易产生负向影响，表明其国内人口每增加1%，双方贸易额将减少1.496%。

表6-18　　　　　　　　　参数估计结果

因变量	系数	p值
常数	136.903	0.269
$FGDP_{it}$	1.179	0.000***
$CGDP_{jt}$	1.218	0.006**
DIS_{ij}	-4.372	0.012**
$FPOP_{it}$	-1.496	0.000***
$CPOP_{jt}$	-0.197	0.331*
σ^2	8.002	0.0008***
γ	0.920	0.000***
对数似然值	-310.648	

注：*** 表示$p<0.01$，** 表示$p<0.05$，* 表示$p<0.1$。

（3）出口贸易潜力分析。出口潜力是世界主要玉米生产国能够与中国进行玉米贸易合作可拓展的空间，贸易拓展空间越大，说明该国目前与中国的玉米贸易合作处于较低水平，未来玉米的出口潜力越大；反之，贸易拓展空间越小，说明该国目前与中国的玉米贸易合作处于较高水平，未来玉米出口潜力相对低水平合作的国家较小。基于前文随机前沿引力模型的参数估计结果，根据式（6.7），本章将对2000~2019年世界主要玉米生产国家的玉米出口贸易潜力和拓展空间进行估计（见表6-19）。加拿大、俄罗斯、墨西哥、罗马尼亚、匈牙利、巴拉圭、法国和南非目前与中国的玉米贸易合作较少，玉米出口效率低，双方合作处于低层次水平，未来的玉米出口潜力较大；美国、阿根廷、乌克兰和巴西目前与中国的玉米贸易合作较多，玉米出口效率高，双方合作处于高层次水平，未来的玉米出口潜力相对较小，这与当前中国玉米进口来源集中的现实情况完全符合。因此，中国在与现有主要玉米进口来源国保持高水平贸易合作的同时，需要积极开发从加拿大、俄罗斯、墨西哥、罗马尼亚、匈牙利、巴拉圭、法国和南非的玉米进口潜力，不断优化玉米进口来源结构，促进同以上国家的玉米进口贸易发展，降低中国玉米进口来源集中的风险，维护国内玉米供应安全。

表 6-19　　　　　　世界主要玉米生产国的玉米出口潜力

国家	出口潜力排序	出口贸易潜力值（万美元）	出口效率值	贸易拓展空间（%）
美国	9	1439874.2	0.60	67.08
巴西	12	328204.3	0.80	25.49
阿根廷	10	388326.1	0.76	32.42
乌克兰	11	209763.0	0.79	26.49
俄罗斯	2	1622515.6	0.02	5191.01
加拿大	1	3162233.3	0.01	15051.52
罗马尼亚	4	883911.5	0.06	1669.91
法国	7	1799457.0	0.10	949.32
匈牙利	5	1074095.7	0.06	1474.80
墨西哥	3	579940.4	0.03	3837.01
巴拉圭	6	303375.9	0.08	1200.39
南非	8	245790.9	0.13	645.43

注：拓展空间=（实际出口量/出口贸易潜力值）-1

6.7.2　世界主要玉米生产国玉米出口稳定性分析

出口稳定性是影响玉米出口潜力的重要因素，玉米贸易中用于出口的部分是国内不能消耗掉的剩余玉米，如果一个国家的玉米增产较多地用于国内消费，那么用于出口的玉米就会减少，则说明该国的玉米市场可依赖程度较低，玉米出口稳定性较差；反之，若玉米增产部分更多地用于对外出口，则说明该国的玉米市场可依赖程度较高，玉米出口稳定性较好。本章使用粮食"出口产出弹性"指标来测量各个主要玉米生产国的玉米出口稳定性。出口产出弹性是指与基期相比，某个粮食品种出口增幅与产量增幅的比率，其公式为

$$出口产出弹性 = \frac{当年出口量/基期出口量}{当年产量/基期产量}$$

$$= \frac{基期出口量 \times (1+出口增长率)/基期出口量}{基期产量 \times (1+产量增长率)/基期产量}$$

出口产出弹性大于1，说明该国玉米增产的部分中有更多地被用于对外出口；小于1则说明有更多的玉米被用于国内消费（张哲晰等，2016）。本章以2007年为基期，表6-20显示了各个主要玉米生产国2008~2017年的玉米出口产出弹性。根据弹性变化趋势，可以将国家分为三种情况。一是明显上升趋势，包括巴西、乌克兰、俄罗斯、加拿大、罗马尼亚、墨西哥和南非，这七个国家的玉米产量提高速度要快于国内玉米消费增长速度，国内增产玉米用于出口的部分越来越多，玉米出口稳定性持续提高。二是波动下降趋势，包括美国、阿根廷和法国，这三个国家的玉米出口稳定性在逐渐下降，说明未来国内玉米增产用于出口的部分在慢慢降低，出口稳定性能力较差。三是持续降低趋势，包括匈牙利和巴拉圭，这两个国家的玉米出口产出弹性一直小于1，说明其国内玉米消费增长速度要高于玉米产量增加的速度，国内增产玉米用于出口的部分越来越少，玉米出口稳定性一直不太乐观。

表6-20　　　　2008~2017年世界主要玉米生产国玉米出口产出弹性

国家	2008年	2009年	2010年	2011年	2012年	2013年	2014年	2015年	2016年	2017年
美国	1.02	0.83	0.93	0.85	0.67	0.40	0.79	0.75	0.78	0.77
巴西	0.52	0.74	0.93	0.82	1.32	1.57	1.23	1.61	1.62	1.43
阿根廷	1.02	0.96	1.14	0.99	1.25	0.91	0.70	0.72	0.89	0.69
乌克兰	1.84	5.07	1.80	2.53	5.51	3.99	4.54	6.02	4.54	5.81
俄罗斯	2.07	23.70	5.19	7.19	18.61	15.54	21.44	19.62	24.18	27.23
加拿大	1.74	0.67	1.48	1.98	1.17	2.41	2.95	0.97	2.42	2.24
罗马尼亚	1.06	2.53	2.75	2.39	4.67	3.41	3.69	6.75	3.81	3.13

续表

国家	2008年	2009年	2010年	2011年	2012年	2013年	2014年	2015年	2016年	2017年
法国	1.16	1.35	1.41	1.21	1.21	1.25	0.97	1.56	1.34	0.89
匈牙利	0.31	0.45	0.46	0.37	0.75	0.27	0.22	0.53	0.24	0.43
墨西哥	0.49	1.28	1.93	1.27	2.65	2.06	1.56	2.39	4.29	4.55
巴拉圭	0.39	0.92	0.42	0.43	0.73	0.63	0.68	0.60	0.38	0.33
南非	6.83	10.43	7.52	17.77	6.56	17.12	11.93	7.75	12.27	10.23

资料来源：根据联合国粮农组织数据库数据计算所得。

6.7.3 世界主要玉米生产国的区域分类

根据前文对世界主要玉米生产国玉米生产与出口潜力的分析可以看出，各个主要玉米生产国都有不同程度的玉米生产潜力，且多数国家对中国的玉米出口贸易潜力有较大的拓展空间。为了更好地把握和利用世界玉米市场资源，本章从贸易合作角度出发，结合生产与贸易情况，将世界主要玉米生产国进行区域分类，具体分为成熟发达地区、发展繁荣地区、新兴成长地区和发展滞后地区。

1. 成熟发达地区：美国

美国的农业生产条件好，玉米生产技术先进，机械化程度高，交通便利，粮食贸易市场完善，与中国的贸易往来较多，是传统的玉米出口地区。该国的玉米生产潜力为128817.686万吨，占12个主要玉米生产国总生产潜力的52.42%，当前的玉米出口效率较高，但出口潜力排在后位，主要原因在于受中美双边贸易政策变化的不确定影响较大，而不是美国自身玉米的供给能力问题。例如，美国对中国玉米出口潜力小，主要是中国对转基因管理限制的结果，因为其具有中国没有批准的品种，而中国在低水平混杂（low level presence，LLP）上采用的又是零容忍，因此美国出口潜力较小是由于其出口玉米到中国的风险较大所致（杨军等，2014）。今后中国可以通过签订贸易协议，制定有利于双方玉米合作稳定的双边贸易规则保持与美国的玉米贸易合作关系。

2. 发展繁荣地区：加拿大、法国

加拿大有机农业发展迅速，外向型农业发达，人口对土地资源的压力较小；法国农业生产条件好，已基本实现农业机械化，农业生产率很高。此类国家现有的农业资源条件优越，国内玉米生产潜力分别占12国玉米总生产潜力的0.98%和0.87%，玉米生产潜力较其他国家处于后位，但与中国的玉米贸易拓展空间较大，且加拿大的玉米出口稳定性在逐年提高。根据2020年12月《我国允许进口粮食和植物源性饲料种类及输出国家/地区名录》显示，中国目前没有从加拿大和法国进口玉米，未来随着全球经济一体化发展，国家间外交、贸易等政策的变化，中国可尝试开发此区域的玉米潜力。

3. 新兴成长地区：巴西、阿根廷、墨西哥、乌克兰、俄罗斯、罗马尼亚、匈牙利

此类国家的玉米播种面积潜力对总生产潜力的贡献较大，劳动力丰富，玉米出口稳定性普遍较好，但粮食市场和农业要素不完善，化肥、机械、科技等物资投入水平不足，道路、港口、仓储、水利等基础设施落后老化，交通网络不完善，粮食生产效率和效益不高，限制了玉米生产潜力的开发。因此，中国应当对位于该类区域的国家在基础设施投入和生产资料投入方面重点进行投资，加快促进玉米贸易合作的步伐，提高贸易合作效率。例如，巴西玉米生产潜力占12国玉米总生产潜力26.78%，仅次于美国，玉米出口稳定性也在不断提高。但是巴西政府对汇率管控能力较差，通货膨胀率较高，自身的农业生产结构欠合理，经济作物模式单一，中国可通过在重点区域进行投资的方式改善巴西的农业生产条件，激发潜在的玉米生产与出口潜力。阿根廷土地肥沃，气候适宜，大部分土地处于荒芜状态或没有用于生产，其玉米生产潜力占12国玉米总生产潜力的7.96%。但自二战以后，阿根廷农业发展很不稳定，特别是在经济危机后，农业发展受到了十分严重的影响。目前阿根廷政府制定了许多优惠政策吸引外资，因此中国可以通过"订单农业"的方式稳固当地的玉米生产，同时保障其对我国玉米出口的稳定发展。

4. 发展滞后地区：巴拉圭、南非

此类国家有一定的玉米生产与出口潜力，但目前与中国的玉米贸易合作效率较低，农业经济发展条件较差，交通落后，闲置土地较多，现有的粮食生产水平和加工水平都相对较为落后，粮食单产水平较低，且国家公共财政对农业支持力度较小，粮食技术潜力有较大的提升空间。因此，中国应当从援助方面入手，通过在该地区投入人才、资金、技术等生产因素来激发和带动当地的玉米发展潜力。

6.8 研究结论及政策建议

6.8.1 研究结论

（1）对中国及世界玉米供需与贸易现状的分析可知，中国方面，玉米产需缺口不断扩大，短期内仍然持续"产不足需"的局面，从国家粮食安全战略考虑，适当放开饲料粮进口是必然的选择，未来玉米净进口将是常态化。世界方面，玉米收获面积、单产和产量总体不断增加，但玉米生产贸易格局正在发生改变，以巴西、阿根廷为代表的南美洲国家、以乌克兰为代表的黑海地区国家所占份额上升趋势明显，而美国所占份额有下降趋势，国际玉米出口市场"美国一家独大"的局面正在改变，玉米总供给整体大于总需求，供需格局向宽松转变。

（2）对中国玉米生产潜力的研究发现，从播种面积潜力和单产提升潜力两个方面考虑，黄淮海平原夏播玉米区的玉米总增产潜力最大，占中国玉米总生产潜力的 47.94%，青藏高原玉米区的玉米总增产潜力最小，仅占中国玉米总生产潜力的 0.86%。未来 2020S 中国有一定的玉米生产潜力，但将玉米生产潜力转变为现实生产力的过程中会受到不同的政策引导、玉米收益变化、技术潜力开发、转基因技术推广等因素的制约，大范围增加玉米播种面积的可能性较小，在国内玉米供需缺口拉大，长期供求

紧平衡的形势下，充分利用国际市场进行余缺调剂将成为常态。

（3）对世界主要玉米生产国玉米生产潜力的研究发现，综合播种面积潜力和单产提升潜力由大到小的国家排序为美国、巴西、阿根廷、墨西哥、南非、巴拉圭、俄罗斯、乌克兰、罗马尼亚、加拿大、法国、匈牙利，单个国家玉米总生产潜力占世界12个主要玉米生产国玉米总生产潜力的比重在0.50%~53%。其中，美国、乌克兰、俄罗斯、加拿大、法国和匈牙利这六个国家的玉米生产潜力主要依靠潜在可开发玉米播种面积的增加，巴西、阿根廷、墨西哥、南非、巴拉圭、罗马尼亚的玉米增产潜力中，既有潜在可开发玉米播种面积的增加，又有单产提升的空间。目前，制约世界主要玉米生产国玉米生产潜力释放的因素主要有基础设施、物资投入、劳动力、自然环境等。

（4）通过构建随机前沿引力模型对世界主要玉米生产国玉米出口潜力的研究发现，加拿大、俄罗斯、墨西哥、罗马尼亚、匈牙利、巴拉圭、法国和南非目前与中国的玉米贸易合作较少，玉米出口效率低，双方合作处于低层次水平，未来的玉米出口潜力较大；美国、阿根廷、乌克兰和巴西目前与中国的玉米贸易合作较多，玉米出口效率高，双方合作处于高层次水平，未来的玉米出口潜力相对较小，这与当前中国玉米进口来源集中的现实情况较为符合。

（5）从贸易合作角度出发，结合生产与贸易情况，可将12个世界主要玉米生产国进行区域分类：一是成熟发达地区，主要指美国；二是发展繁荣地区，包括加拿大和法国；三是新兴成长地区，包括巴西、阿根廷、墨西哥、乌克兰、俄罗斯、罗马尼亚、匈牙利；四是发展滞后地区，包括巴拉圭、南非，针对不同类型地区的国家要采取差异化的贸易合作策略。

6.8.2 政策建议

1. 坚持"以我为主、立足国内"，提升国内玉米生产效率

一是统筹政策效应，稳定优势产区玉米播种面积。在当前"去库存"

以及结构调整背景下，政府要统筹考虑政策实施区域的玉米与大豆生产者补贴的比例关系，避免一味大幅度降低玉米生产补贴、提高大豆生产补贴标准的做法（刘鹏凌等，2020）。二是降低玉米生产成本，提升生产效率。中国玉米是"高投入—低产出—高单位成本"的生产模式，今后应重视玉米生产的体制创新，提高机械化与社会化服务的整体质量，有效降低人工和劳动力成本，抑制玉米成本的上涨。三是加快科技创新，促进单产进步。中国要着力推进"创新驱动"的发展战略，紧紧围绕玉米良种的培育工作，加快优良品种的转化与推广，同时提升生产者对套种、复种等栽培技术的应用能力，激发玉米的单产潜力，尤其是黄淮海平原夏播玉米区的单产提升潜力最大。

2. 优化玉米进口贸易格局，促进供应来源的多元化发展

一是丰富进口来源结构，分散进口风险。中国在稳定与美国、巴西、阿根廷等一直以来的传统玉米进口国家的贸易合作之外，还应利用地域优势和资源比较优势，考虑农业生产和贸易成本与潜力等因素，精准推进玉米进口来源多元化，重点开发以乌克兰、俄罗斯为主的黑海地区的玉米贸易。二是丰富玉米进口形式，降低对单一品种的依赖。中国进口玉米大多用于饲用消费，从消费需求角度出发，中国可增加大麦、高粱、干酒糟及其可落物等相关玉米替代产品的进口数量，尤其是在替代品价格优势明显的情况下，综合考虑到中国粮食进口带来的"大国效应"，丰富相关替代产品的进口能够在一定程度上缓解直接进口玉米带来的风险和压力。

3. 实施差异化的玉米贸易合作策略，构建多元化全球粮食供应体系

一是在成熟发达地区，中国可与美国签订玉米贸易长期合作和国家协议的方式，稳定双方之间的货源供给，减少贸易摩擦。二是在发展繁荣地区，应思量与其进行玉米贸易合作的可能性，合理使用该地区的玉米资源，短期内可通过强化市场化手段购买所需的玉米。三是在新兴成长地区，中国可通过产业链一体化促进其玉米对华出口能力的提高，实现玉米生产领域的互补合作。例如，借助"一带一路"农业走廊促进与俄罗斯、乌克兰在玉米种植、加工、技术等方面的产业化合作，优先布局一批以技术合作为核心的境外农业合作示范区。四是在发展滞后地区，中国可重点增强对该地区国家的物质技术投入，例如，依托金砖五国的战略贸易伙伴关系加强与南非的玉米科技交流，激发当地的玉米单产潜力。

4. 进一步扩大农业对外开放，引导农业企业"走出去"

一是培育壮大农业对外开放主体，提升农业国际竞争力。聚焦产品生产、仓储物流、码头港口、风险监测等重点领域，促进国内企业之间的联合与重组，集中并优化资源。二是多方位支持和完善政策机制，鼓励企业"走出去"。中国应强化农业对外开放的协调机制，促进"多方参与、共同协调"格局的形成，为农业产业安全提供强有力的体制支撑和制度保障。三是参与全球农业治理，积极推进 WTO 等多边谈判。主动参与大国在粮食安全公共储备、国内支持、出口限制等议题中的引领作用，努力争取达成对中国有利的谈判成果，改善农业对外开放环境，促进建立更加公平合理的国际农产品贸易新秩序（朱晶等，2021）。

5. 探索建立全球粮食交易中心，加强对重点产品产业链关键环节的掌控

一是审视粮食交易中心的定位，重视潜在市场的开发。中国应重点开发发展中国家的市场潜力，尤其是位于新兴成长地区国家的市场潜力，填补大型企业在中亚、远东等"一带一路"国家和地区对重点农产品产业链关键环节进行战略布局的空白，减轻与大型跨国粮商正面竞争的压力。二是发挥期货市场的价格引导功能，争取粮食定价权。发达国家充分利用粮食期货市场的价格发现功效控制粮食的现货交易价格，因此中国应着力培育与纽约、芝加哥和伦敦等交易中心竞争的后发优势，合理利用期货市场，及时、有效规避粮食市场波动带来的风险，增强中国在全球粮食贸易中的定价权与话语权，提高自身国际竞争力，维护自身利益。

参考文献

[1] 常向阳、王雪梅、韩振兴：《中国与"一带一路"沿线国家的农产品贸易潜力——基于异质性随机前沿引力模型的实证分析》，载于《世界农业》2018年第4期。

[2] 陈继勇、严义晨：《中印两国贸易的竞争性、互补性与贸易潜力——基于随机前沿引力模型》，载于《亚太经济》2019年第1期。

[3] 程国强：《我国实施全球农业战略的政策与保障措施》，载于《中国经济时报》2013年9月13日。

[4] 程国强、朱满德：《中国农业实施全球战略的路径选择与政策框架》，载于《改革》2014年第1期。

[5] 董璐：《临储政策改革下巴彦淖尔市农户玉米种植意愿影响因素分析》，内蒙古农业大学，2019年。

[6] 杜国明、马敬盼、张露洋等：《近50年气候驱动下三江平原粮食生产潜力时空演变分析》，载于《水土保持研究》2018年第2期。

[7] 高际香：《俄罗斯农业发展战略调整与未来政策方向》，载于《东北亚学刊》2020年第1期。

[8] 关添渊：《中国与"一带一路"沿线国家货物贸易潜力研究》，北京交通大学，2019年。

[9] 何蕾、辛岭、胡志全：《减贫：南非农业的使命——来自中国的经验借鉴》，载于《世界农业》2019年第12期。

[10] 侯军岐、黄珊珊：《全球转基因作物发展趋势与中国产业化风险管理》，载于《西北农林科技大学学报（社会科学版）》2020年第6期。

[11] 纪媛：《我国玉米临时收储政策实施效果评价研究》，中国农业科学院，2018年。

[12] 刘保花、陈新平、崔振岭等：《三大粮食作物产量潜力与产量差研究进展》，载于《中国生态农业学报》2015年第5期。

[13] 刘鹏凌、孙康、蔡俊等：《补贴政策对主产区玉米价格和播种面积的影响——兼论新冠疫情背景下稳定玉米面积的政策取向》，载于《经济地理》2020年10月28日，网络首发。

[14] 刘琦：《中南半岛地区对中国稻米出口的竞争力与潜力研究》，浙江大学，

2019年。

[15] 柳一桥:《加拿大农业经营风险治理策略探析》,载于《南方农业》2020年第18期。

[16] 卢建宁:《以辽东半岛为节点北粮南运物流网络优化的研究》,大连海事大学,2017年。

[17] 潘文博:《东北地区水稻生产潜力及发展战略研究》,沈阳农业大学,2009年。

[18] 蒲罗曼:《气候与耕地变化背景下东北地区粮食生产潜力研究》,吉林大学,2020年。

[19] 齐力:《豫北潮土区粮食生产潜力核算分析》,郑州大学,2012年。

[20] 齐跃普:《河北省耕地生产力波动性研究》,河北农业大学,2008年。

[21] 施炳展、李坤望:《中国出口贸易增长的可持续性研究——基于贸易随机前沿模型的分析》,载于《数量经济技术经济研究》2009年第6期。

[22] 孙致陆、李先德:《"一带一路"沿线国家粮食发展潜力分析》,载于《华中农业大学学报(社会科学版)》2017年第1期。

[23] 孙致陆、李先德、李思经:《中国与"一带一路"沿线国家农产品产业内贸易及其影响因素研究》,载于《华中农业大学学报(社会科学版)》2021年第1期。

[24] 田甜:《国际粮食市场波动及利用研究》,中国农业大学,2017年。

[25] 王兴华、齐晧天、韩啸等:《"一带一路"沿线国家粮食生产潜力研究——基于FAO—GAEZ模型》,载于《西北工业大学学报(社会科学版)》2017年第3期。

[26] 王亚南:《中国与中东欧16国的贸易潜力研究》,天津师范大学,2019年。

[27] 王原雪:《中国参与东亚经济一体化问题研究》,南京大学,2018年。

[28] 徐萌、徐钰娇、杨梅:《技术变革、创新体系与巴西农业发展:内生动力及中巴合作领域》,载于《科技管理研究》2018年第22期。

[29] 杨博琼、蔡海龙、赵启然:《脱贫攻坚与乡村振兴战略统筹衔接的实施路径》,载于《中国财政》2020年第8期。

[30] 杨军、钱福凤、董婉璐等:《关税配额管理对国内玉米产业的影响分析》,载于《农业技术经济》2014年第11期。

[31] 杨军、肖志敏、董婉璐:《中国玉米是否会成为"大豆第二"?——基于中国、美国和巴西玉米生产成本变化规律的解释》,载于《经济与管理》2020年第6期。

[32] 叶兴庆:《准确把握国家粮食安全战略的四个新变化》,载于《中国发展观

察》2014年第1期.

[33] 余强毅:《APEC地区粮食综合生产能力与粮食安全研究》,中国农业科学院,2010年.

[34] 张静:《中国与"一带一路"沿线国家贸易效率的研究》,山东大学,2020年.

[35] 张丽娜:《机械化生产对我国玉米产业竞争力影响的研究》,中国农业大学,2017年.

[36] 张哲晰、穆月英:《我国玉米进口的依赖性及来源分析——基于Armington模型》,载于《国际经贸探索》2016年第10期.

[37] 赵明正:《玉米进口来源国玉米生产潜力、潜力开发影响因素及贸易策略研究》,南京农业大学,2016年.

[38] 赵明正、朱思柱:《世界玉米潜在出口国玉米生产潜力研究》,载于《世界农业》2015年第9期.

[39] 周曙东、郑建:《中国与RCEP伙伴国的贸易效率与影响因素——基于随机前沿引力模型的实证分析》,载于《经济问题探索》2018年第7期.

[40] 朱晶、李天祥、臧星月:《高水平开放下我国粮食安全的非传统挑战及政策转型》,载于《农业经济问题》2021年第1期.

[41] DIAZ-AMBRONA C, MALETTA E, 2014. Achieving Global Food Security through Sustainable Development of Agriculture and Food Systems with Regard to Nutrients, Soil, Land, and Waste Management. Current Sustainable/renewable Energy Reports, 1 (2): 57-65.

[42] DRYSDALE P, HUANG Y, KALIRAJAN K P, 2000. China's trade efficiency: measurement and determinants. APEC and liberalisation of the Chinese economy.

[43] JIMÉNEZ S, SCHMOOK B, OLMEDO S N, CHRISTMAN Z, RADEL C, BAUTISTA B, 2020. Water Scarcity and Agricultural and Conservation Policies: Old and New Challenges for Mexican Smallholder Maize Production in the Protected Forests of the Mexico-Guatemala Border. Journal of Latin American Geography.

[44] KAUKIN A, IDRISOV G, 2014. The Gravity Model Of Russia's International Trade: The Case Of A Large Country With A Long Border. Working Papers.

[45] MINGKUI C, STEPHEN D P, JENNIFER S, SCOTT J G, 2004. Remotely Sensed Interannual Variations and Trends in Terrestrial Net Primary Productivity 1981-2000.

Ecosystems, 7 (3).

[46] SAGHIR A A, WASEEM K, 2015. India's Agricultural Trade Potential in Post – WTO Period. Agricultural Economics Research Review, 28.

[47] SCOTT J G, STEPHEN D P, SAMUEL N G, MICHELLE M T, JENNIFER S, 1999. Satellite remote sensing of primary production: an improved production efficiency modeling approach. Ecological Modelling, 122 (3).

[48] WOLF J, VLEESHOUWERS L M, ITTERSUM, 2000. Exploratory study on the land area required for global food supply and the potential area and production of biomass fuel. Archives of Biochemistry & Biophysics.

[49] ZHANG L, DONG J, YUAN L, ZHU Y, HUANG Z, LI W, WANG H, TANG L, TIAN H, GAO Z, 2019. Sediment – reducing benefits by runoff regulation under engineering measures in steep slope of abandoned soil deposits in Chinese loessial region. Nongye Gongcheng Xuebao/Transactions of the Chinese Society of Agricultural Engineering, 35 (15): 101 – 109.

第7章

全球疫情下我国玉米供应链体系的风险问题与对策

7.1 引言

2020年初新冠疫情暴发，对我国农业生产、消费及贸易都产生一定影响，其中玉米市场出现有效供给不足及价格波动，养殖企业面临断粮困境，对市场供需平衡造成不同程度的影响。此次疫情对我国玉米供应链体系的正常运转造成影响，加上疫情在全球范围蔓延，玉米进口贸易的不确定性增加。玉米供应链主要是指玉米从生产、收储、贸易、加工、运输、销售到消费的完整的流通体系。在这个体系中，生产者、中间商（农业合作社或粮食经纪人）、贸易企业、加工企业、消费者是供应链的主体，彼此间形成完整的网状结构。玉米供应链的运营治理是从消费者的角度出发，通过中间商、贸易企业、加工企业间的合作，将供应链中所有的活动整理合并，最终实现从生产者到消费者无缝连接的一体化进程。玉米供应链上的每个环节组成休戚相关的共同体，彼此间互相作用。目前，国内有许多学者聚焦玉米供应链问题。如梁佳琦（2019）认为，信息共享不完全导致玉米生产成本增加、交易效率降低，影响供应链合作。裴发红等

(2018)通过实验在玉米供应链模型中加入收益共享契约,模拟计算得出引入契约可解决玉米供应链中各主体信息不对称、种植户处于弱势一方、供应链成员利润分配不均等问题的结论。王蕾(2019)分析了收储制度改革后,玉米供应链上中下游各主体的玉米定价影响因素,并以此解释了玉米供应链的现状。杨子刚等(2012)对吉林省玉米供应合作伙伴进行调研,主要包括龙头企业、种粮大户、加工企业和物流企业,结果表明企业外部环境不确定性越高,对成员合作越不利,同时参与者的合作意愿、合作能力与玉米供应链合作效果呈正向关系。刘婷婷(2019)从融资角度分析发现,以农户专业合作社、龙头企业、第三方物流企业为主的三类农业供应链金融模式都存在问题,如农户专业合作社运行体系不规范、缺乏高水平管理人才,以及"搭便车"、道德风险发生概率大;我国农村龙头企业数量少、涉农企业参与度低、农户履行订单意识不足;粮食物流企业发展慢,且存在电子科技信息技术落后等问题。林华(2010)认为,供应链中心企业应与供应链上游即种植户邻近,并以吉林省为研究对象,认为适应吉林省玉米供应链的发展模式应为以粮食商贸企业为核心或以中国储备粮管理总公司吉林分公司和吉林省粮食储备有限公司为核心的玉米供应链。

目前,针对玉米供应链的研究大多是从供应链的部分环节进行分析,罕有从全局角度研究玉米供应链存在的弊端,且很多针对农产品和粮食供应链的研究很少涉及玉米等单一粮食品种的深入分析。与其他粮食品种相比,玉米具有产业链条较长等特性;作为饲料粮,玉米供应链的正常运转直接关系到国家食品安全。鉴于此,本章首先分析全球新冠疫情对我国玉米供应链的影响,包括玉米生产、贸易、深加工及饲料加工和消费完整供应链的各个环节,并在对我国玉米供应链体系存在的风险因素进行深入分析和反思的基础上提出对策建议。

7.2 全球疫情对我国玉米供应链的影响

为充分了解疫情对当前我国玉米供应链的影响,通过网络问卷调查及电话访谈等多种方式,对玉米生产者、部分贸易商、深加工企业及饲料企业、养殖企业等玉米供应链主体进行调研,进而分析疫情对各主体不同程度的影响情况。

7.2.1 短期看疫情对玉米春耕生产影响不大,但农户面临农资缺乏等困难

从区域布局看,玉米生产地区主要分布在东北地区、西北地区、西南地区和黄淮海地区。从播种时间看,在疫情影响的时期内,只有西南地区处于春播期,但该地区玉米产量占比小,因此对玉米总体生产情况影响并不大;玉米产量占比最多的东北地区春耕在4月中下旬至5月初,而黄淮海区域主要种植夏季玉米,因此从短期看疫情对玉米春耕影响并不大。对玉米春耕备耕产生影响的因素主要是种子、化肥和农药等农资产品的供给上。对玉米生产主体(包括种植户、家庭农场和合作社)的调研,共收回有效问卷751份。结果显示,受疫情影响,农户面临农资缺乏、资金压力大、卖粮困难、雇工困难、缺少及时的农技指导等问题,以上各因素分别占调查样本量的48%、35%、23%、19%和17%。尽管我国农业生产资料的供应全年都超过需求,总供应量是需求的1.5~2倍,但由于新冠疫情影响,农业资料的供应链一度面临中断风险,农户遭遇农资短缺困境。为解决农资运输问题,各级农业部门出台了一系列政策,确保下游农资运输正常。目前运输问题虽已得到初步缓解,但农资供应问题尚未得到彻底解决,一些地区农资供应仍然困难重重。尤其湖北省是国内重要的化肥生产大省之一。2019年湖北省化肥产量占全国总产量的12.3%,磷肥产量占全国总产量的40%左右,居全国第二位。在疫情严重期间,湖北省肥料开工率与上年相比明显下降。中信证券数据显示,截至2020年2月24日,湖南省磷酸一铵生产企业复工率为37%,磷酸二铵生产企业复工率为56%。随着复工复产进度加快,农资产量逐渐恢复,但受前期疫情及运输影响,农资供给和价格提升压力仍较大,农资市场价格普遍呈现上涨趋势。2020年1月下旬到2月上旬

正值春节，农资购买活动暂停，农药及复合肥价格维持稳定，尿素价格甚至有所下跌，但到了 2 月中旬，农药价格直接上涨了 600 元/吨。尿素、复合肥价格上涨程度不明显，但随着疫情不断加重，2 月下旬开始，尿素、复合肥及农药价格迅猛上涨。相比 2 月下旬，3 月上旬农药、尿素价格上涨幅度大，分别上涨 3.7% 和 3.5%，复合肥相对上涨缓慢，为 0.3%（见表 7-1）。3 月下旬以来，随着国内疫情缓和，农业生产资料价格出现下降，但仍高于疫情发生之前的价格水平。

表 7-1　　　　　2020 年 1~4 月农资市场价格变动情况　　　　单位：元/吨

农资	1月下旬	2月上旬	2月中旬	2月下旬	3月上旬	3月下旬	4月上旬
尿素（小颗粒）	1777	1765	1768	1821	1885	1820	1786
复合肥（硫酸钾复合肥，氮磷钾含量45%）	2405	2405	2405	2418	2425	2425	2425
农药（草甘膦，95%原药）	20300	20300	20900	21400	22200	21507	21129

资料来源：根据国家统计局数据整理获得。

7.2.2 玉米国内外贸易成本上升，且不确定性较高

国内贸易方面，疫情导致国内玉米贸易一度停摆，农户售粮进度减慢，玉米市场出现阶段性供不应求。据国家粮食信息中心估计，到 2 月底，东北三省一区农民的玉米销售进度为 64%，同比下降 6 个百分点，相较 5 年平均售粮进度慢 11 个百分点；截至 3 月底，东北三省一区农户玉米销售进度为 87%，同比基本持平，比 5 年平均进度慢 2 个百分点。很多农户存在惜售现象，持观望态度。截至 2020 年 3 月 10 日，山东、黑龙江等 11 个玉米主产区共收购玉米 7322 万吨，同比减少 691 万吨，下降 10.4%。到 3 月 31 日，11 个主产区累计收购玉米 8621 万吨，同比减少 920 万吨。根据中华粮网 3 月份对玉米主产区贸易商的调研结果，多数贸易商收粮存在粮源紧张问题，整体反映上量较缓、走货一般。同时，受物流受限影响，玉米贸易商收粮卖粮都存在困难，市场出现阶段性供给紧张、"有价无市"

的局面，玉米产销区市场价格均有上涨。60%的贸易商认为生猪消费会下降，75%的贸易商认为家禽需求将会下降，而生猪和禽类的需求减少会直接导致玉米饲用消费减少，加剧贸易商售粮困难。随着后期天气转暖，粮食将集中销售，价格将面临再次下跌的风险，市场价格风险也将明显增加。以上因素都将直接影响贸易商的收购意愿。

国际贸易方面，受全球疫情蔓延影响，国外玉米出口因运输成本提高而减少，且主产国玉米生产或受影响。近些年，我国玉米进口量不断攀升，并随着国内玉米供需格局持续偏紧，玉米进口呈扩大态势。2019年，我国共进口玉米479.1万吨，比上年增加36%，大多来源于乌克兰、美国，分别占总进口量的86%和21%，剩余4%来自缅甸、老挝、俄罗斯等国家。疫情在全球不断扩散，这将给我国玉米进口带来风险。据美国农业部3月预计，2019/20年度世界玉米产量为11.12亿吨，同比减少1140万吨，美国、阿根廷产量都将低于上一年度，其中美国预计减产4.52%。粮食生产周期长达4个月，一旦粮食出现危机，产生的世界性恐慌将远远大于一次疫情所产生的冲击。同时，作为我国玉米最大进口国的乌克兰，受疫情影响，同样存在粮食生产风险。此外，受到疫情影响，一些物流公司人员其服务价格可能上调近40%，远洋运输成本不断升高，会造成出口量骤减。

7.2.3　玉米深加工企业及饲料企业面临原料价格上涨及库存告急困境，开工率同比下降

由于原料运输困难，玉米原料市场价格上涨，给玉米加工企业带来巨大的资金压力。2020年1月7日至2月6日，不论销区还是产区，玉米价格均出现上涨，南方及港口地区上涨超过50元/吨。尽管物流得到一定程度上的缓解，但到3月3日大部分地区还是处于价格持续上涨态势，部分地区如河北石家庄、湖南长沙、广东广州、江西南昌玉米价格有所下降，但仍高于春节前价格。进入4月，随着疫情在全球的不断扩散，粮食可能面临全球性危机，粮商对于北方玉米主产区粮源争夺愈发激烈，其中东北

地区黑龙江、吉林上涨幅度最大，分别上涨 120 元/吨和 100 元/吨，华北玉米更是达到年内高位，其中河北、河南均上涨 100 元/吨（见表 7-2）。国内玉米价格顺势上涨，特别是南北港口玉米价格不断冲高。中华粮网 3 月份数据显示，华北玉米深加工企业中只有 73% 维持最低安全库存，基本在 15 天内。东北玉米深加工企业的安全库存高于华北，其中 80% 的企业保持在 30 天左右的安全库存。全国大多数饲料企业保持相对较低的安全库存，超过 50% 的企业保持约 15 天的安全库存。由于原料短缺，玉米加工企业被迫限产停产。据农业农村部统计，截至 2020 年 2 月 17 日，全国饲料企业开工率为 66%，与上年同期相比下降 24%。据国家粮油信息中心统计，截至 2 月底，全国玉米淀粉行业平均开工率为 38%，环比下降 32%，同比下降 28%；3 月份玉米淀粉行业平均开工率为 66%，环比提高 28 个百分点，同比下降 7 个百分点。尽管目前全国各行业逐步开始复工返岗，但是已经造成的经济损失难以弥补。

表 7-2　　　　2020 年 1~4 月主要产销区玉米市场价格变化　　　　单位：元/吨

地区		2020 年 1 月 7 日	2020 年 2 月 6 日	2020 年 3 月 3 日	2020 年 4 月 7 日
东北地区	黑龙江绥化	1640	1660	1680	1800
	吉林长春	1700	1720	1740	1840
	辽宁沈阳	1740	1740	1830	1870
华北地区	河北石家庄	1930	1950	1910	2010
	河南郑州	1880	1880	1920	2020
	山东潍坊	1940	1960	1990	2050
南方地区	湖南长沙	2020	2070	2020	2080
	江西南昌	1980	2050	2010	2070
	四川成都	2070	2150	2180	2160
港口地区	广东广州	1950	2060	1980	2030
	辽宁大连	1850	1900	1930	1990

资料来源：根据国家粮油信息中心数据整理。

7.2.4 直接影响玉米饲用消费，且对急需饲料原料的畜禽养殖业冲击较大

疫情直接影响以玉米为原料的饲用消费，且对急需饲料原料的畜禽养殖业冲击较大，预计2020年玉米饲用需求将减少900万吨。中国畜牧业协会数据显示，2019年我国共有约170亿只肉禽，日平均出栏量在4650万只左右，日出苗量维持在5000万只左右；在产蛋鸡存栏基本在11亿只左右，预计鸡蛋产量为1815万吨。疫情暴发以来，采取措施关闭活禽市场并限制城市周围道路通行，影响了大量家禽的运输和生产。据统计，共有27个省域或部分市县在高峰期关闭了活禽交易市场，许多地区的活禽产品面临饲料短缺、活禽销售困难的局面。广东和广西是肉鸡的主要产地，调研结果显示，2020年第一季度广东约有2000万只、广西约有3000万只肉鸡滞销，价格分别同比下跌50%、40%。由于目前饲料供应和市场运输问题，许多养殖户对未来比较担忧，甚至停止了后续的养殖计划，不购买家禽苗。根据中国农科院农经所研发的中国农业产业模型预测，考虑疫情导致的禽类养殖增速减缓，以及生猪产能恢复需要一个过程等多重因素，2020年我国玉米饲用消费量预计比2019年减少900万吨。

7.3 我国玉米供应链体系面临的风险及问题

此次疫情再次暴露出我国玉米供应链体系中存在的问题与不足，对其存在的风险因素进行分析并采取相应对策，有助于完善我国玉米供应链体系，保障国家粮食安全。

7.3.1 小农生产模式导致生产与消费脱节

长期以来，小型离散种植户依然是我国农业生产的主力。小农生产普遍存在经济实力弱、缺乏市场竞争力、预测价格走势能力较弱、对供应链

体系治理认知薄弱等问题,当遭遇突发事件时,其抗击风险能力弱的问题便充分暴露出来。在生产层面,存在"小生产"与"大市场"的矛盾,一面是小规模、低效率的供给,另一面是大规模、高效率的需求,必然造成生产与消费的断层(于兴业和陈雪,2019)。在流通层面,农户没有稳定的销售渠道,当存在异常情况时,农户就会面临卖粮难与储粮难;粮食合作社普遍未能充分发挥其积极作用,对社员服务能力较差,且存在公共服务资金短缺和资金周转不灵等问题(田月英,2016)。多数地区普通农户售粮基本由经纪人代理,由经纪人经销的粮食数量占粮食销售总量的60%~70%。相比新型经营主体,粮食经纪人普遍文化素质偏低、经纪能力不强,一些经纪人对于相关政策及市场信息掌握不够,不具备价格走势的分析判断能力,导致在粮食购销过程中面临较大的价格波动风险,同时一些经纪人在操作中存在压价压级、骗买骗卖等现象(杨帆和陈沫,2019)。此外,农户普遍缺乏玉米仓储设施,存储中容易出现霉变和鼠害,产后损失严重,如东北"地趴粮"的损失率高达10%以上。

7.3.2 生产重心北移,区域布局不平衡

一是产区和销区不平衡。随着近些年南方经济的不断发展,粮食生产不断由南向北转移。自20世纪90年代至今,我国玉米主产区集中在吉林、辽宁、黑龙江、内蒙古等十个省区,而玉米高消费地区则为山东、河北、河南、吉林等十个省区(杨艳昭等,2016)。总的来说,我国最大的粮食主产区位于东北三省,粮食运输的主要方向则是东南沿海各省份(陈来柏等,2016)。目前,我国玉米主产区的主要省区呈现供大于需状态,除山东外,2019/20年度玉米结余量内蒙古为15762万吨、吉林为14636万吨、黑龙江为12275万吨;而主销区各省区供需缺口很大,广东为19347万吨、江西为10344万吨,湖南为9533万吨(见表7-3)。二是产区销区储备布局不平衡,玉米产区储备量大,销区储备量小。2015年,按粮食储备量排序,黑龙江、吉林、辽宁位列前三,皆为我国玉米主产区(杨海鹰和郭志

涛，2009）。尽管之后通过政策调整局面有所改善，但粮食储备仍然大部分集中在主产区尤其是东北地区。如粮食主产区河南省拥有全国将近10%的仓储空间，但粮食消费大省广东的仓储空间占比不到3%（王帅和赵秀梅，2019）。同时，城市的储粮点相对较少，与城市粮食高需求产生明显矛盾，当发生异常情况时，一旦城市粮食无法维持正常使用，必然形成粮食紧缺局面，威胁国家粮食安全。

表7-3　　　　2019/20年度我国玉米主要产销区供需平衡分析　　　　单位：万吨

地区		产量	总供给	总需求	结余量
主产区	黑龙江	36511	36561	24286	12275
	吉林	31016	31091	12925	14636
	辽宁	18564	18569	11185	7384
	河南	23236	23236	14187	9049
	河北	19662	19662	16631	3031
	内蒙古	27935	27935	12173	15762
	山东	26110	27310	39964	-12654
主销区	湖南	2006	2206	11739	-9533
	四川	10684	10684	14500	-3816
	江西	158	208	10552	-10344
	广东	552	2552	21899	-19347
	福建	110	220	7311	-7091
	湖北	3551	3581	7619	-4038
	广西	2750	2810	8739	-5929

资料来源：根据国家粮油信息中心数据整理。

7.3.3 "北粮南运"的格局存在跨区流通不畅

一是运输距离远，铁路运力有限制约"北粮南运"。目前，国内玉米的省际运输通道主要是以东北地区、黄淮海地区为主的输出通道，以华东沿海地区、华南沿海地区和华北地区为主的输入通道。粮食运输主要依靠水路、铁路及铁水联运。根据相关研究，一直以来铁路运力严重不足。铁路主要用于运输煤炭、石油等能源物资，因为能源物资运输利润高，导致不断压减粮食运输量，粮食运输量占铁路运输总量最高时仅为5.09%（郑沫利和冀浏果，2010）。目前，每天只有66列货运火车可从东北到山海关入关，其中用于粮食运输的货运火车仅有23列。然而，粮食运输量大约有2600万吨，平均每列粮食运输专列的日运输量不足3100吨，每天的粮食运输量总计仅为7万吨，与运量需求形成鲜明差距，尤其是在运粮旺季及面临突发事件时根本无法满足粮食运输需求（王帅和赵秀梅，2019）。

二是运输成本高且流通效率低。我国粮食南北平均运距约1790公里，是煤炭运距的3倍（李凤廷和侯云先，2014）。运输距离过长也延长了粮食运输周期，从北方运输到南方通常需要20~30天，其间存在众多不确定因素，增加了价格风险及其他风险。据估计，粮食长距离运输成本占到粮食销售价格的20%~30%，相比发达国家高出约1倍，而我国粮食行业的平均利润率仅为3%（王丹，2017），也表明我国粮食行业竞争力较弱。同时，我国粮食运输方式落后，以包粮物流方式为主，而包粮的运输成本相比散粮高38%左右（王帅和赵秀梅，2019）。在水运方面，通过水路运粮占省际运粮量的42%左右，且普遍面临港口基础设施薄弱问题。截至2018年，全国港口泊位共计23919个，仅有2444个万吨级的码头泊位。同时，粮食水运面临船舶老化、缺乏散粮运输的专业团队问题（苟倩等，2017）。预计到2030年，我国沿海港口粮食运输能力缺口将达到2.3亿吨，港口容量的供应和基础设施建设将影响粮食运输需求的实现（杨艳涛，2020）。

7.3.4 宏观调控上粮食应急体系亟待健全

在此次疫情及过去发生的重大突发事件中，都暴露出我国粮食流通应急响应机制不健全问题。一是缺乏有针对性和可操作性强的粮食流通应急计划系统，用以确保在危急情况下迅速调节粮食运输。二是缺乏多部门协调配合机制。粮食紧急运输不仅是粮食部门的责任，更需要交通、工商、质检、企业乃至军队等部门和组织的共同努力。在此次疫情中，国家下大力气确保重要农产品运输通道畅通，但是部分地区仍然存在交通受阻现象，表明我国应急协调体系建设有待加强。三是线上交易体系尚不完善。现有粮食电子交易平台主要以粮食交易、资金结算为主，缺乏针对整个供应链的服务项目，尤其是针对物流运输方面及产销对接方面的信息服务，导致突发事件发生时线上交易的优势发挥有限。

7.3.5 国际贸易中进口贸易不确定性加大

长期以来，我国玉米进口来源较为单一。在2014年之前，我国进口玉米几乎完全来自美国，2012年我国玉米进口量为520.7万吨，其中从美国进口量占98.19%；2014年，从乌克兰的进口量占比上升到37.22%，从美国的进口量占比开始下降。[①] 2019年，从乌克兰的玉米进口量占到86%，这主要是受到中美贸易摩擦的影响，导致从美国的进口量占比下降较快，但其仍是我国进口玉米主要来源地之一。总的来说，玉米进口来源国较为单一，给我国玉米进口贸易带来潜在风险，加上玉米出口可能受到的突发事件、贸易政策、贸易壁垒、汇率变动等因素的影响，我国玉米进口存在较大不确定性。随着我国玉米供需趋紧格局的持续，玉米进口将成为常态化。然而，新冠疫情在全球范围持续蔓延，将对全球玉米等粮食作物生产和运输构成重大威胁，相关国家将会调整贸易政策限制甚至禁止粮食出口，将不利于我国保证玉米进口。

7.4 政策建议

7.4.1 充分发挥粮食专业合作社及经纪人作用，促进玉米产销对接

第一，支持发展粮食专业合作社，提升玉米种植户的组织化程度。农

---

① 根据海关总署公布的数据整理计算。

村专业合作社可将农户分散的粮食集中起来，有组织、有规律地销售粮食，这样能避免价格波动及信息不完全导致的决策失误，降低农户利益受损风险。同时，组织化程度的提高还有利于提升农民在粮食销售中的议价能力，改变农户始终作为价格接受者的不利局面。粮食合作社则需平衡粮食流通链上的利益分配，使每个参与主体都能公平分享利润和承担风险，促进粮食流通效率的提升。第二，发挥粮食经纪人的作用，促进产销合作。对粮食经纪人进行相关培训，提高粮食经纪人的综合素质，促进粮食经纪人与购销企业或国有粮食企业签订长期合同，维持稳定合作。同时，充分发挥国有粮食企业的带动作用，拓宽购销渠道，积极开展委托采购、订单采购和合同采购等合作形式。

7.4.2 统筹调整玉米产业区域布局，促进产业高效发展

第一，在玉米生产与加工环节合理调整产业布局。在确保玉米主产区稳定供给的同时，还应保证玉米销区达到一定程度的粮食自给率，以防范粮食安全风险。在东北和其他玉米主产区，合理安排布局玉米深加工项目，以达到原料就近加工转化、节省运输成本的目的。促进"南猪北养"模式的发展，以减轻"北粮南运"压力，规避饲料粮的流通风险。第二，对玉米区域储备布局进行调整。从粮食战略储备方针和西部大开发政策的角度，可考虑在西部主要粮食产区扩大部分国家储备粮库。同时，考虑到我国东南沿海地区人员密集、经济发达、粮食需求量大、交通便捷，其相应的粮食流通性也较强，所以进一步在粮食主要销售地区投资建设独立专用粮库是可取的，以便在紧急情况下与中央储备形成两轮驱动，增强国家和区域调控粮食市场、保障供给安全的能力。第三，合理布局玉米流通体系，提高玉米流通效率。应当加强铁路和水路建设，修缮粮食运输相关的基础设施，完善铁路网链结构布局，合理规划铁路运输，增加港口设施投资，建设专业的散粮运输船队，布局重点粮食港口码头，提升港口作业专业水平。

7.4.3 健全粮食应急机制,降低突发事件带来的风险

第一,应高度重视粮食应急机制建设,加强粮食抗风险能力,制定粮食调度应急预案,不断修订和完善粮食物流应急预案体系,使粮食应急机制更加具有针对性及可操作性。建立简单、易操作、可执行的粮食应急调度程序,完善工商部门、交通部门及质检部门的合作机制,确保紧急情况下能够迅速调动粮食等重要物资(常璇,2019)。第二,建立粮食应急储备基地,支持和鼓励地方国有粮食购销企业发展,着力建设集生产、购买、储藏、加工、销售于一体的综合粮食应急服务机构,同时充分保证粮食销售平稳。第三,完善粮食交易机制,促进粮食电子交易平台的发展。发挥线上交易应对突发事件的优势,通过搭建线上平台解决粮食供需对接问题。将粮食贸易主体扩展到粮食生产者及消费者,鼓励种粮农户、种植大户、家庭农场及农民合作社等生产经营主体直接参与售粮,并及时发布粮食供求及价格动态信息,促进产销对接。

7.4.4 构建多元化的全球玉米供应体系,减缓国际贸易风险

第一,构建多元化的全球玉米供应体系,扩大与其他国家玉米贸易合作,降低我国玉米进口集中度,在稳定与玉米进口国货源供给的基础上,拓展新的进口渠道。加强同"一带一路"国家中玉米生产潜力较大国家的经贸合作,培育具有国际竞争力的粮食贸易公司,紧密联系各国优质企业,保障玉米稳定购入(高群和曾明,2018)。第二,加强对主要玉米生产国生产贸易政策的监测研究,针对不同国家采取不同的贸易合作策略,并根据观测和分析结果,及时调整玉米贸易和生产政策。第三,深入贯彻农业供给侧结构性改革,优化玉米生产布局和玉米种植结构安排,减少非优势产区种植玉米,培育优质玉米品种,增加玉米附加值,从而增强我国玉米竞争力,降低进口玉米依存度。

参考文献

[1] 常璇：《乡村振兴战略背景下确保国家粮食安全：矛盾剖析及破解策略》，载于《江淮论坛》2019 年第 5 期。

[2] 陈来柏、曹宝明、高兰：《中国粮食物流发展现状及存在问题分析》，载于《粮食科技与经济》2016 年第 2 期。

[3] 高群、曾明：《全球化与能源化双重视角下的国内粮食安全研究》，载于《江西社会科学》2018 年第 11 期。

[4] 苟倩、王成金、程佳佳：《中国港口粮食运输格局演变及其动力机制》，载于《人文地理》2017 年第 6 期。

[5] 李凤廷、侯云先：《轴辐式粮食物流网络的横向协同：一个整合的概念框架》，载于《农业经济问题》2014 年第 3 期。

[6] 梁佳琦：《玉米供应链信息共享治理策略研究》，黑龙江八一农垦大学，2019 年。

[7] 林华：《吉林省玉米供应链模式研究》，载于《税务与经济》2010 年第 6 期。

[8] 刘婷婷：《新疆博州地区农业供应链金融模式研究》，石河子大学，2019 年。

[9] 裴发红、黄花叶、李文锋：《基于收益共享契约的玉米供应链协调研究》，载于《武汉理工大学学报（信息与管理工程版）》2018 年第 4 期。

[10] 田月英：《大力发展农民合作组织，加快推进现代农业进程》，载于《农业工程技术》2016 年第 2 期。

[11] 王丹：《北粮南运运输策略研究》，载于《物流工程与管理》2017 年第 6 期。

[12] 王蕾、高艳：《收储制度改革后玉米定价影响因素研究——基于供应链视角》，载于《价格月刊》2019 年第 8 期。

[13] 王帅、赵秀梅：《中国粮食流通与粮食安全：关键节点的风险识别》，载于《西北农林科技大学学报（社会科学版）》2019 年第 2 期。

[14] 杨帆、陈沫：《黑龙江省粮食购销经纪人情况调查》，载于《黑龙江农业科学》2019 年第 3 期。

[15] 杨海鹰、郭志涛：《中国粮食仓储设施建设的现状及发展》，载于《粮食科技与经济》2009 年第 3 期。

[16] 杨艳涛：《完善玉米供应链 夯实粮食安全"压舱石"》，载于《中国经济时

报》2020 年 3 月 17 日。

［17］杨艳昭、梁玉斌、封志明等:《中国玉米生产消费的时空格局及供需平衡态势》,载于《农业现代化研究》2016 年第 5 期。

［18］杨子刚、于海朋、郭庆海:《玉米供应链合作绩效的实证分析——基于吉林省玉米加工龙头企业、物流企业和农户的调查》,载于《中国农业科学》2012 年第 7 期。

［19］于兴业、陈雪:《供给侧改革背景下"镰刀弯"地区玉米种植结构调整现状及影响因素分析》,载于《商业研究》2019 年第 3 期。

［20］郑沫利、冀浏果:《"北粮南运"存在的问题及对策》,载于《粮食食品科技》2010 年第 S1 期。

附录 1

农户玉米种植行为调查问卷

尊敬的农民朋友：

您好！

非常感谢您参加这次问卷调研！您被邀请参加本次有关玉米种植行为的调研。

您的支持和配合对我们顺利完成调研工作至关重要，希望您能根据具体情况实话实说。<u>问卷内容将仅用于研究，**我们将对问卷内容**（尤其是答案中涉及个人情况和观点的信息）**严格保密**，请您不要有任何顾虑。再次感谢您的配合！</u>

中国农业科学院农经所课题调研组

_____县/区_____乡/镇_____村

户主姓名

联系方式

调研员

调查日期

附表1-1　　　　　　　　　　家庭基本信息

1. 与户主关系	1 = 户主　2 = 配偶　3 = 子女　4 = 父母　6 = 其他
2. 是否为生产决策者	1 = 是　2 = 否
3. 性别	1 = 男　2 = 女
4. 年龄	周岁
5. 文化程度	1 = 文盲　2 = 小学　3 = 初中　4 = 高中（中专） 5 = 大学（大专）及以上
6. 是否从事非农业	1 = 是　2 = 否
7. 务农年限	
8. 家庭人口总数	
9. 家庭劳动力数量	16~64岁
10. 是否为村干部	1 = 是　2 = 否
11. 是否为党员	1 = 是　2 = 否
12. 是否参加过农业技术培训	1 = 是　2 = 否
13. 是否参加过非农业技术培训	1 = 是　2 = 否
14. 您家到城镇的距离	公里
15. 道路是否畅通	1 = 是　2 = 否

附表1-2　　　　　　　　　　种植基本信息

项目	a. 2019年	b. 2018年	c. 2017年	d. 2016年
1. 现有耕地面积（亩）				
2. 自有耕地面积（亩）				
3. 转入耕地面积（亩）				
4. 转出耕地面积（亩）				
5. 土地流转费用（元/亩）				
6. 玉米种植面积（亩）				
7. 单产（斤/亩）				
8. 受灾面积（亩）				
9. 其他种植作物【代码1】				
10. 种植面积（亩）				
11. 单产（斤/亩）				

注：代码1：1 = 大豆；2 = 小麦；3 = 水稻；4 = 牧草；5 = 其他（请说明）。

12. 您家的作物种植方式：

　　1 = 单作　2 = 套种　3 = 轮作　4 = 间作　5 = 其他（请说明）

13. 2018 年您家玉米的灌溉方式：

　　1 = 不灌溉　2 = 人工挑水灌溉　3 = 漫灌　4 = 喷灌　5 = 滴灌

　　6 = 其他（请说明）

14. 您家灌溉用水来源：

　　1 = 自来水　2 = 井水　3 = 河道沟渠水　4 = 其他（请说明）

15. 2018 年您家水浇地面积_____亩。

16. 2018 年您家玉米的耕作方式：

　　a. 整地过程：1 = 全人工　2 = 全机械　3 = 人工 + 机械

　　　　　　　　4 = 其他（请说明）

　　b. 播种过程：1 = 全人工　2 = 全机械　3 = 人工 + 机械

　　　　　　　　4 = 其他（请说明）

　　c. 管理过程：1 = 全人工　2 = 全机械　3 = 人工 + 机械

　　　　　　　　4 = 其他（请说明）

　　d. 收获过程：1 = 全人工　2 = 全机械　3 = 人工 + 机械

　　　　　　　　4 = 其他（请说明）

17. 您家种子更换频率_____年。

18. 您是如何选择种植何种玉米品种的？（多选，按重要性排序）

　　1 = 农技人员宣传　2 = 种子公司推荐　3 = 亲戚朋友邻居推荐

　　4 = 合作组织推荐　5 = 种植大户推荐　6 = 电视广告

　　7 = 其他（请说明）

19. 2018 年您是否加入过合作社或协会？

　　1 = 是　2 = 否

20. 2018 年您是否与公司或者其他单位签订过收购合同？

　　1 = 是　2 = 否

21. 2018 年您是否参与了农业社会化服务？

　　1 = 是　2 = 否

22. 社会化服务的具体内容是什么?

23. 当地土地流转是否容易?

  1 = 是 2 = 否

24. 您家土地流转的方式:

  1 = 互换 2 = 转包 3 = 入股 4 = 租赁

附表 1-3 玉米成本收益情况

项目	a. 2018 年	b. 2017 年	c. 2016 年
1. 家庭年总收入(元)			
2. 农业收入(元)			
3. 种植收入(元)			
4. 玉米种植收入(元)			
5. 养殖收入(元)			
6. 养殖规模			
7. 非农业收入(元)			
8. 补贴收入(元)			
9. 种粮补贴(包括粮食直补、农机具补贴)(元/亩)			
10. 生产者补贴(元/亩)			
11. 实际补贴面积			
12. 其他补贴(元)			
13. 轮作补贴(无补贴 0 元)			
14. 租赁房屋、土地收入(元)			
15. 合作社分红(元)			
16. 生产成本(元)			
17. 雇工成本(当地雇工费用×工时)(元)	__×__=__	__×__=__	__×__=__
18. 是否借贷			
19. 借贷渠道			
20. 潮粮出售价格(元/斤)			
21. 潮粮销售数量			
22. 干粮出售价格(元/斤)			
23. 干粮销售数量			
24. 玉米销售渠道【代码 2】			
25. 价格获得渠道【代码 3】			

  注:代码 2 选项为 1 = 自己到市场售卖;2 = 销售给经纪人/商贩;3 = 销售给公司;4 = 直接送到收储点;5 = 销售给合作社;6 = 自用;7 = 其他(请说明)。

  代码 3 选项为 1 = 收购商定价;2 = 合作社定价;3 = 订单公司定价;4 = 其他(请说明)。

26. 每亩玉米生产成本各多少元?

　　1 = 种子　　2 = 农药　　3 = 化肥　　4 = 水电费等生产成本

　　5 = 机械、人工费　　6 = 柴油　　7 = 农膜　　8 = 其他

27. 您是否能及时了解玉米市场价格?

　　1 = 是　　2 = 否

28. 您了解当前玉米市场销售行情吗?

　　1 = 最近几年玉米供不应求　　2 = 最近几年玉米供大于求

　　3 = 最近几年玉米供求平衡　　4 = 不了解

29. 您获取农业市场信息最主要的途径:

　　1 = 互联网　　2 = 移动网络　　3 = 电视、广播、报纸等传统媒介

　　4 = 政府有关部门宣传　　5 = 农技专家指导　　6 = 与其他专业大户交流

　　7 = 农业龙头企业指导　　8 = 专业合作社指导

　　9 = 自身摸索和经验的积累　　10 = 其他

30. 您对您家近几年玉米销售价格满意吗?

　　1 = 非常满意　　2 = 满意　　3 = 一般　　4 = 不满意　　5 = 非常不满意

31. 您对您家玉米相对收益是否满意?

　　1 = 非常满意　　2 = 满意　　3 = 一般　　4 = 不满意　　5 = 非常不满意

32. 借贷是否容易?

　　1 = 是　　2 = 否

33. 是否能如约还贷?

　　1 = 是　　2 = 否

34. 您借贷主要用途: _____

玉米种植选择情况

1. 在您安排种植结构时,下列哪些选项是您决策的依据(按照重要性 1~10 排序,1 表示第一影响因素,2 表示第二影响因素,以此类推)。

　　国家政策信息____农作物轮作要求____销售价格____随大流____种植习惯

　　合同订单____种植补贴____农产品销路____经济效益____自家需要

2. 如果您在生产中有技术人员推荐新品种，有好市场前景，但有一定风险您愿不愿意试种？

　　1 = 愿意马上试种　　2 = 等别人种成功后再种

　　3 = 如果村中种的人很多了，我也试试　　4 = 不想改变目前品种

3. 您是否了解玉米收储制度改革具体内容，即取消玉米临时收储改为"市场化收购 + 补贴"？

　　1 = 了解　　2 = 不了解

4. 您平时了解政策信息最主要的渠道：

　　1 = 互联网　　2 = 移动网络　　3 = 电视、广播、报纸等传统媒介

　　4 = 政府有关部门宣传　　5 = 农技专家指导　　6 = 与其他专业大户交流

　　7 = 农业龙头企业指导　　8 = 专业合作社指导　　9 = 其他（请说明）

5. 您对目前生产者补贴制度是否满意？

　　1 = 非常满意　　2 = 满意　　3 = 一般　　4 = 不满意　　5 = 非常不满意

6. 您对目前生产者补贴标准是否满意？

　　1 = 非常满意　　2 = 满意　　3 = 一般　　4 = 不满意　　5 = 非常不满意

7. 目前当地具体的玉米结构调整政策：

　　1 = 调减玉米面积　　2 = 中性　　3 = 鼓励种植玉米　　4 = 不清楚

8. 您在种植之前是否会对玉米市场价格作出预期？

　　1 = 仅根据上一年的市场价格

　　2 = 综合考虑以往几年的市场价格

　　3 = 不作预期，价格高低不影响玉米种植

9. 您是否会根据市场价格变化调整玉米种植面积？

　　1 = 是　　2 = 否

10. 您的种植决策是否会受到周围农户影响？

　　1 = 是　　2 = 否

11. 您在玉米生产过程中遇到的问题？（多选，按重要性排序）

　　1 = 土地流转困难　　2 = 缺乏技术　　3 = 缺乏劳动力　　4 = 资金不足

　　5 = 基础设施条件差　　6 = 仓储困难　　7 = 其他（请说明）

12. 您认为种植玉米的最主要风险？

　　1＝市场风险（价格）　2＝政策风险　3＝自然风险　4＝其他风险

13. 您是否参加了农业保险？

　　1＝是　2＝否（转14）

14. 您认为哪些途径能最有效帮助您降低玉米种植风险？

　　1＝参加农业保险　2＝参加农业合作社或协会　3＝农业补贴

　　4＝改种其他作物　5＝与其他作物间作套种　6＝弃种

　　7＝与大公司签订单　8＝其他（请说明）

若您2016年后玉米种植面积没有减少（不变或增加）请回答15～17题；若玉米种植面积减少（部分或全部改种或弃种）请回答18～22题，回答完毕后请从23题开始作答。

15. 您选择长期种植玉米最主要的原因（多选，按重要性排序）：

　　1＝种植习惯　2＝改种不知道种什么　3＝担心改种但风险太高

　　4＝自家需要　5＝不以玉米作为主要收入来源

　　6＝对未来玉米市场前景看好　7＝其他（请说明）

16. 您选择增加玉米种植面积最主要的原因：

　　1＝政策引导　2＝玉米价格升高　3＝玉米市场需求量变大

　　4＝有订单　6＝自家饲用需求量变大　7＝其他（请说明）

17. 您是否有将玉米改种为其他作物的意愿？

　　1＝是　2＝否

　　若有意愿但未改种的原因？

　　1＝缺少资金　2＝缺乏劳动力　3＝没有种植技术

　　4＝没有市场信息　5＝其他（请说明）

18. 您选择减少玉米种植面积的原因（多选，按重要性排序）：

　　1＝年纪大　2＝已有其他稳定种养殖收入

　　3＝打算在本地从事非农产业　4＝市场价格降低

　　5＝外出务工　6＝劳累收入低　7＝其他（请注明）

19. 您选择将玉米改种其他作物最主要的原因：

    1＝改种的作物补贴高　2＝改种的作物价格高

    3＝改种的作物收益好　4＝有订单　5＝其他（请说明）

20. 改种作物价格＿＿＿＿＿＿＿元/斤。

21. 改种作物收益＿＿＿＿＿＿＿元/亩。

22. 您对改种作物的收益是否满意？

    1＝非常满意　2＝满意　3＝一般　4＝不满意　5＝非常不满意

23. 您认为改种其他作物存在的困难（按重要程度排序）：

    1＝土地流转困难　2＝缺乏技术　3＝缺乏劳动力　4＝资金不足

    5＝基础设施条件差　6＝销售渠道不畅通　7＝其他（请说明）

24. 当地对改种的作物是否有技术指导？

    1＝是　2＝否

25. 您对玉米市场有什么预期？

    1＝看好　2＝不看好　3＝不关心

26. 您家目前在生产经营中最需要什么？（按重要程度排序）

    1＝资金　2＝农业技术　3＝供求信息　4＝销售渠道

    5＝农业专业知识　6＝耕地　7＝合作组织带动

    8＝政府补贴　9＝农田水利　10＝其他

27. 您希望国家对玉米产业如何扶持？（按重要程度排序）

    1＝加大补贴力度　2＝提供高产优质技术　3＝限制进口

    4＝提供种植业保险　5＝提供市场供求与价格信息

    6＝其他（请说明）

28. 您觉得还有哪些影响玉米种植的因素？

29. 您认为如何能提高家庭收入？

附录2

中国农村微观经济数据农户调查表
（2020年度）

_____县/区_____乡/镇_____村

户主姓名

联系方式

调研员

调查日期

A. 农户家庭基本情况

1. 您的姓名是_____；性别_____；年龄_____。您是否是家庭生产决策者？_____

    0 = 否　1 = 是

2. 您与户主的关系：_____

    1 = 户主本人　2 = 配偶　3 = 子女及其配偶　4 = 孙子女及其配偶

    5 = 父母（含岳父母、公婆）　6 = 祖父母　7 = 其他亲属

    8 = 非亲属（含寄养）

3. 您的文化程度：_____

    1 = 未上过学　2 = 小学/私塾　3 = 初中　4 = 中专　5 = 普通高中

    6 = 大专　7 = 大学本科　8 = 大学以上

4. 您的健康状况：_____

    0 = 不健康（慢性病或患有大病、残疾）　1 = 健康

5. 您是否是中共党员：_____

    0 = 否　1 = 是

6. 您是否当过村干部：_____；您家家庭成员中是否有人为村干部或公务员：_____。

    0 = 否　1 = 是

7. 2020年您从事何种职业：_____

    1 = 只务农　2 = 一兼（以农业为主兼业）

    3 = 二兼（以非农业为主兼业）　4 = 非农业　5 = 无劳动能力者

8. 您是否接受过农业技术培训：_____

    0 = 否　1 = 是

9. 您家家庭成员共有_____人；其中劳动力人数_____；农业劳动力人数为_____。

10. 您家创建以下哪种新型农业经营主体：_____

    0 = 否　1 = 农民专业合作社　2 = 种植大户　3 = 家庭农场

    4 = 农业产业化龙头企业　5 = 其他

11. 您家加入了以下哪种新型农业经营主体：_____

　　0 = 否　1 = 农民专业合作社　2 = 种植大户　3 = 家庭农场

　　4 = 农业产业化龙头企业

12. 您家一年总收入大概有_____元；您家农业收入有_____元；您家非农收入有_____元；您家补贴收入有_____元；您家租赁房屋、土地收入有_____元。

13. 您家曾经是否是贫困户：_____

　　0 = 否　1 = 是

14. 您亲友是否有在金融机构（银行等）工作：_____

　　0 = 否　1 = 是

B. 2020 年土地及种植情况

1. 您家目前经营的土地面积为_____亩；其中自有耕地面积_____亩；转入耕地面积_____亩；转出耕地面积_____亩；共分为_____地块。

2. 转入耕地流转费用_____元/亩；转出耕地流转费用_____元/亩。（写明不同品质耕地所对应流转费用）

3. 土地流转您签的合同是哪种类型：_____

　　1 = 口头约定　2 = 书面合同　3 = 其他形式（说明）

附表 2 – 1　　　　　　2020 年农户种植及成本情况

序号	问题	回答				
4	种植品种					
5	种植面积（亩）					
3	单产（斤/亩）					
6	受灾面积（亩）					
7	受灾金额（元）					
8	销售量（斤）					
9	单价（元/斤）					
10	销售渠道					
11	机械利用情况					

续表

序号	问题	回答
12	机械费（元）	
13	种子用量（斤）	
14	种子费（元）	
15	化肥用量	
16	化肥费（元）	
17	农药用量	
18	农药费（元）	
19	雇工工时（天）	
20	雇工花费（元）	
21	自家劳动力工时（天）	
22	政府补贴（元）	

注：销售渠道，1＝粮站；2＝收购商；3＝订单直销到加工厂；4＝非订单直销到加工厂；5＝自行市场零售；6＝通过合作社销售；7＝农超对接（即直接将农产品销售到城镇大中型综合零售超市）；8＝连锁经营；9＝电子商务；10＝其他（请注明）。

机械利用情况，1＝传统农耕；2＝半机械半人工；3＝全机械。

23-1. 近五年，您家购买过_____（农机），总价值_____元；购买农机时补贴_____元。

1＝无　2＝机引农具　3＝拖拉机　4＝插秧机　5＝收割机

6＝烘干机　7＝其他（请说明）_____

23-2. 购买上列农机时，是否存在借贷行为：_____

0＝否　1＝是

24-1. 您家是否购买了农业社会化服务：_____

0＝否　1＝是

24-2. 您家购买的农业社会化服务是哪种：_____

1＝播种环节　2＝耕地或整地环节　3＝收获环节　4＝灌溉环节

5＝病虫害防治环节　6＝烘干环节　7＝其他（请说明）_____

24-3. 您家购买农业社会化服务时是否存在赊账或借贷行为：_____

0＝否　1＝是

24 – 4. 您家是否有提供农业社会化服务：_____

0 = 否　1 = 是

24 – 5. 您家提供的农业社会化服务：_____

1 = 播种环节　2 = 耕地或整地环节　3 = 收获环节　4 = 灌溉环节

5 = 病虫害防治环节　6 = 烘干环节　7 = 其他（请说明）

25 – 1. 您家作物的种植模式：_____

1 = 单作　2 = 轮作　3 = 其他（请说明）_____

25 – 2. 您家作物具体轮作模式：_____

1 = 两年玉米 + 一年大豆　2 = 一年玉米 + 一年大豆

3 = 三年玉米 + 一年大豆　4 = 其他（请说明）

26 – 1. 您家是否购买农业保险：_____

0 = 否　1 = 是

26 – 2. 如果您家未购买农业保险，原因是_____

1 = 没听过　2 = 赔付太少　3 = 办理地点太远　4 = 办理手续复杂

5 = 其他（请说明）_____

26 – 3. 如果您家购买了农业保险，您对该农业保险是否满意：_____

1 = 非常不满意　2 = 不满意　3 = 一般　4 = 比较满意　5 = 非常满意

C. 家庭借贷情况

近五年，您家是否有过借贷经历（是□，否□），若无借贷经历，请跳过本表。

附表 2 – 2　　　　　　　　家庭借贷情况

次数	1. 机构名称/出借人【见 M1】	2. 借款时间	3. 借款金额（元）	4. 2020 年剩余资金（元）	5. 年利率（%）	6. 信用方式【见 M2】	7. 期限（月）	8. 借款用途【见 M3】
a								
b								
c								
d								

续表

次数	1. 机构名称/出借人【见M1】	2. 借款时间	3. 借款金额（元）	4. 2020年剩余资金（元）	5. 年利率（%）	6. 信用方式【见M2】	7. 期限（月）	8. 借款用途【见M3】
e								
f								

注：M1. 机构名称/出借人：1. 国有商业银行；2. 农商行（信用社）；3. 邮政储蓄银行；4. 资金互助社；5. 村镇银行；6. 城商行；7. 贷款公司；8. 合会（轮会、标会等）融资；9. 向亲朋借款；10. 向有交易关系的工商业主借款；11. 正规网络平台借款；12 其他（说明，填在表格中）。

M2. 信用方式：1. 商品赊销；2. 担保；3. 抵押。

M3. 借款用途：1. 购买种子化肥等生产资料；2 = 购买农业现代化设施；3 = 扩大耕地规模；4 = 种植新品种调整；5 = 生病看病；6 = 建房；7 = 其他（说明：填在表格中）。

9. 您是否能够如约还款：_____

   0 = 否　1 = 是

10. 您认为当地农户在农商行或银行贷款是否方便：_____

    0 = 否　1 = 是

11. 您认为金融机构给您的贷款是否能够满足您的需求：_____

    0 = 否　1 = 是

12. 您对金融机构的服务是否满意：_____

    1 = 非常不满意　2 = 不满意　3 = 一般　4 = 满意　5 = 非常满意

    6 = 不了解

13. 您对当地银行等金融机构的借贷利率是_____；您能接受的合理利率为_____。

    1 = 高　2 = 较高　3 = 合适　4 = 较低

14. 您认为当地金融机构发放贷款时存在哪些问题：_____

    1 = 贷款额度太小　2 = 利率太高　3 = 期限太短　4 = 手续繁杂

    5 = 用途限制　6 = 其他　7 = 无

15. 您在贷款时最注重哪些方面？（1 表示需要资金支持程度最高，依次排序）

    额度_____　利息_____　贷款条件（是否需要抵押）_____

    机构性质_____　贷款流程_____　其他_____

D. 农户家庭借贷意愿情况

注：不存在借贷行为的农户需要回答本部分，以及 C11 = 0 的农户回答 D2 ~ D7。

1. 您没有申请贷款的原因是_____

    1 = 我不需要贷款（跳过 D 部分） 2 = 申请不到贷款（回答问题2）

    3 = 利息太高 4 = 手续太麻烦 5 = 借了担心还不了

    6 = 没有抵押品 7 = 向亲戚好友借款能够满足资金需求

    8 = 其他（请说明）_____

2. 如果您是申请不到贷款，那么您被拒绝的原因是_____（可多选）

    1 = 借不到 2 = 不了解借款渠道 3 = 利息太高 4 = 不需要借款

    5 = 其他（请说明）

3. 您对于资金的需求为_____元。

4. 您对于资金的需求主要想用于_____（可多选）

    1 = 购买种子化肥等生产资料 2 = 购买农业现代化设施

    3 = 扩大耕地规模 4 = 种植新品种调整 5 = 生病看病

    6 = 建房 7 = 其他（请说明）

5. 您家粮食生产过程中是否会遇到资金不足的问题：_____

    0 = 否 1 = 是

6. 您家目前在生产经营中最需要（选择最重要的前三项）：_____

    1 = 资金 2 = 农业技术 3 = 供求信息 4 = 销售渠道

    5 = 农业专业知识 6 = 耕地 7 = 合作组织带动 8 = 政府补贴

    9 = 农田水利 10 = 其他

7. 您生产过程中哪个环节最需要资金支持？（1 表示需要资金支持程度最高，依次排序）

    种子购买_____ 农药购买_____ 化肥购买_____ 雇佣劳动力_____ 农机购买_____ 农业社会化服务购买_____ 其他（说明）_____

E. 其他

1. 您是否了解当地有关金融信贷信息：_____

    0 = 否　1 = 是

2. 当地政府是否有支持农户借贷的举措：_____，具体表现为_____

    0 = 否　1 = 是

3. 如果政府实施借贷优惠政策，您是否会考虑借贷：_____

    0 = 否　1 = 是

4. 当地政府是否有宣传农村金融相关信息：_____

    0 = 否　1 = 是

5. 您认为当地金融机构应当如何改善？_____

6. 您认为有什么方法可以提高生产效率？_____

图书在版编目（CIP）数据

中国玉米供给安全保障研究 / 杨艳涛等著. -- 北京：经济科学出版社，2023.12

（中国农业科学院农业经济与发展研究所研究论丛. 第6辑）

ISBN 978 – 7 – 5218 – 4243 – 2

Ⅰ.①中… Ⅱ.①杨… Ⅲ.①玉米 – 粮食安全 – 保障 – 研究 – 中国 Ⅳ.①F326.11

中国版本图书馆 CIP 数据核字（2022）第 213206 号

责任编辑：赵　蕾
责任校对：刘　娅　徐　昕
责任印制：范　艳

中国玉米供给安全保障研究

杨艳涛　王国刚　丁琪　张诗靓　刘靖文 / 著
经济科学出版社出版、发行　新华书店经销
社址：北京市海淀区阜成路甲 28 号　邮编：100142
总编部电话：010 – 88191217　发行部电话：010 – 88191522
网址：www.esp.com.cn
电子邮箱：esp@esp.com.cn
天猫网店：经济科学出版社旗舰店
网址：http://jjkxcbs.tmall.com
北京季蜂印刷有限公司印装
710×1000　16 开　14.5 印张　210000 字
2023 年 12 月第 1 版　2023 年 12 月第 1 次印刷
ISBN 978 – 7 – 5218 – 4243 – 2　定价：65.00 元
(图书出现印装问题，本社负责调换。电话：010 – 88191545)
(版权所有　侵权必究　打击盗版　举报热线：010 – 88191661
QQ：2242791300　营销中心电话：010 – 88191537
电子邮箱：dbts@esp.com.cn)